Sophia-Janet Aleemi

Waldo
Der Beichtvater Karls des Großen

Sophia-Janet Aleemi

WALDO

Der Beichtvater Karls des Großen

Vom Abt der Reichenau zum Weggefährten des Kaisers

– Eine Gralsspur –

Verlag Engel & Co.

Gefördert u. a. durch:

stiftungwelterbe
klosterinsel reichenau

Fotos und Umschlagbild:
Sophia-Janet Aleemi und Ulrich Engel

ISBN 978-3-927118-28-7

Inhalt

Vorwort

Angeblich war Pirmin der erste Mensch auf der Bodensee-Insel Reichenau, so ist es überliefert. Das stimmt natürlich nicht. Pirmin war jedoch der erste Mensch auf der Insel, dessen Name berühmt wurde. Er war mit einem Boot gekommen, um das verwilderte Eiland in eine Kulturstätte umzuwandeln. Auch mich führte der Weg zur Reichenau bei der ersten Begegnung vor vierzig Jahren über das Wasser. Ein kleines Segelboot trug mich an einem milden Sommertag über den Gnadensee zur Insel. Schon in Ufernähe ließ sich eine ganz andere Welt erahnen, als jene, welche ich verlassen hatte. Hier herrschte Verträumtheit, hinter der sich bald eine kraftvolle Ruhe zeigte. Diese zauberhafte Atmosphäre zog mich an und hüllte mich ein. Und doch musste ich mich wieder von ihr trennen, denn der Tag neigte sich und unser Segelboot wollte in seinen Heimathafen gebracht werden. Von Pirmin und all den anderen Mönchen wusste ich damals nichts.

Vor allem Waldo blieb auch für mich lange Zeit ein großer Unbekannter. Weder auf der Reichenau oder in Sankt Gallen, weder in Pavia noch in Saint-Denis wurde ich auf ihn aufmerksam. Ich habe ihn erst spät entdeckt, 33 Jahre nach meinem Segelausflug am Bodensee. Im Zuge meiner Forschung zum Glasfenster Karls des Großen in der Kathedrale von Chartres begegnete ich der Reichenau aufs Neue, diesmal in der rätselhaften Gestalt ihres einstigen Abtes Waldo, dem Beichtvater Karls – einer historischen, doch von der Historie vergessenen Gestalt, um die sich ein besonderer Mythos rankt.

Den kulturell Interessierten ist die Reichenau durch ihre mittelalterliche Buchmalerei ein Begriff. Ohne Waldo wäre diese kulturelle Hochblüte jedoch kaum entstanden. Sie existiert auch längst nicht mehr, von den drei ursprünglich karolingischen Kirchen einmal abgesehen. Wo einst die bedeutendste europäische Klosterkultur blühte, gedeihen heute Obst und Gemüse. Und natürlich der Tourismus. Der Charakter der Insel hat sich vor allem in den letzten Jahrzehnten in einem rasanten Tempo verändert. Und wenn schon jetzt die Unterschiede so eklatant zu Tage treten, wie müssen sie erst im Verhältnis zu jener Zeit vor 1200 Jahren sein? Die Beschäftigung mit Waldo baut eine Brücke in die Vergangenheit, die manches von der geheimnisvollen Stimmung, die uns auch heute noch gelegentlich des Abends aus dem Ufergestrüpp anweht, zu verdichten vermag. Als größte Überraschung wird man dann erleben, wie weit Waldo bis heute von der Reichenau in die Geschichte Europas hineinwirkt.

Das vorliegende Buch ist aus einem Essay zu Waldos 1200. Todestag im Jahr 2014 entstanden, den ich zu demselben Thema verfasst habe (Privatdruck 2016). Es vertieft die ursprünglichen Gedanken, erweitert diese und bindet sie behutsam in die gegenwärtige Forschung ein. Um den Originalton des frühen Mittelalters modernen Ohren hörbar zu machen, lasse ich viele Stimmen – selbstverständlich in deutscher Übersetzung – direkt sprechen. Waldo ist nicht nur von der Geschichte vergessen, es ist ihm darüber hinaus auch Unrecht widerfahren. Deshalb soll nun seine Geschichte erst recht aus verschiedenen Perspektiven eingekreist und beleuchtet werden, dies voraussetzungslos, anschaulich und durchaus unterhaltsam. Um verständlich zu bleiben, verzichte ich auf allzu spezielle Details, auf eher technische Angaben, auf ein Übermaß an Belegen und auch auf die wissenschaftliche Auseinandersetzung mit bestimmten Theorien. In den Fußnoten finden sich hierzu genügend Anregungen.

So freue ich mich umso mehr, dass der so lange vergessene Reichenauer Abt Waldo und Beichtvater Karls des Großen mit dieser Schrift seine Würdigung finden und ins Licht der Öffentlichkeit treten darf.

Sophia-Janet Aleemi

Michaeli 2022

Zur Einführung

Kein Regent hat Europa so stark geformt wie der Frankenkönig Karl der Große (747/748-814), und keinem wurde jemals so viel Aufmerksamkeit und Interesse entgegengebracht wie ihm. Karl war fraglos der mächtigste Herrscher des Mittelalters und trägt seinen Beinamen „der Große“ zu Recht. Ob er außerdem noch ein Heiliger war, zu dem man ihn später überhöhte, sei dahingestellt. Noch immer fasziniert er die Gemüter von Laien und Historikern gleichermaßen, was man an den unzähligen Karlsbiographien und an den seiner Person gewidmeten Zeitschriftenartikeln ablesen kann. Mehr als vier wissenschaftliche Karlsbiographien sind allein in Deutschland anlässlich seines 1200. Todesjahres erschienen.

Ein ungelöstes Rätsel umgibt diesen Giganten wie ein Schleier. Man kann es vielleicht manchmal erahnen, aber zumindest mit den Mitteln der Geschichtswissenschaft nicht auflösen. Erschwerend kommt hinzu, dass aus den überlieferten Quellen kaum noch neue Erkenntnisse über ihn zu erwarten sein dürften. Neue Bewertungen und vor allem neue Bezüge wird man dennoch finden. Auch geistige Gesichtspunkte wären zu untersuchen. Dies sind die wichtigsten Aufgaben von heute, die neue Dimensionen eröffnen können. Hier hilft es, wenn man den Blick auch auf diejenigen Menschen lenkt, die Karl nahestanden und dadurch einen Zugang zur Macht hatten.

Karl der Große war wohl selten allein. Und doch muss man davon ausgehen, dass er als Machthaber in Wirklichkeit ein einsamer Mensch war. Nach außen hin stets kampfbereit, sehnte sich seine Seele sicherlich auch nach Harmonie, Wärme und Geborgenheit. Man kann den Eindruck haben, Karl habe solche Bedürfnisse wie ein Germanenfürst mit immer neuen Gemahlinnen gestillt. Vier Mal war er verheiratet, weitere sechs Konkubinen hatte er – und insgesamt mindestens 18 Kinder, die er über alles liebte. Seine Familie war ihm Seelenhort. Das war die eine Seite. Seine intellektuellen Interessen und geistigen Neigungen pflegte er im Gegensatz dazu im Rahmen ausgewählter Männerfreundschaften. Diese waren zumeist seine Akademie-Freunde und auch die Hofgeistlichen. In seinen Regierungsgeschäften übertrug er vieles auf seine Grafen und stützte sich auf seine Räte. Ganz in der griechisch-römisch-germanischen Tradition lebte er Herrschaft als wechselseitigen kommunikativen Prozess. Gehorsam, Treue und Liebe waren seine wichtigsten Grundwerte sowohl für sein Herrschertum als auch für seine Familie. Die Zeit, da Herrschaft aus Befehl und Gehorsam bestand, lag noch in weit entfernter Zukunft. Inwiefern es nun Menschen gab, denen er wirklich ganz vertraute, darüber ist wenig unmittelbar überliefert. Selbstverständlich hatte er seine Berater. Er war als Herrscher darauf angewiesen, die richtigen Informationen zu erhalten. Doch was war wahr, was Lüge, was Intrige, was Gerücht? Wer war loyal? Wer blieb es? Wer verdiente sein Vertrauen? An wen konnte er diffizile Aufgaben verlässlich delegieren? Bei wem konnte er sich ehrlichen Rat holen? Und umgekehrt: Wer konnte es wagen, ihm zu raten? Vielleicht gar, ihn zu kritisieren? Wer konnte ihm auf Augenhöhe begegnen?

Wenn jemand dafür infrage kam, dann einer, der sich von weltlicher Macht nicht blenden ließ, weil er uneingeschränkt Höherem diente. Einer, der aus einer tiefen inneren Sicherheit heraus bescheiden und verschwiegen war und der die Kunst verstand, kreativ und geistesgegenwärtig das Notwendige zu erkennen und die daraus resultierenden Aufgaben unverzagt zu übernehmen. Diesen einen gab es tatsächlich. Es war Waldo von Reichenau. Von der Geschichte verkannt und vergessen. Und doch trug Waldo wesentlich dazu bei, dass Karl der Große sein Reich schaffen und aufrechterhalten konnte. Grund genug also, den Blick auf diesen engen Begleiter Karls des Großen zu richten.

Waldo, der einstige Abt auf der Bodensee-Insel Reichenau und engster Vertrauter und Berater Karls des Großen ist noch immer ein Unbekannter. Wer weiß heute noch, dass er einst sogar Karls Beichtvater war? Hätte es einen Skandal um ihn gegeben, wäre dies zweifelsohne überliefert. Doch so? Offensichtlich hat er kein Beichtgeheimnis gegen den Willen eines Königs gehütet und verteidigt – und wurde nicht öffentlichkeitswirksam von einer Brücke gestoßen, wie dies später in Prag einem Beichtvater durch einen anderen König mit demselben Namen, es war Karl IV, widerfuhr.

Wenige haben sich mit Waldo beschäftigt, und bis heute kennt niemand seine vollständige Biographie. Es ist auch unwahrscheinlich, dass eine vollständige Vita noch irgendwo auftauchen wird. In seiner Zeit wurden überwiegend Heiligen- und Märtyrerviten tradiert, und Waldo war weder das eine noch das andere. Den klassischen Buchtypus *De viris illustribus* zur Ehrung bedeutender Männer, den Hieronymus einst in die christliche Literatur eingeführt hatte, gab es in der karolingischen Zeit nicht. Vielleicht wüssten wir sonst heute mehr über Waldo.

Den ersten Versuch, Waldo als bedeutenden Mann zu würdigen, unternahm zur 900-Jahrfeier des Klosters Reichenau der damalige Prior Johannes Egon. Er verfasste 1624 ein Buch über die berühmten Männer der Reichenau, zu denen er auch Abt Waldo rechnete.[1] Johannes Egon schuf also die erste „Skizze" Waldos.

Dreihundert Jahre später sichtete dann ein Experte für mittelalterliche Handschriften – der Benediktiner Emmanuel Munding – sehr gründlich die vorhandenen Dokumente und Chroniken und versuchte, eine Vita Waldos zu konstruieren, zu der möglichst viele Details der manchmal widersprüchlichen Quellen passen sollten.[2] Eine unentbehrliche und sehr verdienstvolle Arbeit, auf die ich mich dankbar stütze, soweit es um die Quellen zu Waldo geht. Noch vor Emmanuel Munding hat sich der Schweizer Pfarrer und Gelehrte Philipp Heber bereits 1857 mit Waldo befasst.[3] Ihm ging es um ein ganz bestimmtes Motiv in Waldos Leben. Aufgrund einer überraschend ausführlichen Legende in lateinischer Sprache, der Reichenauer Heilig-Blut-Legende, hatte ihn Philipp Heber der Gralsströmung zugeordnet, was jedoch damals niemanden interessierte. Siebzig Jahre sollte es dauern, bis Walter Johannes Stein als Historiker diesen Faden wieder aufnahm. Beide, Heber und Stein, ließen sich durch ein außergewöhnliches Gespür für geistige Zusammenhänge in ihrem Forschungsfeld anregen. Stein verdanken wir nicht zuletzt einen interpretierenden Kommentar der Reichenauer Legende, den er einer deutschen Neuübersetzung derselben beifügte. Darin verschafft er der Legende einen Platz im weit verzweigten historischen und mythischen Gralskontext.[4] Steins Werk über das 9. Jahrhundert hat seit 1928 ein größeres Publikum erreicht und ist weiterhin aktuell. Bereits drei Jahre vor Steins Arbeit war die Legende in deutscher Übersetzung in einem ebenso

---

[1] Johannes Egon, *De viris illustribus monasterii Augiae Maioris seu Divitis tractatus*; abgedruckt in: B. Pez, *Thesaurus anecdotorum novissimus* I. 3., p. 629-772, Aug. Vindel. et Graec. 1721; s. a. A. Holder, *Die Reichenauer Handschriften* III.2, S. 212-245.

[2] Emmanuel Munding, *Abt-Bischof Waldo. Begründer des Goldenen Zeitalters der Reichenau*, Beuron 1924.

[3] Philipp Heber, „Waldo, Kaiser Karls des Großen geistlicher Rath und die älteren Waldenser", in: *Der wahre Protestant*, Bd. VI, 4. und 5. Heft, Basel 1857.

[4] Walter Johannes Stein, *Weltgeschichte im Lichte des Heiligen Gral. Das neunte Jahrhundert*, Stuttgart 1928 (Nachdruck 4/1986).

opulenten wie eindrucksvollen Heimatbuch zum 1200. Jubiläum des Reichenauer Klosters erschienen.[5] Sein Herausgeber Konrad Beyerle sieht die Legende ebenfalls im Zusammenhang mit den Gralserzählungen, ohne dies allerdings weiter zu verfolgen.

Auch wenn es sich „nur" um eine Legende handelt, ist die Reichenauer Heilig-Blut-Legende – *Translatio sanguinis Domini in Augiam* – der umfangreichste und wichtigste erhaltene Quellentext zu Waldos Leben. Sie nun ist der Anstoß zu meiner Arbeit, denn in ihren Bildern liegt ein erstaunlich weit reichendes Potenzial. Imaginatives und Historizität greifen in faszinierender Weise ineinander. Besonders überraschend sind Aspekte, die bis in unsere Zeit hineinwirken und Anregungen zu einem besseren Verständnis aktueller Fragen liefern.

Erst in den letzten Jahren entdeckte die Forschung, angeführt durch den Historiker Arno Borst, die Bodenseemönche des Mittelalters und ihre reiche Kultur. Besonders beachtenswert ist hier die umfangreiche Arbeit des Altphilologen Walter Berschin. In diesem Zuge erfuhr auch die Reichenauer Heilig-Blut-Legende wieder mehr Aufmerksamkeit und wurde sogar erneut übersetzt.[6] In jüngerer Zeit schließlich haben die Mediävisten Dorothea Walz und Bernhard Pabst die Heilig-Blut-Legende literaturwissenschaftlich untersucht.[7]

»Alles wahrhaftig Biographische … bringt das vergangene Leben wieder hervor, mehr oder weniger wirklich oder im ausführlichen Bilde«, schreibt Goethe im Entwurf einer Vorrede zum dritten Teil seiner Autobiographie *Dichtung und Wahrheit*.[8] »Mehr oder weniger wirklich« ist,

---

[5] Konrad Beyerle (Hrsg.), *Die Kultur der Abtei Reichenau. Erinnerungsschrift zur 1200. Wiederkehr des Gründungsjahres des Inselklosters 724-1924*, München 1925 (Nachdruck München 1970). Dieses umfassende Werk zur Kultur und Geschichte der Insel fand als Heimatbuch naturgemäß nur wenig Verbreitung, lag jedoch Walter Johannes Stein vor.

[6] Walter Berschin / Theodor Klüppel, *Die Reichenauer Heiligblut-Reliquie*, Heidelberg 3/2015.

[7] Bernhard Pabst, *Prosimetrum. Tradition und Wandel einer Literaturform zwischen Spätantike und Spätmittelalter*, Dissertation Erlangen 1991, Köln/Weimar 1994; Dorothea Walz, „Karl der Große – ein verhinderter Seefahrer. Die Reichenauer Heiligbluterzählung aus dem 10. Jahrhundert", in: Franz-Reiner Erkens (Hrsg.), *Karl der Große und das Erbe der Kulturen*: Akten des 8. Symposiums des Mediävistenverbandes Leipzig 15.-18. März 1999, Berlin 2001.

[8] Johann Wolfgang Goethe, *Goethes Werke*, Weimarer Ausg. (1890), Abt. I, Bd. 28, S.358.

was uns die Geschichte über Waldos Biographie überliefert, und was wir gewohnt sind, „objektiv" zu nennen. Doch machen diese Lebensspuren noch nicht sein Leben aus; das Eigentliche seiner Persönlichkeit ist damit nicht erfasst. Man muss also noch andere Wege finden, um zu Waldos Wesen vorzudringen: Je mehr man sich mit ihm beschäftigt, und je mehr man seinen Umkreis mitsamt den politischen Gegebenheiten und Entwicklungen seiner Zeit in ihren Facetten ausleuchtet, desto mehr wird er einem innerlich lebendig und plastisch werden. Man entwickelt dann ein Verhältnis zu ihm, das den zeitlichen Abstand zu überwinden vermag und ihn in seiner Bedeutung würdigt. Dann kommt es nicht mehr auf die Anzahl der historischen Fragmente an, die ja immer einseitig und allein schon durch ihre Übermittlung persönlich gefärbt sind, und die nicht unbedingt logische Schlussfolgerungen zulassen. Stattdessen werden sich sogar unterschiedlichste einzelne Elemente in einem sinnvollen größeren Ganzen zusammenfügen, dessen Kitt unsere eigene, durch die überlieferten Tatsachen befruchtete Imaginationskraft ist. So wird man auch aushalten können, dass manches in Waldos Biographie in der Schwebe bleibt, und es kann »im ausführlichen Bilde« ein, wenn auch vorläufiges, so doch als authentisch empfundenes lebendiges Bild entstehen.

Vieles aus dem Mittelalter ist uns weniger aus Texten überliefert als vielmehr durch Bilder. So manches, was wir heute in Fotos festhalten würden, hat man damals erzählt, gezeichnet oder gemalt. Gerade die Buchmalerei zeigt sich als wunderbarer Erinnerungsspeicher von Ideen, Gedanken, Lebenswirklichkeiten, von Atmosphärischem und sogar von persönlichen Meinungen und Intentionen. So lässt sich auch Waldos Individualität am besten in Bildern und durch Bilder, eingebunden in seine Zeit, zeichnen oder malen. Dies ist ja besonders ausdrucksstark und wie ein großes Gemälde in der Reichenauer Legende bereits angelegt.

Das Mittelalter ist reich an mythischen und symbolischen Bildern, die uns Heutigen längst abhanden gekommen sind und zu denen wir uns erst wieder einen neuen Zugang erschließen müssen, wenn wir diese Zeit verstehen wollen. Anstatt nun besagte Reichenauer Legende literaturkritisch zu untersuchen oder sie zu entmythologisieren, wage ich, ganz im Sinne dieser für uns so fremden Zeit, eine Neuinterpretation und versuche, auch mit Hilfe der alten Dokumente und Quellen, also mit dem, was uns die Geschichte überliefert hat, in weiten Bögen und auf verschiedenen Ebenen eine Annäherung an diesen unbekannten Weggefährten

Karls des Großen als »*realen* Diener der Gralsströmung am königlichen Hofe« – wie ihn Walter Johannes Stein nennt – zu finden. Denn Waldo hatte offensichtlich eine ganz bestimmte Mission in seinem Leben und in der Geschichte zu erfüllen.

»Denn dieses scheint die Hauptaufgabe der Biographie zu sein, den Menschen in seinen Zeitverhältnissen darzustellen ...«[9], so leitet Goethe seine Autobiographie ein. Dies ist eine Aufforderung! Damit soll nun hier der Zugang zu Waldo gefunden werden, vergleichbar den Flechtbändern der Buchmalerei, die niemals direkt aufs Ziel zugehen, sondern sich vielmehr scheinbar frei und doch absichtsvoll etwa um eine Initiale oder um ein Bild herumbewegen. Zum besseren Verständnis wird es gelegentlich gleichsam spiralförmige Wiederholungen geben, die aber immer auch Neues enthalten und in eine allmähliche Vertiefung führen. So wird es darum gehen, Waldos Wesen und Aufgabe in seiner Zeit, die ja eine gewaltige Umbruchszeit war, einzukreisen, es als inneres Bild aufscheinen zu lassen, ja, es als denkbares seelisch-geistiges Wesensbild zu vergegenwärtigen. Zu beleuchten sind neben den geistigen Impulsen und Ereignissen seiner eigenen Zeit desgleichen die geistigen Impulse, die seine Lebenslandschaft davor geprägt haben, sowie schließlich ihre Auswirkungen auf die Nachwelt. Zusammen bilden sie das geistig-kulturelle Fluidum, in welches Waldo eingebettet ist und das er selbst folgenreich mitgestaltet. Gerade deshalb wird sich dabei nicht zuletzt der Fokus auch auf die Reichenau richten, war sie doch Ursprung und wichtigstes Zentrum von Waldos Wirken. Ja, mehr noch, verdankt sie schließlich ihm ihr vielgerühmtes „Goldenes Zeitalter".

Waldos Schicksal ist schon früh mit Karl dem Großen verwoben, weshalb sich das Augenmerk immer wieder auch auf den Kaiser selbst richten wird. Tatsächlich gewinnt Karls Leben durch Waldo ganz neue Aspekte. Auch hier geht es mir nicht um eine eingleisige wissenschaftliche Analyse oder um eine Diskussion. Denn was ist schon unumstritten in der mittelalterlichen Geschichte? Ich versuche eher, durch einen interdisziplinären Ansatz Schlaglichter zu setzen, bestimmte Gedanken zuzuspitzen, weniger bekannte, aber dennoch wichtige Schlüsselfiguren einzubinden und somit Schicksalsgeflechte aufzuhellen oder zumindest anzudeuten, Akzente zu setzen, Räume zu öffnen, Denkmöglichkeiten und geistige

---

[9] Johann Wolfgang Goethe, *Goethes Werke*, Weimarer Ausg. (1890), Abt. I, Bd. 26, S. 7.

Linien aufzuzeigen und große Züge – auch in zeitlicher Hinsicht – darzustellen. Aus dem Gesamtbild wird sich dann zeigen, dass und vielleicht auch warum Waldo zu Unrecht von der Geschichte vergessen ist.

Das Kloster Reichenau und sein Abt Waldo

»Die Mönche sollen studieren
und Bücher abschreiben.«
Cassiodor

Die frühe Zeit des Klosters Reichenau

Unbändige Wildnis herrschte einer Legende zufolge auf der kleinen Bodensee-Insel Reichenau, die damals noch *Sintlazau* oder *Sintleozesau* hieß, als der Wanderbischof und Missionar Pirmin im Auftrag des merowingischen Hausmeiers Karl Martell (um 689-741) im Jahr 724 mit vierzig Mönchen dort angekommen sein soll, um ein Benediktiner-Kloster zu gründen. Die Gründungslegende erzählt, dass sich bei seiner Ankunft Schlangen und anderes Teufelsgetier in die Fluten des Bodensees gestürzt hätten. Dessen ungeachtet wird Pirmin noch viele Schlangen im Ufergestrüpp angetroffen haben.

Pirmin vertreibt die Schlangen, Holzschnitt, Nürnberg, 1475

Woher Pirmin wirklich stammt, ist nicht ganz geklärt. Es heißt, er sei irofränkischer Herkunft. In Meaux an der Marne hat er längere Zeit gewirkt, in Irland war er zum Bischof geweiht worden, und im westgotischen Spanien wirkte er ebenfalls. Überall hat er die geistigen Impulse in sich aufgenommen. Er verfügte über die Gabe, unterschiedliche Strömungen in sich zu vereinigen, und so ließ er seine Mönche nach einer columbanisch-benediktinischen Mischregel leben. Pirmin mag zunächst nur als Wegbereiter erscheinen. In Wirklichkeit aber läutete er, wo immer er hinkam, eine völlig neue Ära ein, eine Zeit, in der sich das gesamte Leben grundlegend ändern sollte. In der aus Sankt Gallen überlieferten Pirmin-Vita von 577 heißt es:

»Als der Verehrer des Herrn, Pirmin, besagte Insel betrat, geschah es auf Gottes Befehl, dass jene ganze schreckliche Brut von verschiedenen und un-

gewöhnlichen Würmern von der anderen Seite aus kriechend und schielend den Weg ins tiefe Wasser suchte. Und drei Tage und Nächte war die ganze Oberfläche des Sees bedeckt von einer erstaunlichen Menge grässlicher Schlangen. Dann befahl Pirminus, der Kämpfer Christi, Dornen und Disteln, Sträucher und unnützes Gebüsch, sowie alle Schösslinge, deren Gebrauch den Menschen nichts nützt, mit Hacken und anderen eisernen Werkzeugen auszuhauen. Mit eigenen Händen und mit Hilfe anderer schuf er in drei Tagen durch Roden eine schöne freie Fläche. Danach erbaute er darauf dem lebendigen und wahren Gott ein liebliches Haus und hinterließ für seine Schüler eine gemeinsame Wohnung. Jener Ort hatte von dem Tag an, als ihn Christi Bischof Pirminus betrat, gesunde Luft, angenehmes fließendes Wasser, fruchtbaren Erdboden, schattige Bäume und sehr ergiebige Weinberge…«[10]

Die Menschen am Bodensee lebten einfach und im Einklang mit der Natur, was indessen alles andere als romantisch war. Man musste sich vor Bären hüten, sich vor Wölfen und Wildschweinrudeln in Acht nehmen. Überall wimmelte es von Schlangen. Die Landschaft war weder mild noch lieblich, sondern von dichten Wäldern, die eher Urwäldern glichen, geprägt, und auch von wilden Wassern und Wettern. Die Bäume waren oft uralt, sie hatten respekteinflößend dicke Stämme. Besonders wenn sie abgestorben waren, wirkten sie bedrohlich und unheimlich. In den inneren Bildern und Vorstellungen der Menschen lebte noch das alte germanische Erbe. Im Waldschatten wie in dem oft genug stürmisch aufgemischten Bodensee, der in ihren Augen viel mehr einem Meer glich, zeigte sich ihrem mythisch-magischen Blick der Wille der Götter und der Dämonen zum Greifen nahe. Vor beiden hatten sie Angst.

»Wisse Eure Größe und Dienstwilligkeit, dass der ehrwürdige Bischof Pirminius mit seinen wandernden Mönchen im Namen des Herrn aus Gallien nach Alemanien gekommen ist, den wir freudigen Herzens in unsere Muntschaft genommen haben, und dem wir zum Wohnen die Sintleozesau genannte Insel geschenkt haben…, damit er dort ein Kloster zu Ehren der Gottesmutter und der Apostel Petrus und Paulus baue… und

[10] Richard Antoni, *Leben und Taten des Bischofs Pirmin*, Stuttgart 2/2005, S. 75. Zu Pirmin siehe auch Arno Borst (Hrsg.), *Mönchtum, Episkopat und Adel zur Gründungszeit des Klosters Reichenau*, Bd. XX, Vorträge und Forschungen, hrsg. vom Konstanzer Arbeitskreis für mittelalterliche Geschichte, Sigmaringen 1974.

die Benediktinerregel lehre.«[11] So schrieb angeblich Karl Martell am 25. April 724 in der ersten Urkunde der Reichenau an den Alemannenherzog Lantfried und den Grafen Bertoald.

Pirmin hatte demzufolge von Karl Martell, dem Großvater Karls des Großen, die Aufgabe erhalten, die Alemannen zu christianisieren und die geistigen Grundlagen zu schaffen, damit sie mit den Franken zusammenfänden. Im Kern wird es so gewesen sein, wie es die Überlieferung berichtet. Doch diese Urkunde wurde im 11./12. Jahrhundert gefälscht und diente bis hin zur erfundenen Datierung des berühmten Abtes Walahfrid Strabo mit ihrer Zahlenallegorie allenthalben einem schönen und frommen Mythos. Das Christentum hatte ja die Alemannen bekanntlich durch die Mission der columbanischen Mönche längst erreicht. Wann genau und warum Pirmin auf die Reichenau zog, lässt sich nicht belegen. Wahrscheinlich ließ er, kaum auf der Insel angekommen, seine Mönche sogleich ein Stück Land roden und planieren, um eine Holzkirche am Nordufer der Sintlazau zu errichten. Man hat die Holzbalken dendrochronologisch untersucht und herausgefunden, dass die Bäume um 722 gefällt worden sind. Diese Datierung passt also recht gut. Wo so viel Holz vorhanden war wie auf der Reichenau, baute man noch Gotteshäuser aus Holz und nicht aus Stein, wie dies etwa im nahen Konstanz bereits üblich war.

Wie ein Märchen klingt die Gründungslegende der Reichenau, und in der Tat ist sie ein frommes Märchen. Bereits um 850 v. Chr. war die Insel besiedelt gewesen, auch wenn wir aus dieser ganz fernen Vergangenheit, der Zeit, in der in Griechenland Homer über Götter und Helden gesungen hat, nichts wissen. Wahrscheinlich lebten selbst noch zu Zeiten Pirmins Einsiedlermönche auf der Insel, die sich keiner Institution verpflichtet fühlten, die vielmehr dem Vorbild des keltisch-irischen Eremiten vom anderen Seeufer nacheiferten und ebenso furchtlos waren wie dieser. Dem ortskundigen alemannischen Diakon Hiltibold, der schon Gallus vor der Abgeschiedenheit warnte, verdanken wir eine schöne Schilderung der Gegend: »Die Einsamkeit hier ist rauh und voller Wasser. Sie hat hohe Berge und enge Täler, dazu vielerlei wilde Tiere, Bären, Rudel von Wölfen und Wildschweinen. Ich fürchte, sie fallen über dich her, wenn

[11] Vgl. Wolfgang Erdmann, *Die Reichenau im Bodensee. Geschichte und Kunst*, Königstein 10/1993, S. 5.

ich dich dorthin bringe.«[12] Bei Pirmins Ankunft gehörte die Bodensee-Insel einem Alemannen namens Sintlaz, derselbe wohl, der einer älteren Legende aus dem Pirmin-Umfeld zufolge der Priester Sindleoz war. In diesem Namen steckt das germanische Wort **sinthan* „gehen, ziehen, reisen". Sindleoz scheint also jemand gewesen zu sein, der ähnlich wie Pirmin ein Reisender gewesen war und sich jetzt auf diesem Stückchen Land niedergelassen und es urbar gemacht oder zumindest damit begonnen hatte. Der uralte Name *Sintleozesavia*, oder *Sintleozzesouwa* – sicher ein Zungenbrecher für die eingereisten Mönche – geriet in Vergessenheit. Ein neuer Name setzte sich nach der Umbenennung durch die Karolinger in *augia dive*s durch: *augia*, oder schlicht *Ow. Augia* ist die latinisierte Form von althochdeutsch *Auwa/Ouwa*. Später im 11./12. Jahrhundert hieß die Insel dann *Richen Ouwe*. Mittelhochdeutsch *rîche* kann „mächtig, weit, gewaltig" bedeuten, aber auch „prächtig, herrlich, fruchtbar".[13]

Ow oder Au kommt in dieser Region häufig vor für eine Insel oder Halbinsel. Man denke etwa an die Mainau oder auch an Lindau, Birnau und Mettnau. Au, aus althochdeutsch *Auva*, *Awa* oder auch *Ouwe*, bedeutet „Land am Wasser" oder „von Wasser umströmtes Land" und bezeichnet oftmals eine Insel.[14] In der Grundbedeutung schwingt hier mehr das strömende Wasser mit als das feste Land. Dies ist auch der Charakter der Insel Reichenau. Im Verlaufe unserer Betrachtungen wird sich zeigen, dass diese in jeder Hinsicht fruchtbare und herrliche „Reichenau" nicht nur von Wasserströmungen umgeben ist, sondern wie sie bald Zentrum von geistigen Strömungen werden wird.

Schilfröhricht bedeckte schon zu Pirmins Zeiten die Ufer der Reichenau

[12] Zit. n. Arno Borst, *Mönche am Bodensee 615-1525*, Sigmaringen 1978, S. 23.

[13] Stefan Sonderegger, „Althochdeutsch auf der Reichenau. Neuere Forschungen zur ältesten Volkssprache im Inselkloster", in: Helmut Maurer (Hrsg.), *Die Abtei Reichenau. Neue Beiträge zur Geschichte und Kultur des Inselklosters*, Sigmaringen 1974, S. 74.

[14] Stefan Sonderegger, S. 73.

Auch wenn Pirmin also nicht der erste Mensch auf der Insel war, so ist doch seine Holzkirche die Keimzelle für alles, was je kulturell auf der Insel geschah und von ihr ausging – insbesondere für das heutige Münster St. Maria und Markus in Mittelzell.

Archäologen haben herausgefunden, dass schon das erste Kloster als Anlage recht groß gewesen sein muss. Auf einer im Hang angelegten Plattform befand es sich sehr nah am Seeufer und nur wenige Meter über dem Wasserspiegel. Das Frischwasser kam aus einer Quelle. Die Klausurgebäude schlossen im Norden in Richtung Seeufer an die Holzkirche an. Es gab damals eine Bucht, die einen natürlichen Hafen bildete; inzwischen ist sie längst verlandet. Einst aber war der Hafen mit einem Kastendamm aus Holz befestigt. An der Schiffslände befand sich der Wirtschaftstrakt des Konvents, sodass der Transportweg von Lebensmitteln und Gütern vom und zum Kloster möglichst kurz war. Man nahm dafür offenbar in Kauf, dass die tiefer liegenden Teile des Klosters alle paar Jahre überflutet wurden.[15]

Die Insel Reichenau mit der Ankunft Pirmins im Jahr 724
(1624, Münster St. Maria und Markus, Reichenau Mittelzell)

[15] Vgl. Landesamt für Denkmalpflege Stuttgart (Hrsg.), *UNESCO-Welterbe Klosterinsel Reichenau in Baden-Württemberg*, Stuttgart 2013, S. 15. Eingehend erforscht durch Alfons Zettler, *Die frühmittelalterlichen Klosterbauten der Reichenau. Archäologie, Schriftquellen, St. Galler Klosterplan*, (Dissertation Freiburg 1984), Sigmaringen 1988.

Pirmin selbst blieb nur drei Jahre auf der Insel, bevor er in den Schwarzwald weiterzog, ja, weiterziehen musste, denn so einfach ließen sich die Alemannen nicht von den Franken unterwerfen. Offensichtlich lehnten sie auch einen in ihren Augen fränkischen Abt ab, obwohl dieser ihre eigenen klösterlichen Regeln respektierte. Ständig kam es zu Auseinandersetzungen zwischen der adeligen alemannischen Stammesgewalt, von der auch die Klöster abhängig waren, und der fränkisch-karolingischen Zentralgewalt. Und dennoch ging zumindest im Kloster Reichenau Pirmins Saat auf. Sogleich, nachdem die Alemannen endgültig unterworfen waren, begann man ab 746 mit dem Ausbau der Kirche, jetzt aber aus Stein. Zunächst errichtete man eine schlichte Saalkirche mit eingezogenem Rechteckchor von 15 x 9,5 m. Sie wurde der Gottesmutter geweiht. Nördlich schlossen sich Konventsgebäude an. Kaum war dieser Bau fertig, folgte schon eine Erweiterung nach Westen, die mit einer Vorhalle abgeschlossen wurde. Innen wurde die Kirche später reich mit figürlichen Wandmalereien ausgestattet. Die wuchtigen, nahezu fensterlosen Steinmauern schirmten den Innenraum der Kirche nach außen hin ab. So entstand ein vom physischen Licht freier Raum der Stille und der Tiefe, ein würdiger Raum für Gott, dem die Menschen schweigend und lauschend begegneten. Was waren das für Lichtgeheimnisse im Dämmerdunkel des Gotteshauses! Schwacher Schimmer des Tageslichtes verwob sich wie ein Lichtkeim mit dem kühlen Schatten des steinernen Kirchenraumes. Als sei es die Erde selbst, die den Sonnenkeim in sich aufnimmt. In einem solchen Raum wirkten die geistigen Kräfte des Lichtes als das Geheimnis des Schattens. Hier konnte der Mensch im Erleben des Altarsakramentes in seinem reinen und frommen Herzen ein Geisteslicht entzünden. Die beinahe archaische Architektur spiegelte die Seelenverfassung der Menschen einer ganzen Zeit.

Miniatur zu Carmen de gestis Witigowonis abbatis ca. 994-996 (Bad. Landesbibliothek Karlsruhe)

Die Gottesmutter als Patronin der Reichenau. Das Bild zeigt ein Gespräch zwischen der Augia als der Personifikation der Reichenau und

Immer mehr Mönche zog es in die Abgeschiedenheit und Einsamkeit der

dem Dichter vor Maria, der Patronin des Insel-Klosters, dem Abt Witegowo, dem Heiligen Pirmin sowie dem zuhörenden Konvent. Inschrift: *Witegowo abba / S. Pirmin episcopus / rusticus poeta / S. Maria Augia.*

Die Titel-Miniatur für ein Loblied des Reichenauer Mönches Purchart für seinen Abt Witegowo/Witigo zu dessen zehnjährigem Abtsjubiläum zitiert die damals hochentwickelte Reichenauer Malerei. In der Bildmitte thront Maria mit dem Jesusknaben, rechts wird sie flankiert vom Klostergründer Pirmin, links vom Abt Witegowo. Von rechts treten Reichenauer Mönche heran, die den lauschenden Reichenauer Konvent repräsentieren. Einer von ihnen – der Dichtermönch Purchard – kniet zu ihren Füßen und wendet sich dabei links der Personifikation der Reichenau zu. Diese balanciert ein Kloster auf den Schultern. In dem Preisgedicht erzählt ihr Purchart von den Taten und Bauten Witegowos. Die Thronaura der Gottesmutter ist von einem reichen Gebäudekranz umgeben. Dieser steht für die intensive Bautätigkeit Witegowos, welche er als Abt (985-997) durchführen ließ.

Reichenau. Sie suchten genau diese Stimmung und brachten ihre eigenen seelisch-geistigen Schätze mit, durch die sie die innere Entwicklung der Klostergemeinschaft bereicherten. Alle arbeiteten sie daran, die Insel geistig und auch ganz irdisch in einen blühenden Garten Eden zu verwandeln. So wuchs das Kloster stetig weiter. Durch Hildegard, seit 770/771 Gattin Karls des Großen, war das Kloster mit dem Hof verbunden, verdankte es ihm bald reichen Fiskalbesitz um Ulm herum sowie das Immunitätsprivileg. Hildegard entstammte dem alten alemannischen Adel, was sich nicht zuletzt auch für Karls Politik als besonders günstig erwies. Als ausnehmend großzügiger Stifter zeigte sich Hildegards kinderloser Bruder Gerold, Karls Schwager, der seine Güter an der oberen Donau und am Neckar der Abtei vermachte und dafür 799 ein Grab in der Kirche erhielt, nachdem er gegen heidnische Avaren als Märtyrer gefallen war. Er war nie Mönch gewesen und hatte sein Leben als Präfekt in Bayern und als Ratgeber Karls weltlich, aber doch ganz im Sinne der Benediktiner geführt, nämlich für andere, für die Gemeinschaft. Sein Einfluss auf das Kloster dürfte nicht gering gewesen sein, trug er doch entscheidend dazu bei, dass die Reichenau eine karolingische Abtei wurde, die sogar die Gefangenen Karls des Großen aufnahm. Der Berühmteste unter ihnen war der besiegte Sachsenherzog Widukind, der nach seiner Taufe sein Leben als Mönch dort beschloss.[16]

In diese Klostergemeinschaft war nun im Jahr 784 ein nicht mehr ganz

[16] Vgl. Gerd Althoff, „Der Sachsenherzog Widukind als Mönch auf der Reichenau. Ein Beitrag zur Kritik des Widukind-Mythos“, in: Karl Hauck (Hrsg.), *Frühmittelalterliche Studien*, Bd. 17 (1983), S. 251-279, Berlin 1983.

junger Mann als einfacher Mönch eingetreten. Er hieß Waldo und sollte binnen Kurzem das Kloster zu größtem Ruhm bringen, bevor ihn sein Schicksal in die unmittelbare Nähe Karls des Großen führen würde.

Wer die Kirche heute besucht, wird sie nicht so vorfinden, wie Waldo sie gesehen hat, setzte doch schon während seiner Amtszeit wieder eine rege Bautätigkeit ein, die das meiste veränderte. Als Waldo im Kloster auf der Bodensee-Insel Reichenau wirkte, gab es dort noch keine wirklich große Kirche, doch war sie wohl größer als sonst üblich. Die Verhältnisse waren einfach, die Arbeit intensiv. Es fällt nicht leicht, sich dies aus heutiger Sicht vorzustellen. Erst Waldos Freund und Nachfolger Abt-Bischof Heito (um 762-836), auch Hatto genannt, ergriff die Initiative zu neuen und größeren Gebäuden. Die stetig steigende Zahl der Mönche machte dies dringend nötig.

Heito war ein echtes „Reichenauer Gewächs“. Schon als fünfjähriger Knabe war er zur Erziehung ins Kloster gekommen und entwickelte sich zu einer bedeutenden Persönlichkeit. Er wurde ein glänzender Organisator und verfügte über eine erstaunliche Begabung als Architekt und Baumeister. Während seiner Amtszeit als Bischof von Basel (805-823) ließ er dort am Rhein das erste große Münster erbauen, von dem heute noch Fundamentreste erhalten sind. Zur selben Zeit (806-823) war er im Kloster Reichenau Abt und baute auch hier die erste größere Kirche, indem er die Vorgängerkirche zum Münster erweiterte. Er fügte ein Querhaus mit ausgeschiedener Vierung und Vierungsturm an, einen quadratischen Chorraum und zwei halbrunde Apsiden. Aus Byzanz hatte er Handwerker und Künstler für seinen Kirchenbau mitgebracht. Selbst noch im hohen Alter, nachdem er schon alle seine Ämter niedergelegt hatte, ließ ihn die Begeisterung für das Bauen nicht los, und er arbeitete an einer komplizierten Übersichtszeichnung der Reichenauer Klosteranlage, dem berühmten Sankt Galler Klosterplan. Wir werden noch auf ihn zurückkommen.

Heitos Baubegeisterung scheint ansteckend gewirkt zu haben. Über die Zeit hinweg entstand eine Kirche nach der anderen. Wo sich zeitweise und noch bis ins 18. Jahrhundert auf der Insel rund 25 Kirchen und Kapellen drängten, sind heute nur noch drei übriggeblieben: die ehemalige Klosterkirche und heutiges Münster St. Maria und Markus in Mittelzell mit ihrer Schatzkammer, St. Georg in Oberzell und schließlich die Säulenbasilika St. Peter und Paul in Niederzell. Letztere wurde im Todesjahr von Gerold – wie es nach einem modernen Mythos heißt – als „Altersruhesitz“ von Bischof Egino aus Verona großzügig gegründet.

Die ältesten Teile des Münsters St. Maria und Markus – die Vierung, Teile der Querhausmauern und die „Witigowo-Säule“ im Westquerhaus – gehen auf die 816 geweihte karolingische Kirche des Heito zurück. In Heitos Zeit gehört auch ein zweigeschossiger Anbau für Bibliothek, Schreibstube, Sakristei und Paramentenkammer im Winkel zwischen Querhaus und Langchor. Von Waldos Kirche sind noch sichtbare Mauerreste bewahrt.[17]

Münster St. Maria und Markus, Reichenau-Mittelzell

[17] Vgl. W. Erdmann / A. Zettler, „Zur karolingischen und ottonischen Baugeschichte des Marienmünsters zu Reichenau-Mittelzell“, in: *Festschrift Abtei Reichenau*, Sigmaringen 1974, S. 481ff. Siehe auch Heinfried Wischermann, *Romanik in Baden-Württemberg*, Stuttgart 1987, S. 297 ff.

Teile der Querhausmauern aus der frühen Zeit des Klosters

St. Georg, Reichenau-Oberzell

Die kleine Kirche St. Georg ist baugeschichtlich kompliziert. Sie wurde ab Ende des 9. Jahrhunderts durch den Mainzer Erzbischof und Erzkanzler des ostfränkischen Reiches, den Reichenauer Abt Hatto III. (Amtszeit 888-913) im damals kaum besiedelten Ostteil der Insel erbaut und diente zur Aufbewahrung der Georgsreliquie. Man geht davon aus, dass sich hier auch die Zelle des Alt-Abtes Heito I. befand, die *cella Hattonis*, in die jener sich aus Altersgründen im Jahr 823 als einfacher Mönch zurückgezogen hatte. So konnte Hatto III. geistig an seinen bedeutenden Namensvetter und Vorgänger anknüpfen und auf diese Art auf Unterstützung für sein eigenes Wirken hoffen. Die St. Georgskirche ist bis heute im Bauzustand des Frühmittelalters erhalten. Ihre Wandmalereien sind die einzige erhaltene Kirchenausmalung aus der Zeit vor dem Jahr 1000 nördlich der Alpen und zeigen einen Zyklus der Heilungen und Wundertaten durch Christus. Sie verweisen sogar unmittelbar in die Zeit Waldos, denn sie haben ihre inhaltlichen und kompositorischen Vorlagen in der Reichenauer Buchmalerei, die ihrerseits an die Buchmalerei Oberitaliens aus dem 6. Jahrhundert anknüpft. Man übertrug sie leicht verändert und stark vergrößert auf die Kirchenwand.[18] Durch diese Bilder kann man tief in die frühmittelalterliche Welt und ihr Denken hineinblicken.[19]

St. Georg, Reichenau-Oberzell

Durch Waldos Nachfolger Heito gelangte noch ein weiterer wichtiger Impuls auf die Reichenau. Er schuf einen besonderen Klostergarten, der nur deshalb auf uns gekommen ist, weil er einst im St. Galler Klosterplan als Zeichnung festgehalten wurde. In seiner me-

[18] Vgl. W. Erdmann, *Die Reichenau*, Königstein 1993, S. 27 ff.

[19] Zur Bedeutung der Wandmalerei von St. Georg siehe Karl Hublow / Joachim Krumbholz, *Heilung und Auferweckung. Die Bildsprache der Wandmalerei von St. Georg auf der Reichenau*, Stuttgart 1997. Eine geisteswissenschaftliche Betrachtung derselben unternahm M. Frensch zunächst in mehreren Ausgaben der Zeitschrift *Novalis*. Später überarbeitet und erweitert in Michael Frensch, *Die Wiederkunft Christi. Meditative Betrachtungen zum Bewusstseinswandel in der Gegenwart*, 2 Bände, Quern-Neukirchen 2011.

taphysischen Bedeutung changiert ein Klostergarten ständig zwischen Eden und Gethsemane. Deshalb mussten solche Gärten sehr bewusst angelegt werden. Ein ideales Kloster hatte einen Kreuzgang der Mönche (*claustrum*), der eigentlich einen mediterranen Garten mit einem Baum in der Mitte darstellte. Im Nordosten der Klosteranlage sollte es gleich neben der Wohnung des Arztes einen Heilkräutergarten (*herbularius*) geben, während im Südosten ein Gemüsegarten (*hortus*) gepflegt werden sollte. Der vierte Garten schließlich sollte im Osten des Klosters liegen, ein Obstgarten und gleichzeitig Friedhof der Mönche mit dem Holz des Kreuzes in der Mitte: Eden und Gethsemane.[20] Pflanzen maß man stets eine symbolische Bedeutung bei, oft mit mythologischem Bezug. Wenn dann eine rote Mohnblüte ein schwarzes Kreuz im Zentrum barg, so erinnerte sie sicher an Christi Leidenstod und an die Welt des Schlafes und des Todes. Der Reichenauer Mönch Walahfrid Strabo 827 dichtete in seinem berühmten Gartengedicht *Liber de cultura hortorum* über den Mohn:

»Hier gefällt es mir wohl, im Kranz meiner leichten Gedichtchen
Nun des Feldmohns Erwähnung zu tun, den die Mutter Latona
Trauernd wegen des Raubs ihrer Tochter genossen, so sagt man,
Dass ersehntes Vergessen die Brust ihr vom Kummer befreie.«

Heito entwickelte die Garten-Idee noch einen Schritt weiter und ließ die Klostermönche Weinreben anbauen. Vielleicht pflanzte er damals im Jahr 818 sogar selbst den ersten Weinstock. Den Wein benötigte man nicht nur für den Messwein, sondern auch, um daraus Tinte zum Schreiben herzustellen. Auch Farbpigmente zum Malen wurden mit Wein angeteigt. Der Weinbau bot sich auf der Insel an, denn das Klima erwies sich dafür als besonders günstig, es dürfte aber eben noch weitere Gründe gegeben haben. Äußere Taten standen in der Regel im Zusammenhang mit geistigen Notwendigkeiten. So entspricht der Weinbau vollkommen der spirituellen und heilsgeschichtlichen Bedeutung der wichtigsten Reliquie des Klosters, dem Heiligen Blut des Herrn. Das Mysterium des Weines und des Blutes ist damit auch äußerlich fest auf der Insel verwurzelt und im wahrsten Sinne des Wortes „dingfest“ gemacht. Dazu fügt es sich für die Reichenau glücklich, dass eine weitere Reliquie, die man in diesen Zusammenhang einordnen kann, auf die Insel gelangt ist: ein

[20] Vgl. Walter Berschin, *Eremus und Insula, St. Gallen und die Reichenau im Mittelalter – Modell einer lateinischen Literaturlandschaft*, Wiesbaden 1987, S. 18 ff.

Krug der Hochzeit zu Kana, bei der Christus Wasser in Wein verwandelt hatte.[21] Auch zu dieser „Weinreliquie“ gibt es eine abenteuerliche Translationsgeschichte aus dem 10. Jahrhundert, auf die wir hier jedoch nicht eingehen können.[22]

Seit Waldo hat sich auf der Insel viel gewandelt. Längst denkt man nicht mehr an ihn. Jedes Jahr geht sein Todestag unbemerkt vorüber, auch im 1200. Todesjahr war es so. Nicht einmal im Schatten Karls des Großen, der nur zwei Monate vor ihm verschied und dem er doch so nahestand, hatte man seiner gedacht. In Wirklichkeit ist es noch viel schlimmer: Man hat sogar seinen genauen Todestag längst vergessen. Vielleicht war es der 28. April, vielleicht der 29. April im Jahr 814.

Waldo – geboren in Zürich

Waldo gilt nicht als einer der Großen der Weltgeschichte, ein Schicksal, das er mit vielen tüchtigen Männern aus dem Umfeld Karls des Großen teilt. Auch in der Kirchengeschichte spielt er keine Rolle, allenfalls findet man ihn als Randfigur.[23] In den meisten moderneren Nachschlagewerken wird er erst gar nicht erwähnt, was zumindest insofern erstaunlich ist, als er zu den engsten Vertrauten Karls des Großen zählte und die Kulturentwicklung ihm bedeutende Impulse verdankt .

Um 740 in eine hohe ostfränkische Adelsfamilie aus dem Moselgebiet, nun ansässig im Thurgau, hineingeboren, höchstwahrscheinlich in Zürich, wo die Karolinger eine Pfalz unterhielten, war ihm die Verbindung zu Karl dem Großen schon in die Wiege gelegt. Die Familien nämlich waren miteinander verwandt, was damals viel bedeutete und auch grundsätzlich eine Voraussetzung für eine Karriere am Hofe und in der Verwaltung des Reiches erfüllte. Die Verwandtschaft Waldos mit Karl hat der Benediktiner Emmanuel Munding aus dem Studium der Quellendoku-

[21] Es handelt sich um eine marmorne Hydria zum Mischen von Wein und Wasser, die wohl aus dem frühen 5. Jahrhundert stammt und unter Abt Hatto III. (888-913) auf die Insel kam. Sie befindet sich heute im Reichenauer Münsterschatz.

[22] Walter Berschin / Theodor Klüppel, *Die Legende vom Reichenauer Kana-Krug*, Sigmaringen 1992.

[23] Ekkart Sauser, „Waldo“, in: *Biographisch-Bibliographisches Kirchenlexikon* (BBKL), Bd. 21, Nordhausen 2003

mente nachvollziehbar gemacht. Überhaupt ist es Emmanuel Munding zu verdanken, dass die Spuren, die Waldo in alten Dokumenten hinterließ, gesichtet, dokumentiert und zum ersten Mal wenigstens ansatzweise ausgewertet wurden.[24]

Waldo also hieß der Spross jener Familie – ein lediglich in dieser Region verbreiteter Name, wie Munding herausgefunden hat.[25] Ansonsten ist der Name Waldo selten, damals schon, und heute noch viel mehr. Allenfalls kennt man vielleicht noch die germanische Form Baldur, hinter der sich immerhin der altgermanische Lichtgott Baldr verbirgt. Auch Walther – wie der von der Vogelweide –ist geläufig. Kein Heiliger war Waldo als unmittelbarer Namenspatron schützend an die Seite gestellt. Ewald oder Oswald – das waren durchaus rechte Namen. Und Walter gab es häufig, während Waldo eben nur eine Kurzform war. Waldo – der Waltende. So hieß er.

Aus alten Urkunden konnte Munding bemerkenswerte Verwandtschaftszusammenhänge Waldos herausarbeiten. Der berühmte Reichenauer Mönch Wetti, dem wir einige literarische Arbeiten, einschließlich einer Jenseits-Vision Karls des Großen, verdanken, war Waldos Neffe; ebenso der Reichenauer Abt Grimald, den Walahfrid Strabo zu den *magni proceres*, den „Großen des Landes“ zählt, also zu jenen, die hohe Hofämter innehatten.[26] Grimald hatte sich, wie Waldo, für Schreibschule, Bibliothek und wissenschaftliche Arbeit eingesetzt, in seinen Abteien St. Gallen, Weißenburg und Ellwangen neue Gebäude errichtet und Ludwig dem Deutschen als Staatsmann gedient. Grimald hatte neben Waldo noch einen anderen berühmten hochadeligen Onkel, den kaiserlichen Sendboten und Trierer Erzbischof Hetti (814-847). Dieser Hetti hatte mehrere Geschwister, darunter die Äbtissin Warentrudis vom Nonnenkloster Pfalzel bei Trier, wo karolingische Erbgüter lagen. Zahlreiche weitere verwandtschaftliche Linien und Verästelungen lassen sich von hier aus ableiten, sie führen zurück bis zu den Eltern Karls des Großen (Bertrada die Jüngere und Pippin III) und weiter. Ein komplexes Netz, in dem Charibert von Laon (Flos und Blancheflor) ebenso eingebettet ist, wie die Heilige Odilia oder auch Adelhard von Corbie, der im späteren Leben Waldos eine Rolle spielen wird.

---

[24] Emmanuel Munding, *Abt-Bischof Waldo. Begründer des Goldenen Zeitalters der Reichenau*, Beuron 1924.

[25] Munding, S. 3-5.

[26] Munding, S. 8 ff.

Waldo – erzogen in Sankt Gallen

Über die ersten etwa 30 Lebensjahre Waldos ist sehr wenig bekannt. Seine Eltern scheinen sich im Raum von Karls Züricher Pfalz integriert zu haben, jedenfalls kennt man keine Konflikte mit den Alemannen, an denen sie beteiligt gewesen wären. Durchaus möglich, dass sie zu den kaum exponierten Leuten gehörten, den „Stilleren im Lande". Vielleicht liegt es auch daran, dass keine Dokumente mehr erhalten sind. Auch wenn von der einstigen königlichen Pfalz längst nichts mehr steht, so gehört Zürich doch zu den wenigen Orten, in denen Karl der Große sogar bis heute als Heiliger in der Liturgie fortlebt.

Gallus' „Gründungsort" für seine Niederlassung

Am Wasserfall des Flüsschens Steinach fand Gallus die Stätte, wo er seine Zelle errichten wollte. Die Situation ist heute noch weitgehend dieselbe wie um das Jahr 612. Das heutige Kloster befindet sich in unmittelbarer Nähe.

Üblicherweise wurden junge Adelige in einem Kloster ausgebildet. Man darf dies also auch für Waldo annehmen, und man wird für seine Erziehung das Beste der erreichbaren Klöster ausgewählt haben, nämlich Sankt Gallen.

Als Knabe wurde Waldo in Sankt Gallen höchst wahrscheinlich noch Schüler des berühmten Otmar. Abt Otmar (719-759) hatte dort neben einem Armenhaus und einem Leprosenspital auch eine Schule gegründet, aus der viele berühmte Männer hervorgegangen waren. Er muss eine beeindruckende Persönlichkeit gewesen sein, dessen Schüler ihm viel verdankten. Waldo wird auch Otmars bestürzenden Tod mitbekommen haben, und das wird ihn erschüttert haben. Der Abt war 759 in den Strudel der noch immer währenden fränkisch-alemannischen Konflikte geraten, denn er musste in Sankt Gallen gegen seine innere Überzeugung für die Benedikt-Regel eintreten. Außerdem machten ihm die Franken

Besitzungen seines wirtschaftlich unabhängigen Klosters streitig. Dabei wurde der Konstanzer Bischof zu seinem heftigsten Gegner. Nachdem es zu Verleumdungen und heute kaum noch nachvollziehbaren Wirren gekommen war, starb Otmar tragisch als fränkischer Gefangener auf der Rheininsel Werd bei Stein-am-Rhein am westlichen Bodensee-Ende. Interessanterweise hat man ihn später in die Nähe des Bildes vom Wein gestellt: Er wird mit Weintrauben oder einem vollen Weinfässchen dargestellt, das gemäß einer Legende in seiner Heiligenvita nie leer wurde, obwohl er daraus Pilger und Arme labte.[27]

Tuotilos Elfenbeintafel II des „Evangelium longum“ (Stiftsbibliothek Sankt Gallen)

Die Tafel war einst Teil eines glatt polierten Schreibdiptychons und gehörte Karl dem Großen. Erst später, als sie im Besitz des Gallus-Klosters war, wurde sie beschnitzt. Der Künstler-Mönch Tuotilo versah sie um 894

Im berühmten Kloster zu Sankt Gallen, wo die römisch-italische Kultur mit der merowingisch-fränkischen verschmolz, taucht Waldos Namen erstmals 770 auf, und zwar erwähnt als Mönch und Diakon. Zwölf Jahre später sollte er dort Abt sein.

Gewiss hätte Waldo im Kloster einen anderen Namen erhalten und annehmen können. Balduin hätte gepasst; im Althochdeutschen ist das der „Kühne Freund“. Oder auch Balthasar hätte sich angeboten, so wie der dritte der Heiligen Drei Könige. Balthasar – der hebräische Name für „Gott schütze das Leben des Königs“. Ein neuer Name hätte einen Abschluss mit der alten Existenz bedeutet und hätte ihn mit dem Geist des neuen, eines Heiligen, verbunden. Dieser hätte dann in ihm weitergelebt und -gewirkt. Doch Waldo erhielt keinen neuen Namen. Er blieb Waldo – der Waltende. Irgendwie muss man geahnt haben, dass damit sein Lebens-

[27] Johannes Duft, *Die Lebensgeschichten der Heiligen Gallus und Otmar*. Aus den lat. Viten übers. und hrsg. von J. Duft, St. Gallen 1988; Franziska Schnoor et al. (Hrsg.), *Gallus und seine Zeit. Leben, Wirken, Nachleben*. Monasterium Sancti Galli 7, St. Gallen 2015.

mit einer Darstellung der Himmelfahrt Mariens im mittleren Teil und im unteren Drittel mit einer Gallus-Bär-Szene, wo Gallus seinem zahmen Bären Brot zu fressen gibt, nachdem dieser ihm Feuerholz gebracht hat. Im oberen Drittel stellt Tuotilo zwei Tierkämpfe dar (320 x 154 mm).

schicksal verbunden war. Gott dienen, seine Lebensaufgabe und seine Pflicht demütig erfüllen – das war sein Bestreben. Dienen durch Taten.

Als besonderer Ausdruck der Demut galt den Mönchen des frühen Mittelalters das Schreiben. Schon Cassiodor lobte die Schreiber, weil sie »gewissermaßen den Taten Gottes gleichtun, der sein Gesetz, bildlich gesprochen, mittels seines allmächtigen Fingers niedergeschrieben hat. Vieles ist, was mit einer so hohen Kunst in Beziehung gesetzt werden kann, doch genüge es, dass diejenigen Schreiber *(librarii)* heißen, welche der Waage *(libra)* Gottes und der Gerechtigkeit dienen.«[28]

Es gibt aus Waldos Zeit eine sehr bekannte Darstellung des Idealbildes eines mittelalterlichen Schreibers: das berühmte Frontispiz des *Codex Amiatinus*, der ältesten lateinischen Bibel, die auf uns gekommen ist (*Codex Amiatino I, fol. 5, Biblioteca Medicea-Laurenziana, Firenze*). Diese lateinische Bibelübersetzung des Hieronymus – die Vulgata – wird durch Buchmalereien eingeleitet, die an die mediterrane Spätantike erinnern. Tatsächlich jedoch stammt der Codex aus dem angelsächsischen Kloster St. Peter and Paul in Wearmouth-Jarrow/Northumbria, wo er unter dem Abbatiat von Ceolfrith (688-716) gefertigt wurde. Man erkennt darin einen regen Kulturaustausch zwischen England und Rom. Besagtes Titelbild ist eine Darstellung der geistigen Interpretation der Heiligen Schrift. Es zeigt einen nimbierten Schreiber in der Haltung eines Evangelisten. Er sitzt vornübergebeugt vor einem offenen Bücherschrank (*armarium*), in dem sich alle Bücher der Bibel befinden, neun gebundene Bände. Der Schreiber trägt die Kopfbedeckung sowie das Pektorale (Brustschild) eines Hohepriesters des Alten Testaments. Der Bildtitel verrät seinen Namen: Ezra. Der Hohepriester Ezra nun ist nach jüdischer Überlieferung kein Geringerer als der Schreiber des Alten Testaments. Ein Zeitgenosse Ceolfiths erklärt dazu, wie Ezra nach der babylonischen Gefangenschaft alle seine Fähigkeiten dem Sammeln und Erhalten der hebräischen Schriften zur Verfügung stellte und seine Inspirationsgabe dafür einsetz-

[28] Cassiodorus Senator, *Institutiones*, I, 30, 1, hrsg. R.A.B. Mynors, Oxford 1937, S. 75 f., übers. Martin Steinmann, *Handschriften im Mittelalter. Eine Quellensammlung*, Basel 2013, S. 44.

te, den geistigen Sinn (*sensus anagogicus*) dieser Schriften zu enthüllen. Als monumentaler Prachtband enthält der *Codex Amiatinus* nicht nur die Bücher des Alten Testaments nach der Wiederherstellung Ezras, die Hieronymus aus dem Hebräischen ins Lateinische übersetzte, sondern er enthält auch das Neue Testament. Das Manuskript ist eine vollständige Bibliothek (*bibliotheca*) aller biblischen Schriften, gebunden in einem einzigen Band.[29]

Das Schreiben war wahrlich eine anstrengende Tätigkeit und ließ die Mönche durch die anhaltende vornübergebeugte Haltung allmählich bucklig werden. Auch Waldo war zunächst für diese Tätigkeit bestimmt. Ab 759 findet man seinen Namen auf so mancher Urkunde, wobei allerdings nicht überall vollständig erschlossen ist, um welchen Waldo es sich handelt. Siebzehn Urkunden und mehrere größere Manuskripte aus seiner Hand befinden sich noch heute in der Sankt Galler Stiftsbibliothek, so auch der außerordentlich harmoisch wirkende *Codex Sangallensis 125*. Die Urkunden erstellte er als Diakon in den Jahren 770-779.[30] Wer Urkunden schrieb, musste das Kalligraphieren beherrschen und auch Initialen, ja, sogar Miniaturen zeichnen können – mithin musste er ein „Künstler" sein. Beat von Scarpatetti, einer der Forscher zu Waldos Handschriften, hat herausgearbeitet, dass Waldo für Urkunden eine schon damals altmodische Schrift ebenso benutzte wie die gängige Schrift, dass er manchmal auch beide vermischte. Er beschreibt ihn als »speditiven, intelligenten Notar mit eindeutigen Merkmalen von lockerer Selbständigkeit und markanter Persönlichkeit in der Schrift.«[31] Seine Schrift sei »sehr persönlich und nicht kalligraphisch ausgeformt, normativ und streng«. Ihr fehle auch jeder Modellcharakter.[32] Das spricht in der Tat für eine innerlich freie und starke Persönlichkeit. Viele Urkundenschreiber waren, wie Waldo, zudem auch Bücherschreiber. Waldo schreibt mit feiner Feder

---

[29] Vgl. Jennifer O'Reilly, „Texte et image dans la réforme bénédictine anglo-saxonne", in: Roberto Cassanelli / Eduardo López-Tello García, *Benoît et son Héritage Artistique*, Milano 2007, Paris 2009. Vgl. *Codex Amiatino I, fol. 5, Biblioteca Medicea-Laurenziana, Firenze.*

[30] Anton von Euw (Hrsg.), *Die St. Galler Buchkunst vom 8. bis zum Ende des 11. Jahrhunderts*, Bd. 1: Textband, St. Gallen 2008, S. 38.

[31] Beat von Scarpatetti, „Schreiber-Zuweisungen in St. Galler Handschriften des achten und neunten Jahrhunderts", in: Peter Ochsenbein / Ernst Ziegler (Hrsg.), *Codices Sangallenses. Festschrift für Johannes Duft zum 80. Geburtstag*, Sigmaringen 1995, S. 33.

[32] Beat von Scarpatetti, „Schreiber-Zuweisungen in St. Galler Handschriften des achten und neunten Jahrhunderts", S. 37; Abbildungen ebenda.

und mit wenig Druck. Sein Schriftbild erscheint sehr klar, einheitlich, harmonisch, locker, zügig und unverkrampft. Es gibt fast keine Korrekturen. Auch ohne Paläograph oder Graphologe zu sein, hat man den Eindruck, dass er die Feder rasch, aber konzentriert führt. Gerade im Vergleich mit anderen Handschriften beeindruckt Waldos Schrift durch ihre Klarheit, ihr Gleichmaß, ja, ihre Perfektion.[33]

Handschrift Waldos aus dem Codex 125 *Exzerpte über die Trinität und das Glaubensbekenntnis von Fulgentius, Cassiodor, Isidor, Prosper, Boethius, Ferrandus und Hieronymus…* (Stiftsbibliothek Sankt Gallen)

Aus den vorhandenen Handschriften schließt man, dass zu Waldos Zeit etwa 60 Schreiber in Sankt Gallen an patristischen, hagiographischen und grammatischen Texten arbeiteten.[34] Die wichtigste Aufgabe des Sankt Galler Konventes bestand damals im Kopieren biblischer Schriften. Lesen und Schreiben, das war sehr harte Arbeit, doch in Sankt Gal-

[33] Die Sankt Galler Schriften Waldos online: www.e-codices.unifr.ch. Siehe auch die Abbildungen zu den Waldo zugeschriebenen Urkunden in Peter Ochsenbein / Ernst Ziegler (Hrsg.), *Codices Sangallenses. Festschrift für Johannes Duft zum 80. Geburtstag*, Sigmaringen 1995. Weitere Abbildungen siehe Fußnote 241.

[34] Johannes Duft, "Die Stiftsbibliothek St. Gallen", in: Johannes Duft, *Die Abtei Sankt Gallen. Beiträge zur Erforschung ihrer Manuskripte*, Bd. 1, Sigmaringen 1990, S. 24. – „patristisch" von *Patristik* (Lehre der Kirchenväter); „hagiographisch" von *Hagiographie* (Beschreibung von Heiligenleben).

len fanden sich wenigstens bessere Arbeitsbedingungen als in anderen Klöstern mit ihren kalten Kammern und ihrem dämmrigen Licht. Hier gab es immerhin Fenster und Wärmestuben, aber die Arbeit blieb natürlich hart. Von einem jungen Sankt Galler Mönch mit Namen Wolo, dem das Stillsitzen stets besonders schwerfiel, wird berichtet, dass er einmal unvermittelt von seinem Pult in der Schreibstube aufsprang und auf den Glockenturm stürmte, um wenigstens mit den Augen die Berge und Felder zu erblicken, wenn er schon nicht dorthin gehen durfte. Oben angelangt, stürzte er durch die Decke und brach sich den Hals. Das war im Jahr 876.[35] Ein ansonsten unbekannter westgotischer Schreiber eines germanischen Rechtsbuches aus dem Anfang des 9. Jahrhundert, ein Zeitgenosse Waldos mit dem Namen Martin, hat sich mit seiner treffenden Schilderung der Schreibarbeit unsterblich gemacht: »O glücklichster Leser, wasche deine Hände und fasse so das Buch an; wende die Seiten sorgsam und halte deinen Finger weit von der Schrift. Denn wer nicht schreiben kann, meint, das sei keine Arbeit. O wie schwer ist das Schreiben: Es trübt die Augen, quetscht die Nieren und martert zugleich alle Glieder. Drei Finger schreiben, der ganze Körper leidet...«[36] Aus italienischen Schreibstuben vernimmt man Ähnliches:

> *»Die Arbeit des Schreibers ist Erbauung für den Leser. Jener erschöpft sich körperlich, dieser gewinnt geistig... Drei Finger schreiben, der ganze Körper wird angestrengt. Es macht den Rücken krumm, drückt die Rippen in den Bauch und fördert körperliches Unwohlsein jeder Art. Deshalb, o Leser, wende behutsam die Blätter, wasch die Hände und halte so das Buch, und breite etwas zu seiner Bekleidung aus.«*[37]

Waldo teilte sein Schicksal mit vielen anderen. Er klagte nicht. Als

---

[35] Ekkehardus IV, *Casus sancti Galli*, 43 f.; H. F. Haefele (Hrsg.), *Ekkehard IV. St. Galler Klostergeschichten. Ausgewählte Quellen zur deutschen Geschichte des Mittelalters*, Bd. 10, Darmstadt 1980, S. 96-100.

[36] Staatsbibliothek Berlin: Ms. lat. fol. 270, 10v; Friedrich Bluhme (Hrsg.), *Leges Burgundionum*, Mon. Germ. Leg. III, Hannover 1863, p. 589; übers. d. Verf.

[37] Novara, Biblioteca capitolare: Cod. LI, 133v; E. Cau, *Scrittura e cultura a Novara, secoli VIII-X*, Ricerche medievali, 6-9, Pavia 1971-1974, p. 76; übers. Martin Steinmann, Handschriften im Mittelalter, S. 124. – Erlaubt sei hier die kleine persönliche Bemerkung, dass man auch heute als Forscher nicht nur in der Stiftsbibliothek Sankt Gallen dazu angehalten wird, sich die Hände zu waschen, bevor man ein Buch in die Hand nehmen darf. Das kostbare Buch muss dann auf einem besonderen Kissen liegen und die Seiten mit Bleischnüren beschwert werden.

Schreiber diente er in Sankt Gallen in besonderer Weise dem Wort. Dabei entwickelte er außerordentliche Fähigkeiten, seine Arbeit organisierte er selbstständig schöpferisch und ohne jedes Vorbild. Gleichsam einem inneren Licht folgend, schuf er aus dem Nichts. In den Klosterannalen wird er einmal von dem Chronisten Ratpert als ein vorzüglicher Schreiber gerühmt.[38] Das war schon ein großes Lob, doch war Waldo weit mehr als ein hervorragender Schreiber, er war ein geniales Ordnungstalent.

In einem kühnen Kraftakt ließ nämlich Waldo die gesammelten Urkunden des Klosters mit Dorsualnotizen – vergleichbar mit der am Buchrücken angebrachten Signatur bei den Büchern der Bibliotheken unserer Tage – versehen.[39] Eine grandiose Idee! Es war eine gewaltige Bewusstseins-leistung, die Waldo da vollbrachte. Zum ersten Mal konnte jetzt eine Sammlung überblickt werden, und es wurde möglich, zielgerichtet mit ihr zu arbeiten. Waldo hatte mit den Dorsualnotizen ein effektives Ordnungssystem erfunden und eingerichtet. Der Weg zu einer systematischen Forschung war damit frei. Nur auf dieser Grundlage konnte sich die Sankt Galler Bibliothek so rasch zu einem der bedeutendsten kulturellen Zentren ihrer Zeit entwickeln und über Jahrhunderte eine ruhmreiche kulturelle Oase der Bildung in Europa sein.

Wir können uns Waldo gut als stillen und steten Arbeiter in Sankt Gallen vorstellen, jedoch nicht unbedingt als einen, der unbeachtet im Hintergrund wirkte. Er genoss in seinem Umkreis großes Vertrauen, und man spürte seine herausragende Begabung im Umgang mit Menschen. Kein Wunder, dass ihn der König schon vor seinem Aufstieg zum Herrscher über das ganze Frankenreich 771 zu seinem persönlichen Vertrauten in Alemannien, das damals noch zum Reichsteil seines Bruders Karlmann zählte, gemacht hatte.[40] Durch das Band der Blutsverwandtschaft war ja eine gewisse Voraussetzung bereits erfüllt. Dass Waldo etwa gleich alt war wie der König, wird diesem ebenfalls angenehm gewesen sein. Wal-

---

[38] Vgl. *Ratperti Casus S. Galli*, SS. II. 64, c. 4; *Ratperti Casus S. Galli c. 9*, in: *Mittheilungen zur Vaterländischen Geschichte*, Bd. 13, Sankt Gallen 1872, S. 16 f.

[39] Vgl. Otto P. Clavadetscher / Paul Staerkle, *Die Dorsualnotizen der ältesten St. Galler Urkunden. Faksimileausgabe*, St. Gallen 1970 (= Urkundenbuch der Abtei St. Gallen, 2. Ergänzungsheft). Die Dorsualnotizen befinden sich heute im Stiftsarchiv Sankt Gallen.

[40] Vgl. Walter Berschin / Alfons Zettler, *Egino von Verona. Der Gründer von Reichenau-Niederzell*, Stuttgart 1999, S. 42. Bedauerlicherweise findet sich hier bei Zettler keine Quelle.

do gehörte damit zu den *Primores regis*, den Ersten des Königs. Diese *Primores*, auch *Priores*, *Primarii* oder *primi Primates* genannt, waren die obersten Kreise im Reich und nahmen die wichtigsten Stellen ein oder wirkten durch Macht und Reichtum einflussreich.[41]

Sankt Gallens Klostertradition war alt. Im Jahr 612 von dem irischen Mönch Gallus als Einsiedelei gegründet, war diese nach etwas über hundert Jahren zum Kloster erweitert worden. Ursprünglich und noch unter ihrem Abt Otmar befolgten die Mönche die irisch-columbanische Ordensregel. Sie war ihnen so heilig wie das Sakrament selbst.[42] Eine Besonderheit des Klosters bestand darin, dass dort die Volkssprache sorgfältig gepflegt wurde; als columbanisches Kloster war Sankt Gallen ja von Rom unabhängig. In der Mitte des 8. Jahrhunderts wurden aber allenthalben die columbanischen Orden im damaligen Reichsteil des Hausmeiers Karlmann auf Betreiben des religiösen Eiferers Bonifatius – und bekräftigt durch die königlichen Capitulare von 742 und 755 – dazu gezwungen, die Benedikt-Regel anzunehmen. Dies gelang zwar in der Praxis nicht überall gleich gut, und am wenigsten in den Klostergründungen Pirmins. Doch im Zuge dieser Neuorganisation verloren die Klöster ihre Unabhängigkeit und wurden Stadtbischöfen unterstellt. Mitten in diese Zeit hinein, als bei den Alemannen das klösterliche Leben zugunsten der benediktinischen Regel verändert wurde, in diese Zeit, als der mit Rom verbundene Regent die klösterliche Ordnung beherrschte, war Waldo hineingeboren worden. Es war eine große Umbruchszeit, in der die Strukturen tatsächlich in den meisten Lebensfeldern neu geformt wurden.

Die Schreie des „Strafgerichts" von Cannstatt im Jahr 746 hallten noch lange nach. Der damalige Herrscher des ostfränkischen Reiches, Karl Martells Sohn Karlmann, hatte nach mehreren Feldzügen gegen die Alemannen einen Teil des alemannischen Adels zu Gesprächen einberufen und sie dann hinterhältig umbringen lassen. Danach ließ er das unruhige und widerspenstige Alemannien in zwei Grafschaften aufteilen und unterstellte sie fränkischen Adeligen. Nach den Schilderungen der Metzer Annalen, der *Annales Petaviani*, sowie einem Bericht des Childebrand wurden beim Blutgericht von Cannstatt viele tausend aufständische

---

41 Vgl. Munding, S. 114.

42 Vgl. Heber, S. 291.

Fürsten hingerichtet. So sei die gesamte Führungsschicht der Alemannen ausgelöscht und die Eigenständigkeit des alemannischen Herzogtums beendet worden. Wenn man dies auch aus heutiger Sicht kritischer sieht, so war doch damals ein anderer Eindruck entstanden, der als Wirklichkeit die Lebensverhältnisse prägte.[43] Dennoch wird die Tragik nicht kleiner, wenn die Zahl der Hingerichteten geringer ausfällt. Ausgelöst worden war das Massaker durch die Mission des Bonifatius, und es ging um Macht. Im Auftrag von König und Papst wollte Bonifatius die Religion und mit ihr den Herrschaftsanspruch erneuern. Die bis dahin vom Adel beherrschte Kirche sollte in eine Rom-treue umgewandelt werden.[44] Dazu waren alle Mittel recht.

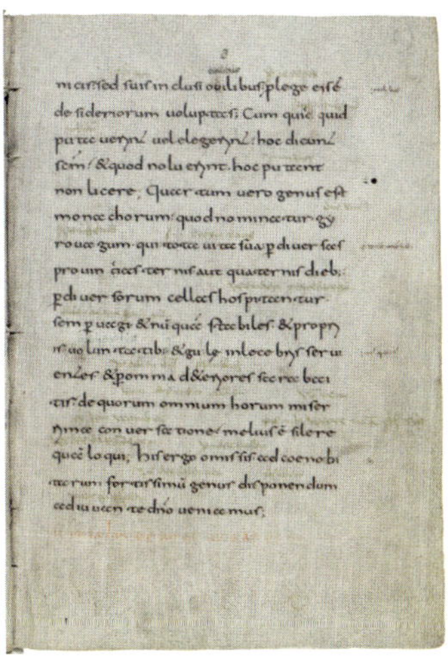

Regula S. Benedicti, 1. Drittel 9. Jahrhundert; lateinischer Text mit althochdeutschen und altsächsischen Einschüben als Übersetzungshilfe. (Stiftsbibliothek Sankt Gallen)

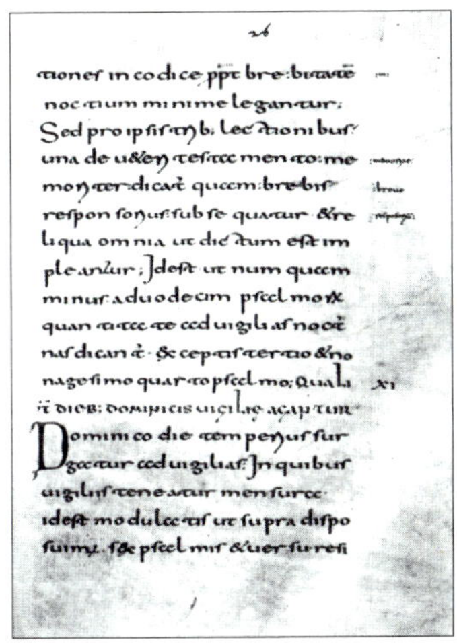

Die Mönchsregel des Benedikt. Abschrift in Alemannischer Minuskel der 817 von den Reichenauer Mönchen Tatto und Grimalt in Aachen angefertigten textkritischen Abschrift mit Marginalien (Stiftsbibliothek Sankt Gallen)

Als Waldo seinen Platz in Sankt Gallen hatte finden können, waren die Spannungen zwischen Alemannen und Franken noch lange Zeit nicht überwunden. Sankt Gallen befand sich seit 747 unter karolingischer Ho-

---

43 Vgl. Pierre Riché, *Die Karolinger. Eine Familie formt Europa*, München 2/1992, S. 75 ff.

44 Vgl. Pierre Riché.

heit und wurde seit 751 von Karl Martells Sohn Pippin III. (714/15-768) erst als Hausmeier und dann, nach Karlmanns Rückzug ins Kloster, als König des gesamten fränkischen Reiches regiert. Schon 747 hatte sein Bruder Karlmann durch einen persönlichen Besuch in Sankt Gallen dafür gesorgt, dass unverzüglich die Benedikt-Regel eingeführt wurde. Inwieweit diese dann umgesetzt wurde, lässt sich schwer sagen. Die Alemannen, bekannt dafür, ein eigensinniger, bisweilen dickköpfiger Menschenschlag zu sein, fügten sich, ähnlich wie die dort lebenden Iren, nur widerwillig und langsam. So erzählt man gerne, dass die irischen Mönche noch viele Jahrzehnte lang unter der braunen benediktinischen Kutte ihr altes weißes Gewand getragen haben sollen. Die „columbanische Seelenstimmung" ließ sich nicht so schnell umerziehen, zumal die *Regula Columbani* ja ganz auf Selbsterziehung ausgerichtet war. Noch im 9. und im 10. Jahrhundert wurden in Sankt Gallen Columbans *Regula monachorum* mit 14 Kapiteln und seine *Regula coenobialis* sowie etliche seiner anderen Texte abgeschrieben. In einer Zeit, als schon längst die *Regula S. Benedicti* maßgeblich war, legte man in Sankt Gallen also Wert auf die Präsenz und Autorität Columbans, den großen Lehrer des Klostergründers Gallus. Nicht zu vergessen ist auch sein Platz in der Basilika des Sankt Galler Klosterplans. Von den vorgesehenen 17 Altären gilt der erste Seitenaltar rechts Columban und der erste Seitenaltar links Benedikt.[45]

St. Gallus-Glocke, 7. Jahrhundert

Es gibt nur ganz wenige Gegenstände aus Zeit und Umfeld Columbans und Gallus', die vom Wirken der irischen Mönche künden. Einzigartig ist die „Sankt Gallus-Glocke", eine Handglocke in einer uralten Technik aus Stahlblech geschmiedet. Sie hat die Form eines rechteckigen schmalen Trapezes, ähnlich wie eine Kuhglocke, 33 cm hoch, im ovalen Durchmesser unten misst sie 15 x 23 cm, oben 11 x 17 cm. Ursprünglich war sie nicht bemalt. Wahrscheinlich wurde sie von den irischen Mönchen Columban und Gall um 610 nach Bregenz gebracht. Sie wurde lange Zeit ver-

[45] Johannes Duft, «Sankt Columban in den Handschriften der Stiftsbibliothek St. Gallen», in: Peter Ochsenbein / Ernst Ziegler (Hrsg.), *Die Abtei St. Gallen, Bd. 1: Beiträge zur Erforschung ihrer Manuskripte*, Festschrift für Johannes Duft zum 75. Geburtstag, Sigmaringen 1990, S. 77-87.

ehrt, zumal man ihr übernatürliche Bedeutung gegen böse Geister und Unwetter zuschrieb. An den Festtagsmessen wurde sie zur Elevation von Hostie und Kelch geläutet. Irische Mönche trugen solche Handglocken auf ihren Wanderungen mit sich, denn sie dienten als Signal für den Gottesdienst. In der Tat ist unser Wort „Glocke" ein irisches Lehnwort. Der Reichenauer Walahfrid Strabo, späterer Biograph des Heiligen Gallus, nennt diese alten Glocken in seinem Traktat über die Liturgie „Zeichen" (lat. *signa*), weil ihre Schläge die Stunden für den Gottesdienst bezeichnen. Bei den Iren heißen sie bis heute „clog" oder „clocc" *(Clog an Redhasta, Clog beannighte)*. In einer auf Lateinisch geschriebenen irischen Heiligenvita liest man *„cloccam pulsa"* und *„personnante clocca"* – die Glocke wird also angeschlagen oder sie klingt. Auf diesem Wege gelangte das irische Wort *clocc* als *clocca* ins Mittellatein und als *glokka* ins Althochdeutsche. Wie wichtig die Glocke damals war, zeigt ihre ausführliche Erwähnung in der Columban-Vita:

»Als der Diener Gottes Gallus einst in stiller Nacht seine Netze auswarf, hörte er, wie der Dämon von der Spitze des Berges seinen Gefährten in der Tiefe des Sees anrief. Als dieser antwortete: ‚Hier bin ich', rief ihm der Berggeist zu: ‚Auf! Komm mir zu Hilfe! Siehe, Fremdlinge sind hier angekommen und haben mich aus meinem Tempel vertrieben. Die Götterbilder haben sie zerschlagen, die das Volk verehrte, und überdies haben sie die Bewohner selbst für sich gewonnen. Komm, komm und hilf uns, sie aus dem Lande zu vertreiben!' Ihm erwiderte der Wassergeist: ‚Ja wirklich, einer von den Fremdlingen befindet sich hier auf dem See, ihm aber werde ich nie schaden können. Ich wollte nämlich seine Netze verderben, doch glaube mir, ich musste mich als besiegt erkennen, denn immer ist er geschützt durch das Siegel des Gebetes und niemals vom Schlaf überwältigt.'

Als der Diener Gottes Gallus dies hörte, sicherte er sich nach allen Seiten mit dem Kreuzzeichen und sprach zu ihnen: ‚Im Namen Jesu Christi befehle ich euch, aus diesen Gegenden zu weichen und es nicht zu wagen, hier jemandem zu schaden.' Dann kehrte er eiligst an das Ufer (nach Bregenz) zurück und erzählte seinem Abte, was er gehört hatte. Auf diese Nachricht hin gab der Gottesmann Columban das gewohnte Glockenzeichen und rief die Brüder in die Kirche zusammen…«[46]

[46] Duft, «Der Eremit Sankt Gallus. Die Sankt Gallus-Glocke», ebenda S. 28-37.

Nun unterstand Sankt Gallen als Folge der Reform des Bonifatius, ebenso wie das Kloster Reichenau, zu Waldos Sankt Galler Zeit formal dem Stadtbischof von Konstanz. Doch nach dessen Tod erhoben die Sankt Galler Mönche im Jahr 782 in einer freien Wahl den mittlerweile etwa 42-jährigen Waldo zum Abt, was König Karl, der inzwischen Herrscher über beide Teile des Frankenreiches war, bestätigte. Obwohl im Kloster strenger Gehorsam geboten war und die Mönche sich in allem dem Abt unterzuordnen hatten, durften sie ihr Oberhaupt frei wählen. Das gehörte zu den Vorrechten eines Klosters als Reichsabtei und wurde noch gehandhabt wie ehedem. Nur hatten die Mönche nicht mit der Trägheit hierarchischer Institutionen gerechnet. Dem Nachfolger auf dem Bischofsstuhl in Konstanz war die Wahl nämlich gar nicht recht, weshalb er nach einem Weg sann, um seine eigene Macht zu erhalten. Harte Auseinandersetzungen folgten und machten eine Schlichtung von außen nötig; Karl der Große persönlich griff ein. Darüber berichtet der Sankt Galler Klosterchronist Ratpert:

> *»Der erlauchte Kaiser Karl aber wollte den Abt unter der Bedingung mit dem Bischof versöhnen, dass der Abt dem Bischof gehorchen, das Amt des Klostervorstehers aber behalten sollte. Doch Waldo, der nicht länger eine Erniedrigung der Seinen als Beteiligter ansehen konnte, soll dem König so geantwortet haben: ‚Da ich mich einmal in die Hände deiner Herrschaft gegeben habe und zu einem so hohen Amt erhoben worden bin, werde ich mich fortan nie, so lange ich diese drei Finger unversehrt behalte' – denn er war ein ausgezeichneter Schreiber – ‚einem geringeren Menschen unterstellen.'«*[47]

Hintergrund für diesen Konflikt bildeten neben den noch immer schwelenden Spannungen vielleicht auch persönliche Motive. Die hochadeligen Franken, von denen Waldo ja abstammte, fühlten sich selbstverständlich dem alemannischen Ortsadel, zu dem Bischof Egino von Konstanz gehörte, überlegen. Jedenfalls musste sich Waldo schon nach weniger als zwei Jahren Amtszeit auf des Königs Schiedsspruch hin doch noch dem Konstanzer Bischof unterordnen. Doch Waldo wollte nicht nur ein oberster Verwaltungsbeamter sein und legte daraufhin sein Amt als Abt nieder. Anschließend trat er – in Absprache mit dem König, vielleicht

[47] Ratpertus, *Casus sancti Galli* 4 (9); H. Steiner (Hrsg.), *Ratpert, St. Galler Klostergeschichten (Casus sancti Galli)*, MGH Script. rer. Germ., 75, Hannover 2002, S. 166; übers. Martin Steinmann, *Handschriften im Mittelalter*, S. 151.

aber auch auf dessen Geheiß – als einfacher Mönch in das inzwischen von Konstanz unabhängig gewordene benachbarte Kloster der Bodensee-Insel Reichenau über. Trotz oder vielleicht auch gerade wegen dieser Divergenz sollte die Verbindung zwischen Waldo und dem König nun immer enger werden.

Waldo – Abt im Kloster Reichenau

Auf der Reichenau fand Waldo wieder eine Klosterbibliothek vor, die er ordnen und vergrößern konnte. Der Dienst am Buch, der stets als Dienst an Gott aufgefasst wurde – man leistete ihn auch im Kloster Reichenau getreu den Anweisungen des Angelsachsen Alkuin (735-804), wie jener dies für sein eigenes Kloster in Tours und mit diesem für alle Klosterschreibstuben einmal festgehalten hatte:

> *»Hier sollen sie sitzen, die die Worte der Heiligen Schrift schreiben und die geheiligten Aussprüche der heiligen Väter. Sie sollen sich hüten, diesen heiligen Worten ihre Leichtfertigkeit einzufügen, und ob dieser Leichtfertigkeiten soll auch die Hand selbst nicht irren, und sie sollen sich eifrig die verbesserten Büchlein suchen, damit auf rechtem Pfade gehe des Eilenden Feder. Durch Kola und Kommata sollen sie den Sinn gehörig unterscheiden und sollen alle Zeichen in rechter Ordnung setzen, damit nichts Falsches liest oder plötzlich schweigt der Vorleser in der Kirche vor den frommen Brüdern. Es ist ein trefflich Werk nun, die heiligen Bücher zu schreiben, und der Schreiber entbehrt auch selbst nicht seines verdienten Lohnes.*
>
> *Besser als Weinstöcke umzugraben ist es, Bücher zu schreiben; jener wird nur seinem Bauche dienen, dieser seiner Seele …«*[48]

Im Kloster Reichenau hatte nun Waldo zudem die Möglichkeit, eine Klosterschule mit aufzubauen und seine pädagogischen Neigungen auszuleben. Als Erstes brachte man den Kindern Lesen, Schreiben und Rechnen bei. Sehr wichtig war, dass die Schüler Latein lernten. Im Übrigen wurde das Unterrichtsprogramm aus der Spätantike übernommen und konzentrierte sich auf das Trivium der *septem artes liberales*, der Sieben Freien Künste. So wurden Grammatik, Rhetorik und Dialektik

[48] Alkuin, MGH PL 1, 320, 94. zit. n. Ursmar Engelmann, *Die Reichenauer Buchmalerei. Initialen aus einem Lektionar des frühen 10. Jahrhunderts*, Freiburg 1971, S. 48.

gelehrt, zu denen Karls Hofgelehrter Alkuin, der gewissermaßen Karls Bildungsminister war, die Lehrbücher verfasst hatte. Vor allem mussten die Schüler in benediktinischen Klosterschulen lernen, schweigend zu arbeiten und sich der Gemeinschaft unterzuordnen. Zuwiderhandlungen wurden drakonisch bestraft. Inhaltlich wirkte Waldo vollständig in Übereinstimmung mit Karls Vorgaben, die Studien zu verbessern, will heißen, die lateinische Sprache zu etablieren. Um dies zu unterstreichen, hatte sich Karl 787 in einem Rundschreiben – *Epistula de litteris colendis* – direkt an die Äbte gewandt. Er habe vernommen, »dass in den Klöstern für ihn gebetet werde, doch aus der Form dieser Mitteilung habe er erkannt, dass man zwar die rechte Meinung habe, sie aber ungepflegt formuliere. Mönche sollten nicht nur fromm, sondern auch gut und gelehrt lateinisch reden können.«[49]

Bis aber im Reichenauer Kloster ein Schulwesen im engeren Sinne institutionalisiert war, sollten noch viele Jahre, wenn nicht Jahrzehnte vergehen. Aus dem Klosterplan von 825 erfahren wir, wie ein Schulhaus aussehen soll: es hat einen zweigeteilten Zentralraum und zwölf Zimmer für Schüler. Das Schulhaus des Klosters Reichenau befand sich an der Nordseite der Kirche zwischen Gästehaus und dem Haus des Abtes. Dies war die Repräsentationszone des Klosters, hier hatten Besucher Zugang und konnten beeindruckt werden durch das, was sie erlebten. Wie in einer Chronik der Reichenau zu lesen ist, gestaltete Waldo die Schule nach dem Vorbild von Sankt Gallen, »nämlich eine sogenannte äußere Schule *(schola exterior)*, welche für Jünglinge war, die sich ohne einen bestimmten Zweck dem Wissen widmeten, und eine innere Klosterschule, in welcher Jünglinge unterrichtet wurden, die sich zum geistlichen Stand bestimmten. Die Zahl war bald so groß, dass kaum andere aufgenommen wurden, als Freiherrn und Grafen von edlem Stamme geboren.«[50]

Die Reichenauer lernten Waldo rasch schätzen. Als einfacher Mönch war er 784 von Sankt Gallen zu ihnen gekommen, aber es zeichnete sich rasch ab, dass er bald die Leitung des Klosters übernehmen sollte, zumal der damalige Abt auf sein Lebensende zuging. Vielleicht hatte Karl die Nachfolge sogar längst eingeplant. Nur zwei Jahren nach Waldos Eintritt ins

---

[49] Walter Berschin, *Eremus und Insula*, S. 13.

[50] Schönhuth, *Chronik des ehemaligen Klosters Reichenau*, Freiburg/Br. 1836, S. 16 ff. Schönhuth konnte noch die *Collectanea Augiensia* beschreiben, aus der später einige Seiten abhandengekommen sind.

Kloster starb der alte Abt Petrus, und Waldo wurde dann tatsächlich von den Reichenauer Mönchen zum Abt gewählt und vom König bestätigt. Dies zeugt von seinen eindrucksvollen Befähigungen und auch von seiner Beliebtheit. »*Waldo ... unanimi Fratrum Augiensium voto ... eligitur ... Abbas*«, so ist es in den Klosterannalen festgehalten.[51]

Im Kloster Reichenau wurden damals nur Adelige aufgenommen. Wie 80 andere Klöster des Frankenreiches, war es eine königliche Reichsabtei. Damit war ihr Abt, der in einer freien Wahl gewählt wurde, direkt dem König unterstellt und zur Verwaltung des Reiches verpflichtet. Äbte erfüllten also nicht nur im Kloster eine leitende Stellung. Sie standen auch im Regierungsdienst des Königs und mussten an Reichsversammlungen und Synoden teilnehmen, wo sie zu den Beschlussfassenden gehörten. Selber zumeist dem Hochadel angehörend, befand sich ihre Stellung zwischen Bischöfen und weltlichen Großen. Ihre Aufgaben lagen im Gesandtschafts- und Gerichtswesen, in der Kanzlei und auch in der Heeresfolge.[52]

Zwar war Waldos Kloster ein Benediktiner-Kloster, doch wurde die Benedikt-Regel längst noch nicht konsequent umgesetzt. Jedenfalls nicht unter Waldos Leitung. Die Mönche lebten seit Pirmins Gründung nach einer organisch gewachsenen Ordnung, die Elemente aus der Regel Benedikts mit alten gallischen Regeln des irischen Mönchtums sowie Impulsen Columbans mit ihren asketischen halb-eremitischen Lebensformen vereinte. So manches haben sie wahrscheinlich souverän selbst entwickelt, zumal sie durch die columbanische Regel in Selbsterziehung um der höheren Weisheit Willen geschult waren. Es war ein nicht zu unterschätzendes, fruchtbares Zusammenwirken dieser gegensätzlichen christlichen Strömungen. Gerade die Iren nahmen kein Blatt vor den Mund, wenn es darum ging, Rom zu schmähen. Wie kritisch die Iren noch lange Zeit Rom gegenüber eingestellt waren, zeigt ein kleines Gedicht, das erst um 850 entstanden sein dürfte. Es ist als Randbemerkung in einem Sankt Galler Band der griechisch-lateinischen Paulusbriefe enthalten. Durch die irischen Wandermönche Marcus und seinen Neffen Moengal-Marcellus war das Manuskript nach Sankt Gallen gekom-

---

51 *Annales Augienses* fol. 61r; ebenso *Collectanea Augiensia* I. fol. 167r; Generallandesarchiv Karlsruhe.

52 Arnold Angenendt, *Das Frühmittelalter. Die abendländische Christenheit von 400-900*, Stuttgart/Berlin/Köln 2/1991, S. 324 ff.

men. Da heißt es auf einer Seite des Ersten Korintherbriefes in altirischer Sprache:

Teicht do Róim,
mór saído, becc torbai!
In rí chon-daigi hi foss,
manim-bera latt, nímfogbai.
...

Nach Rom gehen
Viel Mühe, wenig Nutzen!
Der König, den du hienieden suchst –
Wenn du ihn nicht mitbringst,
findest du (ihn) nicht.

Groß die Torheit, groß der Wahnsinn,
Groß die Verderbnis des Sinns,
Groß der Irrsinn!
Weil in den Tod gehen sicher bevorsteht,
Soll es sein unter ... von Mariens Sohn.[53]

Als bedeutender Geist zog Waldo bald viele geistverwandte Mönche und auch Gelehrte im Mönchsgewand an. 640 Mönche sollen zum Kloster gehört haben. Alle brachten sie neben Kleinodien und Gütern auch wertvolle Bücher und Handschriften als Schenkungen mit. Die Bibliothek, die Waldo vorgefunden hatte, war anfangs noch klein, aber erlesen: es gab Paulinische Briefe, einen Pirmin-Codex, Gebetsbücher, ein fränkisch-gallikanisches Missale von sieben Messen, einen italischen Psalter des Hieronymus, ein italo-gallikanisches Psalterbruchstück, ein Manuskript des ersten Buches der Genesis aus Iona, Predigten eines südgallischen Bischofs usw. Auffallend viele Schriften aus dem gallischen Raum waren dabei, die von irischen Wandermönchen mitgebracht worden waren. Längst nicht alle Iren waren Wandermönche, weil sie das Fernweh gepackt hatte. Viele von ihnen sahen im Verlassen der Heimat die höchste Stufe eines gottgefälligen Lebens auf dem Wege zur Vollkommenheit.

53 *Codex Boernerianus*, fol. 23r, Dresden, Sächsische Landesbibliothek A 145b; Griechisch-lateinische Studienhandschrift der Iren in St. Gallen, um 850. Griechischer Text in Majuskeln, interlinear lateinischer Text in irischen Minuskeln. Zit. n. W. Berschin, *Eremus und Insula*, S. 23.

Sie folgten dabei dem Wort Gottes an Abraham: »Zieh fort aus deinem Lande, aus deiner Verwandtschaft und aus deiner Familie und gehe in das Land, das ich dir zeigen werde.« (Gen 12,1) Zahlreiche Iren waren in der Karolingerzeit auch unfreiwillig als Flüchtlinge auf dem europäischen Festland unterwegs. Das altirische Christentum konnte sich gegen die Romanisierung im 8. Jahrhundert nicht behaupten; dazu kamen als neue Bedrohung ab 795 einfallende Wikinger aus Norwegen, aber auch Dänen, und überzogen die Insel mit Kriegen und Raubzügen. Deshalb suchten viele Mönche schon aus äußerer Not eine neue Bleibe. Oft konnten sie nur ihr nacktes Leben retten, mit etwas Glück vielleicht noch ein paar Bücher und Reliquien, denn daran hatten die Wikinger kein Interesse. Sprachbegabt und des Griechischen mächtig, waren die Iren philologischen und sprachwissenschaftlichen Fragen besonders zugetan und brachten entsprechende Werke mit auf den Kontinent. Sie interessierten sich insbesondere für grammatische Werke, Glossare (Wörterverzeichnisse mit Erklärungen), Poenitentialien (Bußkataloge) und komputistische Fragen, also Kalenderberechnungen.[54] Gerade Letztere waren für den Rhythmus im Klosterleben sehr wichtig. Mehr noch halfen sie, sich im Weltenlauf zurechtzufinden. Die Iren waren neben den Angelsachsen die bestimmende Bildungsmacht und bereiteten, ohne dies je zu beabsichtigen, den Boden für die einsetzende karolingische Bildungsreform.[55]

Matthäus als Titelbild eines irischen Evangeliars, um 750 (Stiftsbibliothek, St. Gallen)

Matthäus „steht“, gekleidet in ein Purpurgewand, vor einem „Ge-

Die Reichenauer Klosterbibliothek verfügte also bereits über eine solide Basis an Schriften. Durch Tausch, Kauf, Schenkungen und Abschriften gelangten dann unter Waldo unzählige weitere Bücher aus ganz Europa und Byzanz ins Kloster, Bü-

[54] Vgl. Johanne Autenrieth, „Irische Handschriftenüberlieferung auf der Reichenau“, in: H. Löwe (Hrsg.), *Die Iren und Europa im frühen Mittelalter*, Bd. 2, Stuttgart 1982, S. 910.

[55] Vgl. Ludwig Bieler, *Irland. Wegbereiter des Mittelalters*, Olten-Lausanne-Freiburg 1961, S. 110.

rüst". Er trägt eine Schreibtafel in den Händen. Über ihm der Engel, der ebenfalls eine Schreibtafel in Händen hält. Auffallend sind seine übereinander gelegten Hände, deren Finger wie in einem Gewebe miteinander verflochten erscheinen.

cher in unterschiedlichen Sprachen und auch Schriften, so etwa in griechischer Schrift oder auch in angelsächsischer und in skandinavischer Runenschrift. Ein großes Glück für Waldo war sein überaus geschickter Schreiber und Bibliothekar, der auch der Schreibschule vorstand. Er scheint einen ähnlichen Ordnungssinn wie Waldo gehabt zu haben und liebte ebenfalls das Systematische. Dieser Reginbert († 846) wirkte unter Waldo und sogar unter den drei auf Waldo folgenden Äbten über 40 Jahre lang im Kloster. Er schrieb selbst über 42 große Bücher für die Bibliothek ab: liturgische, hagiographische, grammatikalische und medizinische Texte. Die von ihm erworbenen Bücher versah er mit Inhaltsverzeichnissen. Außerdem verfasste er 821/822 einen Bibliothekskatalog, den er in 33 Sachgruppen unterteilte. Diesem können wir entnehmen, dass die Bibliothek der Reichenau damals schon über 415 Bücher verfügte. Reginberts Verzeichnis ist der früheste uns bekannte Bibliothekskatalog überhaupt, später stellte er dann noch weitere solcher Verzeichnisse zusammen.[56]

In etlichen Büchern hat Reginbert sein Exlibris als kleinen persönlichen Text hinterlassen, mal in Prosa, mal in Versform:

»Gott und des Herrn holdseliger Mutter zu größerer Ehre,
All den Heiligen auch, den vielen, die Reichenau hegen,
Hat dieses Corpus in sorglicher Arbeit mit Willen der Obern
Reginbertus, der Schreiber, geschaffen. Er wünscht, dass es lange
Bleib' in Benützung der Brüder und keinen Schaden erleide.
Aber damit nicht doch seine Arbeit gelegentlich gehe verloren,
Bittet er alle, beim liebwerten Namen des Herrn sie beschwörend:
Keiner soll je dieses Werk einem andern nach auswärts vergeben,
Wenn er zuvor nicht Treue gelobt oder Pfand hinterlegt hat,

[56] Ursmar Engelmann, *Die Reichenauer Buchmalerei. Initialen aus einem Lektionar des frühen 10. Jahrhunderts*, Freiburg 1971, S. 16 ff. Vgl. u.a. Karl Preisendanz, „Zeugnisse zur Bibliotheksgeschichte", in: Alfred Holder, *Die Reichenauer Handschriften*, Bd. 3, Leipzig-Berlin 1918; Karl Preisendanz, „Aus Bücherei und Schreibstube der Reichenau", in: Konrad Beyerle (Hrsg.), *Die Kultur der Abtei Reichenau. Erinnerungsschrift zur 1200. Wiederkehr des Gründungsjahres des Inselklosters 724-1924*, Bd. 2, München 1925 (Nachdruck München 1970).

Bis er dem Kloster die Leihgabe unversehrt wieder zustellt.
Du, lieber Freund, bedenke die schwierige Mühe des Schreibens:
Nimm und öffne das Buch, lies schonend, dann schließ und verwahr es.«[57]

Wenn auch das Schreiben mühsam war, so wusste man doch stets, dass jeder, der an heiligen Gegenständen arbeitete, am großen Heilsgeschehen Anteil hatte. Das Abschreiben von Büchern geschah in den Schreibstuben des Klosters, den sogenannten Skriptorien. Von einem Bibliothekar beaufsichtigt, mussten die Mönche, die oft noch Kinder waren, schweigend arbeiten. Dabei waren die Arbeitsbedingungen im Kloster Reichenau noch vergleichsweise günstig. Mittelalterarchäologen haben Fußbodenheizungen nach spätantiker Tradition gefunden, die im Kapitelsaal, im Mönchssaal und auch im Skriptorium für Wärme sorgten.[58] Das Kopieren und Sammeln biblischer und antiker Schriften machte die benediktinische Schreibschule der Reichenau rasch zur bedeutendsten im süddeutschen Raum. Zusammen mit Sankt Gallen, Hirsau und Fulda, aber auch mit Corvey und Hersfeld, war sie erstrangig in Europa. Dabei ist nicht zu vergessen, dass die Bücher nur anfangs reine Schriftdokumente waren. Später, ab der zweiten Hälfte des 10. Jahrhunderts, wurde die Schrift aufs Schönste mit Miniaturen geschmückt. Schrift und Buchmalerei gehörten zusammen. Das fertige Buch erhielt dann zum Abschluss noch weitere Schmuckelemente, etwa in Gestalt von geschnitzten elfenbeinernen oder in Goldschmiedekunst gearbeiteten Buchdeckeln.

Durch Waldo gelangten besonders viele angelsächsische Bücher und Schriften aus St. Martin in Tours, wo König Karls Berater Alkuin seit 796 Bischof war, in die Reichenauer Bibliothek. Wie Waldo das Kloster Reichenau zur Blüte gebracht hatte, leistete dies Alkuin für St. Martin in Tours. Alkuin war in Tours Lehrer des Hrabanus Maurus, der später Fulda leitete und dort den Reichenauer Walahfrid Strabo zum Schüler hatte. Die beiden Klöster mit ihren Äbten stellten eine Art Doppelspitze im europäischen Bildungswettbewerb dar. Reichenau und Tours pflegten unter Waldo und Alkuin nahe Beziehungen und machten sich gegenseitig Geschenke. Als Boten dienten dabei zwei Ordensbrüder, die ebenfalls

57 *Augiensis CXXXVI*, Badische Landesbibliothek Karlsruhe. Siehe Walter Berschin, *Eremus und Insula*, S. 6.

58 Ausführlich in: Alfons Zettler, *Die frühmittelalterlichen Klosterbauten der Reichenau*, S. 224 ff.

Schreiberszene aus dem Evangelistar Heinrichs III., Echternach, Mitte 11. Jahrhundert (Staats- und Universitätsbibliothek Bremen)

in Reichenau erzogen worden waren, aber bald in Tours lebten.[59] Nach dem Bericht des Reichenauer Chronisten Gallus Oehem soll einer der beiden, Odilleoz (Vadilleoz), Waldos leiblicher Bruder gewesen sein und ihm einen »schweren Knollen Silbers« senden lassen, aus dem Waldo Kirchengeräte und einen silbernen Altar herstellen ließ.[60]

Frontispiz des Codex Amiatinus (Biblioteca Medicea-Laurenziana, Florenz)

Esra vor einem Bücherschrank mit neunbändiger Bibel. Der Codex Amiatinus ist das älteste Manuskript der lateinischen Vulgata.

Auch aus dem italienischen Pavia erhielt Waldo wertvolle Schriften zum Geschenk, denn dort hatte er eine bedeutende Aufgabe am königlichen Hof zu erfüllen. Ferner brachten Priester Messbücher, Sakramentarien, Bußbücher, kirchenrechtliche Handschriften, Predigten, Auslegungen zur Heiligen Schrift, Schriften der Kirchenväter, Mönchsliteratur und liturgische Bücher ins Kloster. Wer den Priesternamen verdienen wollte, hatte zumindest über eine kleine eigene Handbibliothek zu verfügen, zu welcher Sakramentar, Lektionar, Antiphonar, Taufbuch, Kalendar, Bußbuch, Homiliar sowie einen Psalter für Sonn- und Feiertage gehörten. Lediglich eine Präsenz-Bibliothek nutzen zu können, genügte eben nicht. Be-

[59] Vgl. Munding, S. 43f. Munding hält sie für leibliche Brüder Heitos.

[60] K. Brandi, *Die Chronik des Gallus Oehem, Quellen und Forschungen zur Geschichte der Abtei Reichenau*, Bd. II, Heidelberg 1893, S. 41.

Messfeier. Elfenbeintafel aus dem Einband eines Sakramentars, Reichenau, 9./10. Jahrhundert (Fitzwilliam-Museum Cambridge)

Ein seiner singenden Mönchsgemeinde zugewandter Erzbischof, zu erkennen am Pallium, zelebriert die Messe. Das aufgeschlagene Buch zeigt den Introitus-Vers des ersten Adventssonntags: dies ist der Psalm, den die Mönche singen. Im Chorrund stehen Kleriker, die die Messe begleiten.

stimmte Bücher wenigstens musste man besitzen, um sie sich zum inneren Eigentum zu machen.

Besonders beliebt im Kloster Reichenau waren Erklärungen über das Vaterunser sowie über die verschiedenen Glaubensbekenntnisse, das apostolische, nicänische, konstantinopolitanische, toletanische, athanasianische – denn diese Texte dienten zur Belehrung der Täuflinge und Getauften. Auch Schriften zum Verständnis der Trinität wurden gründlich studiert. Man kann nicht alle Bücher aufzählen, man sieht aber, dass die Mönche intensiv mit theologischen Problemen und Inhalten rangen. Es waren die Fragen, die alle gelehrten Geistlichen jener Zeit beschäftigten, egal zu welcher Schule sie gehörten.

Auch die weltliche Gelehrsamkeit war auf der Reichenau vertreten. So gab es Bücher zur Geschichte, zur Medizin und zu den Naturwissenschaften. Plinius' Naturkunde war vorhanden. Die aesopischen Fabeln von Avianus aus dem 4./5. Jahrhundert dienten als Schulbuch. Neben römischen Dichtungen der bekannten Autoren wie Vergil *(Aeneis, Georgica)*, Ovid *(Ars amatoria und Metamorphosen)* gab es zahlreiche christliche Dichtungen und althochdeutsche Manuskripte sowie Texte in Runenschrift. Außer den *septem artes*, den Sieben Freien Künsten, konnte auch die Philosophie des Aristoteles studiert werden. Sein Werk über die Kategorien sowie das Werk *De interpretatione* waren vorhanden, ebenso auszugsweise Schriften über die *septem artes*. Auch die Ideen Platons in der neuplatonischen Auslegung des Porphyrius waren verfügbar, und schließlich die Erklärungen des Chalcidius zu Platons *Timaeus*.[61] Bei der Vielzahl von Büchern kann man nicht einmal die wichtigs-

[61] Munding, S. 36-59.

ten Werke der Reichenauer Bibliothek aufzählen, aber man gewinnt einen Eindruck davon, dass sich die Sammlung wie ein Kompendium alles Wissens der damaligen Zeit ausnahm.

In der Bibliothek des Klosters verschmolzen seit dem Priorat Waldos Religion, Kunst und Wissenschaft zur Quelle eines lebendigen Geisteslebens. Die Bildungselite traf sich auf der Klosterinsel sowohl zum Gebet als auch zum Gedankenaustausch. In diesem Sinne war die Reichenau der Nabel der mitteleuropäischen Welt. Die Reichenauer unterhielten ihrerseits intensive Beziehungen zu Italien, Byzanz und sogar zum christlichen Osten. So waren gar einmal die Slawenapostel Cyrill und Methodius aus Byzanz bedeutende Gäste des Klosters, was im *Reichenauer Verbrüderungsbuch* festgehalten ist.[62] Dieser eindrucksvolle Austausch von Bildung über ganz Europa hinweg würde eigentlich allein schon genügen, um Waldos Wirken in der Geistesgeschichte zu bewundern.

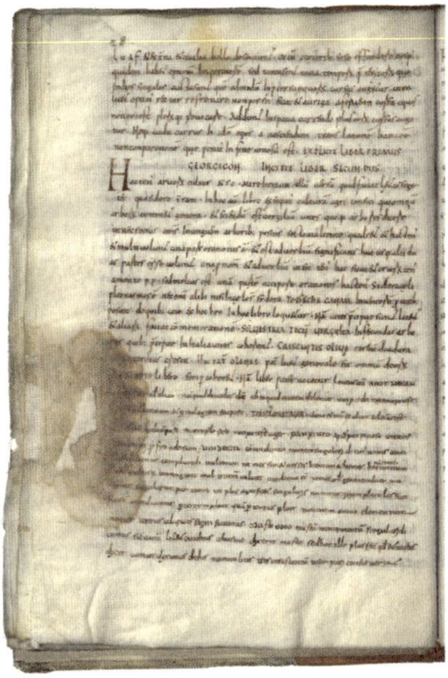

Commentarii in Vergilium: Georgica – Cod. Aug. perg. 186, Reichenau (?), 9. Jahrhundert (Badische Landesbibliothek Karlsruhe)

Neben dem Gedankenaustausch und dem Ringen um Erkenntnis sorgte Waldo auch auf einer weiteren inneren Ebene, nämlich im Seelisch-Geistigen, für bedeutungsvolle Verbindungen und griff damit ein Anliegen seines Klostergründervaters Pirmin auf. Dieser hatte durch Gebetsverbrüderung seine Klostergründungen vor Vereinzelung bewahren wollen. Den entscheidenden Impuls erhielt Waldo durch den 762 auf der Synode von Attigny in den Ardennen geschlossenen Gebetsbund, den König Pippin d. J., Vater Karls des Großen, gemeinsam mit Eddo, dem Nachfolger

[62] Alfons Zettler, „Cyrill und Method im Reichenauer Verbrüderungsbuch“, in: Wolfram Drews / Bruno Quast (Hrsg.), *Frühmittelalterliche Studien*, 17/1983, Berlin 1983 (2010), S. 280-298; siehe auch Albert Knoepfli, *Kunstgeschichte des Bodenseeraumes, Bd. 1, Von der Karolingerzeit bis zur Mitte des 14. Jahrhunderts*, Konstanz 1961, S. 42-46.

Pirmins auf der Reichenau, der inzwischen Bischof von Straßburg geworden war, und mit Chrodegang, dem Bischof von Metz, sowie zahlreichen weiteren Bischöfen, die fast alle in einer schicksalhaften Beziehung zu Pirmin standen, begründet hatte. Man beschloss bei dieser Synode, immer wenn ein Mitbruder starb, gegenseitige Gebete abzuhalten. Hundert Psalter und Messen sollten es sein, davon dreißig persönlich gefeiert. Damit die Namen nicht vergessen würden, legte man in Attigny Verzeichnisse an. Diese gelangten nach einiger Zeit auf die Reichenau und verblieben dort.

Waldo nun erweiterte die Idee von Attigny. Durch bewusst geschlossene „Gebetsverbrüderungen“ des Klosters Reichenau mit anderen Klöstern, zunächst vor allem mit Sankt Gallen und Fulda, aber auch mit Sankt Blasien und später dann mit Saint-Denis und vielen weiteren, knüpfte er – drei Abt-Generationen nach Pirmin – ein weites spirituelles Netz. Hier verbanden sich nicht nur die den entsprechenden Klöstern zugehörigen Mönche und Laienbrüder, sondern darüber hinaus auch die Gönner, Stifter und Freunde der Abteien im regelmäßigen Gebet, in Messen und in anderen liturgischen Handlungen kraftvoll und innig miteinander. Zu dieser Gebetsverbrüderung gehörten sowohl Lebende als auch Verstorbene, was an den seit Waldos Zeit geführten Namenslisten der Konvente sowie an den Totenlisten, die beide laufend ergänzt wurden, sichtbar wird. Ein wichtiger Gedanke war dabei, dass Gott um die Namen wusste. Abt Waldo hat die Gebetsverbrüderung, nachdem sie zur regelmäßigen Praxis geworden war, im Jahr 800 mit seinem Nachfolger von Sankt Gallen, dem Abt Werdo, schriftlich vereinbart und mit ihm einen regelrechten Verbrüderungsvertrag geschlossen. Es ist übrigens bezeichnend, dass Waldo diesen Vertrag nicht mit dem für Sankt Gallen zuständigen Konstanzer Bischof Egino schloss, sondern direkt mit seinem Abt. Waldos Verbrüderungsvertrag *(conventio et unanimitas precum)* ist das älteste Vertragswerk dieser Art![63] Zu ihm gehören das *Reichenauer Verbrüderungsbuch* und ein Necrologium *(Liber confraternitatum Augiensis)*.[64] Man kann nur

---

63 Text des Verbrüderungsvertrags bei Ernst Dümmler / Hermann Wartmann (Hrsg.), *St. Galler Todtenbuch und Verbrüderungen* (Mittheilungen zur Vaterländischen Geschichte St. Gallen 19, NF 9), Sankt Gallen 1884, S. 22.

64 Das Reichenauer Verbrüderungsbuch besteht aus 96 Pergamentblättern, 28,5 cm x 20 cm. Bemerkenswert ist, dass genau dieses wichtigste Dokument Waldos samt dem Totenbuch *(necrologium)* 1799 im Zuge der Aufhebung der Benediktiner Abtei Reichenau verschwand. Die beiden Handschriften fehlten, als die Reichenauer Bibliothek nach der Säkularisation 1804/05 nach Karlsruhe kam. Man fand sie später durch einen Zufall

staunen, wie weit ausgedehnt die Reichenauer Gebetsverbrüderung mit geistlichen Gemeinschaften gepflegt wurde.

In einer Sankt Galler Handschrift heißt es:

> *»Im Jahr 800 der Fleischwerdung des Herrn, während der Herrschaft des erlauchtesten Herrn Kaisers Karl wurde unter den Äbten Werdo und Waldo eine Übereinkunft und Gebetsverbrüderung zwischen den Mönchsgemeinschaften von St. Gallen und Reichenau geschlossen. In dieser Übereinkunft legten die Brüder aus beiden Orten übereinstimmend fest, dass stets, wenn irgendein Bruder sterben und dies dem Ort oder den Ältesten dort mitgeteilt werde, noch am selben Tage die Priester(mönche) drei Messen lesen und die übrigen Brüder für ihn ein Psalter und die Vigil singen sollen und von allen ein gemeinsames Messopfer gefeiert werden solle. Ebenso sollen am siebten Tage dreißig Psalmen gesungen werden, am dreißigsten Tage aber sollen die Priester(mönche) für ihn eine Messe lesen und die übrigen fünfzig Psalmen singen. Außerdem wollen wir gemäß unserer Gewohnheit am Ende jedes einzelnen Monats für die Verstorbenen die Vigilien feiern, in denen zugleich das Gedenken für alle verstorbenen Brüder stattfindet, die unserer Gemeinschaft angehören; am selben Tage soll auch der Name des jüngst Verstorbenen in Erinnerung gerufen und ein Messopfer zugleich für jenen wie auch generell für alle gefeiert werden. Und danach sollen jeder Priester(mönch) eine Messe und die übrigen Brüder fünfzig Psalmen singen. Außerdem soll einmal im Jahr am 14. November das Jahrgedächtnis aller einzelnen Verstorbenen gefeiert werden; am selben Tag sollen die Priester(mönche) drei Messen feiern und die übrigen Brüder ein Psalter singen, und die festliche Vigil und das gemeinsame Messopfer sollen von allen Brüdern gefeiert werden.«*[65]

Viele Jahre lang wurde die Gebetsverbrüderung auf der Basis von Waldos Vertrag gepflegt. Irgendwann jedoch schien dies nicht mehr zu genügen,

---

in Zürich, wo sie sich heute noch befinden: Zentralbibliothek Zürich, Signatur MS. Rh. hist. 27. Zum Reichenauer Verbrüderungsbuch s. Karl Schmid, „Die Reichenauer Fraternitas und ihre Erforschung", in: Roland Rappmann / Alfons Zettler, *Die Reichenauer Mönchsgemeinschaft und ihr Totengedenken im frühen Mittelalter. Archäologie und Geschichte*, Bd. 5, Sigmaringen 1998. Johanne Autenrieth / Dieter Geuenich / Karl Schmid (Hrsg.), *Das Verbrüderungsbuch der Abtei Reichenau (Liber confraternitatum Augiensis)*, (=Monumenta Germaniae Historica. Libri Memoriales et Necrologia. Nova Series. Vol. I), Hannover 1979.

[65] *Codex Sangallensis 915*, p. 19, p. 25 (übers. Simone Frank/Dieter Geuenich).

und man begann, die Seelen, für die man betete und liturgische Handlungen vollzog, in Namenslisten festzuhalten. Darüber wurde dann im wahrsten Sinne des Wortes Buch geführt. Graphisch waren die Listen so gestaltet, dass die Namen untereinander geschrieben wurden und dadurch gewissermaßen „Säulen“ bildeten. Diese wurden dann von gemalten Säulen mit verzierten Kapitellen eingerahmt und von Arkadenbögen überspannt. Damit wurden die Personengruppen zu Säulen eines spirituellen Kirchenbaus.

Wenn also einer der „Brüder“ aus den jeweiligen Klöstern verstarb, so wurde er in das „Verbrüderungsbuch“ *(Liber confraternitatum Augiensis)* aufgenommen, das ab dem Jahr 823 auf der Reichenau geführt wurde. Damit sollte gewährleistet sein, dass der Verstorbene auch weiterhin Teil dieser geistigen Gemeinschaft blieb, denn nach einer gewissen Zeit gab es ja niemanden mehr, der sich persönlich erinnern konnte. Man hatte offensichtlich ein Bewusstsein dafür, wie notwendig die Zuwendung durch das persönliche Gebet für den Verstorbenen war. Zunächst wollte man dem Dahingeschiedenen die ersten Tage seines Schattendaseins erleichtern, doch auch danach wollte man die abgeschiedene Seele mit geistlichen Gnadengaben versorgt wissen, auf dass deren Qualen im Fegefeuer gelindert würden. Das forderte das Gebot der Nächstenliebe.

Aufbauend auf das Verzeichnis von Attigny wurde das große Gedenkbuch 822 angelegt; rasend schnell füllten sich die Seiten. Mehr als 20.000 Namen waren schon im 9. Jahrhundert in diesem einzigartigen *Reichenauer Verbrüderungsbuch* verzeichnet![66] Es wurde bis ins frühe 16. Jahrhundert geführt und verzeichnete dann 38.232 Namen auf 166 Seiten. Selbst der orthodoxe Patriarch Basilius von Jerusalem (Amtszeit 820-838) gehörte dazu. Die Verbrüderungsgemeinschaft umfasste über 100 Klöster, u. a. Pfäfers, Disentis, Müstair, St. Blasien sowie die Domkapitel von Konstanz, Basel, Straßburg und Metz. Geographisch erstreckte sich sein Einzugsbereich bald nach Süden bis Monteverde und Conques, von Mondsee im Osten bis Fulda und St. Trond im Norden und schließlich bis Jumiège im Westen.

[66] Konrad Beyerle (Hrsg.), *Die Kultur der Abtei Reichenau. Erinnerungsschrift zur 1200. Wiederkehr des Gründungsjahres des Inselklosters 724-1924*, München 1925 (Nachdruck München 1970), S. 1108.

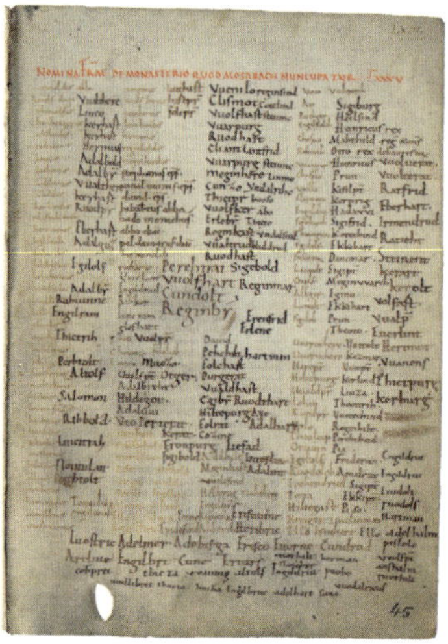

Reichenauer Verbrüderungsbuch (Zentralbibliothek, Zürich)

Wie wichtig den Reichenauer Mönchen die Gebetsverbrüderung noch über Jahrhunderte hinweg war, konnte man erneut in unserer Zeit entdecken. 1976 fand man bei Renovierungsarbeiten in der um 800 von Egino von Verona errichteten und mehrfach umgebauten Kirche Sankt Peter und Paul in Niederzell eine alte Altarplatte. Auf ihrer Unterseite befinden sich Namensinschriften in Majuskel- und Minuskelbuchstaben eingraviert oder mit Tinte aufgebracht. Man vermutet, dass dies vom frühen 10. Jahrhundert bis zum 11. Jahrhundert geschehen ist. Damals lag die Altarplatte mit der Schrift nach oben. Auf diese Weise konnte man die Namen beim *memento* während der Messfeier rezitieren. 302 Namen von 400 sind noch lesbar, einige findet man zusätzlich auch im Verbrüderungsbuch. Genannt sind Gruppennamen und Einzelpersonen, wobei es sich da um Mönche, Geistliche und auch Laien handelt. Man hat inzwischen die Namen akribisch untersucht und herausgefunden, dass die meisten Einzelpersonen aus dem Bodenseegebiet rund um die Reichenau stammen.

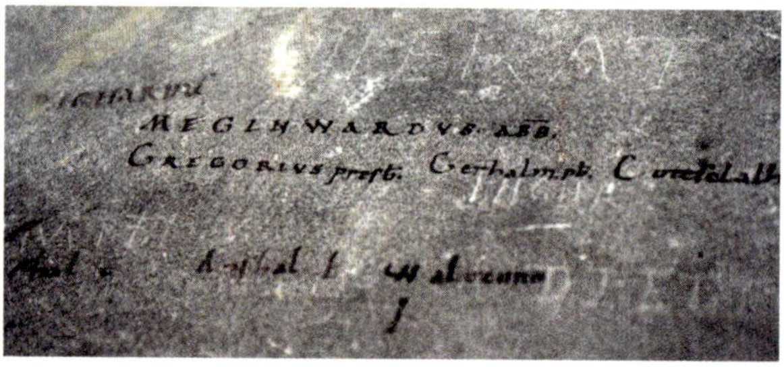

Niederzeller Altarplatte

Eine weitere Überraschung hat man im *Reichenauer Evangelistar* gefunden, das sich als einziges Buch aus der Reichenauer Glanzzeit noch heute im Münsterschatz befindet und das bis ins 19. Jahrhundert hinein im liturgischen Gebrauch war. Dieser bilderlose Codex – der *Walahfrid-Codex* – enthält die Texte zur Evangelienlesung im Verlaufe des Kirchenjahres und wurde im zweiten Viertel des 9. Jahrhunderts in der karolingischen

Minuskelschrift geschrieben. Im 15. Jahrhundert wurde er neu gebunden und mit einer farbigen Illustration aus einem Antiphonar des 11. Jahrhunderts geschmückt. Auf der Rückseite dieses Blattes befindet sich eine Namensliste, die weder mit dem Antiphonar, aus dem das Blatt stammt, noch mit dem Evangelistar, in das es eingefügt wurde, etwas zu tun hat. Hier wurden im 12. Jahrhundert 63 Namen notiert.[67] Auch dieses Blatt stellt eine Gebetsverbrüderung dar! Bei jeder liturgischen Handlung, bei der das Evangelistar benutzt wurde, waren damit die Personen im Geiste anwesend und in die Gebete eingeschlossen.

Reichenauer Evangelistar,
Vorderseite und Rückseite (Münsterschatz, Reichenau-Mittelzell)

Die Buchmalerei aus dem 11. Jahrhundert mit der Darstellung Jesu im Tempel für das Fest Mariae Lichtmess am 2. Februar wurde dem aus dem 9. Jahrhundert stammenden Reichenauer Evangelistar später hinzugefügt. Auf der Rückseite des Blattes befindet sich die Namensliste aus dem 12. Jahrhundert. Die einzelnen Namen sind durch Punkte voneinander abgesetzt. Im Hintergrund sieht man noch das Durchscheinen der Vorderseite.

Eine Spätwirkung des Reichenauer Verbrüderungsgedankens ist bis heute das Allerheiligenfest, das in Anknüpfung an ein vergleichbares keltisches Gedenkfest – Samhain – auf den 1. November gelegt wurde. Als das Fest im Jahre 835 in der Kirche eingeführt wurde, war das Kloster beteiligt. So erscheint die erste Lesung für diesen Allerheiligen-Festtag im *Reichenauer*

[67] Das Blatt enthält auffällig viele Namen aus dem Norden und zeigt, dass das Kloster Reichenau um 1100 viele Pilger aus dem Norden angezogen hat. Siehe Walter Berschin, *Eremus und Insula*, S. 54.

Homilienbuch und trägt die Überschrift „*Sermo in festivitate omnium sanctorum*“ (Blatt 205r). Sie wird Walahfrid Strabo zugeschrieben.[68]

Man kann die Gebetsverbrüderung in ihrer Wirkung nicht hoch genug einschätzen. Die spirituellen Bande, die Waldo hier knüpfte, schufen und festigten einen unvergleichlichen inneren Zusammenhalt in Europa. Dieser bildete, unsichtbar und von der äußeren Geschichte unbemerkt, eine stabile Basis für das Wirken Karls des Großen. Zwar hatte sich Karl weite Teile Europas durch Waffengewalt und andere Zwänge unterworfen, doch ohne den von Waldo inaugurierten seelisch-geistigen Zusammenhalt, ohne den Zusammenhalt durch die Klöster – unter Einbeziehung auch ihrer verstorbenen Angehörigen – hätte Karl wohl niemals sein Reich in der ihm eigenen Art regieren können.

Als das große Reichenauer Verbrüderungsbuch kurz nach der altersbedingten Emeritierung von Waldos Nachfolger Heito angelegt wurde und über 50 geistliche Gemeinschaften miteinander verknüpfte, war die spirituelle Vernetzung von Mönchen durch gegenseitige Gebetshilfe bereits Realität. Alsbald führten weitere Klöster Buch über ihre Mitglieder. Die ältesten erhaltenen Einträge von Sankt Gallen etwa entstanden 814, gleich nach dem Tod von Waldo. Auch andere Klöster legten solche Listen an. Die Reichenauer jedoch formten aus ihren Listen eine Art imaginäre Gemeinschaftsordnung. Sie war genauso genial aufgebaut wie ihr Architekturplan eines idealen Klosters – der nach seinem Bestimmungs- und Aufbewahrungsort benannte *Sankt Galler Klosterplan* – den die Reichenauer angeblich nach dem Vorbild ihrer eigenen Klosteranlage als Hilfe für die Sankt Galler Bauvorhaben gezeichnet hatten.[69] Auch dort leuchtet als besonderes Motiv ein brüderlicher Akt auf. Der Plan enthält eine Widmung, bei der auffällt, dass sich ihr Autor nicht namentlich zu erkennen gibt, was durchaus üblich gewesen wäre. Somit führt keine einzige Spur auf den oder die eigentlichen Urheber dieses so bedeutenden Dokuments. Längst ist der Sankt Galler Klosterplan sehr gut erforscht.[70] Wahrscheinlich ist er eine Kopie eines älteren Vorbilds, das nach den bei-

[68] Ursmar Engelmann, *Reichenauer Buchmalerei*, S. 39.

[69] Codex 1092, Stiftsbibliothek St. Gallen.

[70] Vgl. Walter Horn / Ernest Born, “New Thesis about the Plan of St. Gall. A Summary of Recent Views” in: Helmut Maurer (Hrsg.), *Die Abtei Reichenau. Neue Beiträge zur Geschichte und Kultur des Inselklosters*, Sigmaringen 1974, S. 407-480. Ich übernehme hier die Ergebnisse dieser weiterhin aktuellen Forschung.

den Reichssynoden Ludwigs des Frommen aus den Jahren 816 und 817 angefertigt wurde. Dort hatte man nämlich eine Vereinheitlichung des kirchlichen und mönchischen Lebens angestrebt, und mit einem solchen Plan konnte man diesem Vorhaben am besten dienen. Das ältere Vorbild des Plans ist nicht erhalten. Die Kopie auf einer Kalbshaut[71] von 112 x 77 cm Größe wurde von Abt Heito, der an beiden Synoden teilnahm, in Auftrag gegeben und mit eben dieser so besonderen Widmung versehen:

> *»Dir, liebster Sohn Gozbert, habe ich diese knappe Aufzeichnung einer Anordnung der Klostergebäude geschickt, damit du daran deine Findigkeit üben und jedenfalls meine Anhänglichkeit erkennen mögest. Ich vertraue darauf, dass ich dadurch nicht nachlässig gefunden werde, deiner guten Absicht zu entsprechen. Vermute aber nicht, ich hätte das deshalb ausgearbeitet, weil wir meinen, ihr bedürftet unserer Belehrungen; glaube vielmehr in freundschaftlicher Ansehung unserer Brüderlichkeit, dass wir es aus Liebe zu Gott für dich allein zum Studium gemalt haben. Lebe wohl in Christus und bleib unser stets eingedenk. Amen.«* (Übers.: W. Berschin)

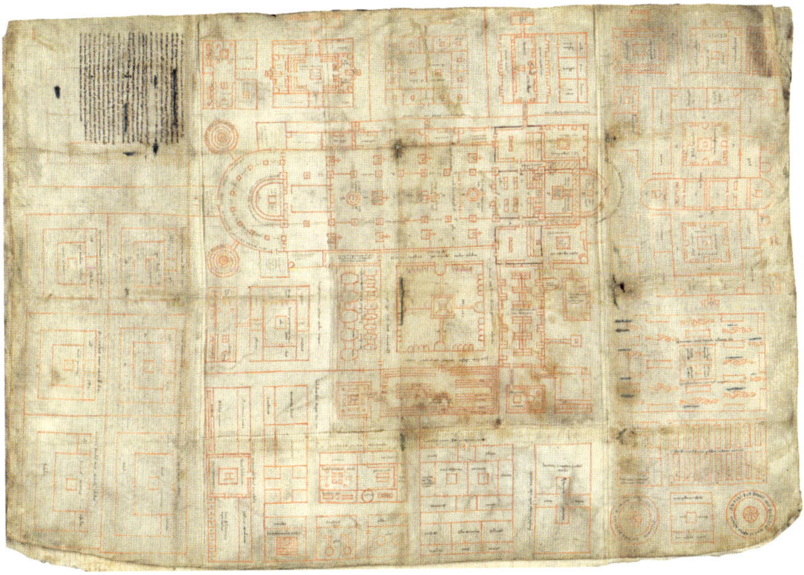

Sankt Galler Klosterplan; Cod. 1092, Stiftsbibliothek St. Gallen, Mennige und schwarze Tinte auf Pergament, 112 x 77 cm

[71] Es handelt sich tatsächlich nicht um eine Schaf- oder Ziegenhaut, wie es immer noch oft heißt.

Man kann nun diesen Plan eines idealen Klosters durchaus auch abstrakt in seiner systematisierenden Funktion auffassen. Als Ordnung stiftende Übersicht lässt er sich dann mit dem Verbrüderungsbuch vergleichen, wie dies der Historiker Arno Borst angeregt hat.[72] Im Verbrüderungsbuch stehen anstelle von Gebäudegruppen Menschen. In der Mitte der Konvent in der Klausur, um ihn herum die Freunde. Sodann folgen weitere Ringe, zunächst die anderen geistigen Gemeinschaften, die dicht an dicht den Bodensee umkreisen, dann die ferneren Abteien in Fulda, Jumiège und Monteverde. Die verstorbenen Mitglieder umhüllen gewissermaßen die lebenden Mitglieder. Gedacht als Hilfe für die Verstorbenen, wirkt die Gemeinschaft so in wechselseitiger Hilfe.

Mit Waldo hatte begonnen, was man später als „das goldene Zeitalter der Abtei" bezeichnen sollte. Weil Waldo zusammenzuführen wusste, was vormals disparat war, konnten neue Entwicklungen entstehen. Alle seine Aktivitäten verdichteten sich im Laufe der Zeit zu fruchtbaren Feldern etwa der bildenden Künste, wie der Skulptur, der Elfenbeinschnitzerei und der Goldschmiedekunst, der man immerhin den Ursprung der deutschen Kaiserkrone von Otto I. sowie das Wiener Reichskreuz zuschreibt.[73]

Erstaunlicherweise versiegte die lateinische Literaturproduktion im Gegensatz zu anderen Orten, etwa Sankt Gallen, auf der Reichenau während des gesamten Mittelalters nie. »Die Reichenau ist um 940 weithin die einzige Bildungsstätte, die die Schwelle vom passiven zum aktiven Latein überschreitet und wenigstens Hagiographisch-Biographisches hervorbringt.«[74] Die Reichenauer Heilig-Blut-Legende, die ausgerechnet Teile aus Waldos Leben beschreibt, entstand gerade in der schwierigsten Zeit des literarischen Schaffens, als durch historische Umbrüche schon im nahen Sankt Gallen nichts mehr geschrieben wurde. Im Jahr 936 waren die Sarazenen von ihrem Raubnest *Fraxinetum* (La Garde-Freinet bei St. Tropez) bis nach Alemannien vorgedrungen und bedrohten, nach den Ungarn einige Jahre zuvor, nun ebenfalls Sankt Gallen.[75]

---

[72] Vgl. Arno Borst, *Die Mönche am Bodensee*, Sigmaringen 1978, S. 58.

[73] Erinnert sei daran, dass, als Kaiser Otto I. im Jahr 961 gekrönt wurde, sich die Reichskanzlei auf der Reichenau befand.

[74] Walter Berschin, *Biographie und Epochenstil im lateinischen Mittelalter*, Bd. IV/1, *Ottonische Biographie. Das Hohe Mittelalter 920-1070 n. Chr.*, Stuttgart 1999, S. 16.

[75] Berschin, *Ottonische Biographie. Das Hohe Mittelalter 920-1070 n. Chr.*, S. 5-6.

Bis heute weltberühmt bleibt die Reichenauer Buchmalerei mit ihren schmalen, langen Gestalten mit starrer Mimik und bewegter Gestik vor goldenem oder purpurnem Hintergrund. Ohne realistischen Schauplatz wirken die Figuren über alle Zeit erhaben. Schönste Beispiele sind neben dem *Egbert-Codex* die *Bamberger Apokalypse*, die beiden *Evangeliare Ottos III.* und das *Perikopenbuch Kaiser Heinrichs II.* Diese sind auf der Reichenau gefertigte Auftragswerke, die an die karolingische Kunst anknüpfen. Und nicht zu vergessen, jener *Walahfried-Codex*, das Reichenauer Evangelistar aus dem 9. Jahrhundert, das sich noch heute im Münsterschatz befindet.

Egbert-Codex, Widmungsblatt (Stadtbibliothek Trier)

Der Codex Egberti, ein reich bebildertes Evangelistar mit den Perikopen zum Kirchenjahr, gilt als das erste Schlüsselwerk der Reichenauer Malerschule (Cod. 24, Stadtbibliothek Trier). Er wurde in Trier um 985 für den Erzbischof Egbert von Trier (977-993) geschrieben und dort von Reichenauer Mönchen mit Miniaturen ausgestattet. Auf dem Widmungsblatt sind die beiden Reichenauer Maler Keraldus und Heribertus bei der Übergabe von zwei Codices dargestellt.

Das Bibliothekswesen stand bereits zu Waldos Zeit in voller Blüte. Die Architektur hatte gerade begonnen und erreichte durch ihre in die Abstraktion gebrachte Darstellung mit dem durch das Kloster Reichenau gefertigten *Sankt Galler Klosterplan* bewusstseinsmäßig den ersten Höhepunkt in der Architekturgeschichte. Der Gartenbau weitete sich in den Klostergärten aus und wurde schon bald durch Walahfrids Dichtung *Hortulus* berühmt. In den auf Waldo folgenden rund 250 Jahren wurden Äbte des Inselklosters immer wieder als Erzieher und Berater von Königen und Kaisern geholt. Die Reichenauer Jahrbücher aus Waldos eigenen Tagen rühmen an ihm Herrschertugenden wie Klugheit, väterliche Güte, Frömmigkeit, Bescheidenheit und Geschick. Wörtlich heißt es dort: »*Waldo, Abbas … Qui ut Coenobii Augiensis suscepit regendi curam, ita se erga singulos sibi commisos gessit prudenter, paterne, pie, religiose, modeste, dextreque, ut … docti et pii …, Episcopi nonnulli, Sacerdotes et Clerici … habitum monasticum … susceperint.*«[76] Gleichwohl erinnert bis heute weder eine Straße noch ein Platz an den Begründer dieses so viel besungenen goldenen Zeitalters.

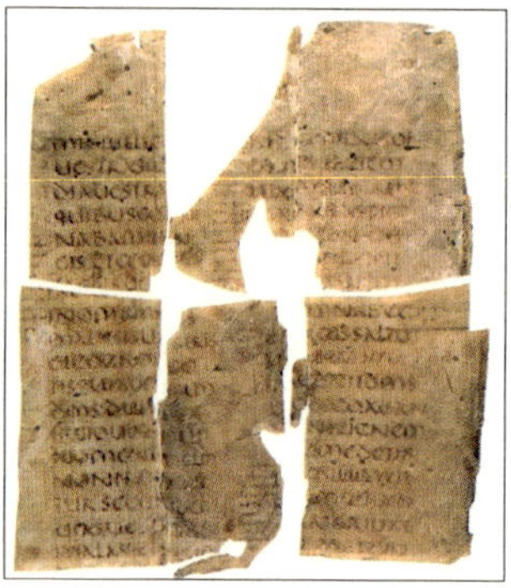

Fragmente einer italienischen Handschrift des Buches der Propheten in altlateinischer Übersetzung. 5. Jahrhundert, ursprünglich Bibliothek Reichenau (Schøyen-Sammlung, Oslo und London)

[76] *Annales Augienses Brigantini* fol. 61r, St. Gallus-Stift O.S.B., Bregenz.

Goldene Zeit – Gralszeit

Die christliche Gralstradition

Nachdem wir Waldos Wirken für die goldene Zeit auf der Reichenau betrachtet haben, wollen wir den Blick thematisch ausweiten, um dann erneut in die Bodensee-Region zurückzukehren. Es gibt nämlich noch eine weitere goldene Zeit, die im 8. Jahrhundert beginnt. Wie ein unterirdischer Strom verläuft sie im Stillen und wird auch später kaum bemerkt. Nicht erst um 1200, als die bekannten Gralsdichtungen entstehen, sondern bereits im 8. Jahrhundert, dann ganz besonders um das Jahr 800 und auch noch im 9. Jahrhundert, kann man den Beginn der eigentlichen Gralszeit ansetzen, der Zeit, in welcher der Gral in gewisser Weise historisch greifbar wird. Um dies zu verstehen, ist es notwendig, auszuholen und alte Quellen und Traditionen ins Auge zu fassen.

Unser Verhältnis zum Gral ist heute allenthalben zwiespältig. Da gibt es eine Fantasy-Industrie, die sich dieses Thema derart angeeignet hat, dass man kaum noch seriös darüber sprechen kann. Die Fachwissenschaften andererseits, allen voran die Literaturwissenschaften, haben sehr eindrucksvolle Untersuchungen zur Gralsliteratur hervorgebracht, die zwar das breite Publikum nicht erreichen, deren Ergebnisse aber umso bewundernswerter sind.[77] Eine Frage jedoch klammern sie alle aus. Eigentlich ist es die einfachste Frage, weil sie so naheliegt, und doch ist es die schwierigste, denn mit der herkömmlichen Wissenschaftsmethodik kommt man ihr kaum bei. Was ist der Gral? Was ist sein Wesen? Diese Frage treibt von Anfang an alle um, die sich mit dem Thema beschäftigen. Im Hochmittelalter ist es die zentrale Frage überhaupt – und sie bleibt unbeantwortet. Jedenfalls gibt es keine knappe und griffige Lösung, an die man sich hätte bis heute halten können. Richard Wagner bringt das Problem in seinem Bühnenweihspiel *Parsifal* auf den Punkt. Parsifals Frage, wer der Gral sei, lässt Richard Wagner von dem weisen Gurnemanz in feierlich-ernstem Ton beantworten: »Das sagt sich nicht!« – Wahrscheinlich ist dies noch die am meisten zutreffende Charakteristik.

[77] Ich beschränke mich hier auf die Nennung einzelner Arbeiten meiner großen Lehrer: Bernd Schirok, *Der Aufbau von Wolframs ‚Parzival'. Untersuchung zur Handschriftengliederung, zur Handlungsführung und Erzähltechnik sowie zur Zahlenkomposition*, Freiburg 1972; Uwe Pörksen / Bernd Schirok, *Der Bauplan von Wolframs ‚Willehalm'*, Berlin 1976; *Wolfram von Eschenbach, Parzival. Mittelhochdeutsch/Neuhochdeutsch.* Übersetzung und Nachwort Wolfgang Spiewok, 2 Bände, Stuttgart 1981.

Festzuhalten ist: Es geht beim Gral zunächst um die heilende und erlösende Kraft des Blutes Christi, das von Joseph von Arimathia in einem Gefäß – je nach Überlieferung Kelch oder Schale – aufgefangen wurde. Auch die Lanze, mit der Longinus Jesus Christus die Seitenwunde zugefügt hat, gehört zu den wunderwirkenden Gegenständen der Gralstradition. Für den Menschen des Mittelalters sind sowohl der Gral als auch die Lanze biblischen Ursprungs. Sie sind Bestandteile der Kreuzigungsgeschichte, die sich eben nicht nur aus den kanonischen Evangelien speist, sondern auch in anderen Quellen, wie etwa dem apokryphen Nikodemus-Evangelium, überliefert ist. Wenn auch das Nikodemus-Evangelium heute nicht zum biblischen Kanon gezählt wird, so wurde es doch bereits im 4. Jahrhundert, wie der Chrysostomos-Schüler Isidor von Pelusium in einem Brief festhält, in die eucharistische Liturgie aufgenommen.[78] Gerade dieses Evangelium erfreute sich im Mittelalter außerordentlicher Beliebtheit. Ab dem 8. Jahrhundert wurde es in alle europäischen Sprachen übersetzt, und als die Gralsliteratur entstand, darüber hinaus auch vollständig in einen Artusroman – *Le Livre d'Artus* (Das Buch von Artus) – aufgenommen.[79] In der kirchlichen Überlieferung des 9. Jahrhunderts hat das Nikodemus-Evangelium seinen festen Platz bei wichtigen Autoren der Karolingerzeit, so bei Beda Venerabilis, bei Hrabanus Maurus aus Fulda und bei Notker Balbulus aus Sankt Gallen – und diese hatten ihrerseits wiederum alle eine Verbindung zum Kloster Reichenau.[80]

Das Wissen um die geheimnisvolle Kraft des Blutes Christi war zu dieser Zeit bereits ein offenes Geheimnis. Man ahnte allenthalben, dass Gral und Lanze über lebensspendende Kräfte verfügten. Es hieß, dass allein schon durch das Anblicken dieser heiligen Insignien, auserwählte Menschen – jene, die in besonders inniger Gemeinschaft mit Christus lebten – innere Beseligung und irdische Unverletzbarkeit erlangen konnten. Von einzelnen Menschen berichtete man sich, dass ihnen ganz außerordentliche Offenbarungserlebnisse zuteil wurden. Doch die „Bücher", in denen diese niedergeschrieben sein sollen, kennt dann wieder niemand. Später

[78] Zbigniew Izydorcyk (Hrsg.), *The Medieval Gospel of Nicodemus: Texts, Intertexts and Contexts in Western Europe*, Tempe 1997.

[79] H. Oskar Sommer, *The Vulgate Version of the Arthurian Romances* edited from manuscripts in the British Museum, Vol. VII Supplement: *Le Livre d'Artus*, Washington 1913.

[80] R. J. Peebles, *The Legend of Longinus in Ecclesiastical Tradition and in English Literature, and its connection with the Grail*, Baltimore 1911, p. 185-186.

und bis in unsere Zeit wird man dies als Geheimniskrämerei auffassen und daraus allerlei fantastische Spekulationen spinnen… Was immer es ist, die Gralsströmung schützt sich offenbar selbst durch Schweigen. Ein heiliges Geheimnis umweht seit den ersten Anfängen den Gral.

Das Gralsblut in der frühen Bildkunst …

Sucht man nach den frühen Dokumenten der Gralstradition, so findet man sie weniger in Texten, aber durchaus schon vereinzelt in bildlichen Darstellungen. Bereits aus dem 5. Jahrhundert kennt man ein Elfenbeintäfelchen, das den Lanzenstich zeigt (British Museum London). Über die orientalisch-griechische Tradition dürfte das Motiv nach Irland gelangt sein und hielt von dort aus im 8./9. Jahrhundert abgewandelt Einzug in die Karolingische Kunst.

Ikone mit Kreuzigung Christi, 8. Jahrhundert (Katharinenkloster, Sinai)

Die Feinde Christi und die Bilderfeinde. Chludov-Psalter, 2. Hälfte (Staatliches Historisches Museum Moskau)

Elfenbeintafel, Lüttich, um 1030-1050 (Musées royaux d'Art Bruxelles)

Für die Kreuzigung der Metzer Elfenbeintafel wurde die Rückseite eines Elfenbeindiptychons aus dem 6. Jahrhunderts verwendet. Sie bildete jetzt den Vorderdeckel eines karolingischen Evangeliars, das wahrscheinlich im Auftrag Karls des Kahlen entstand. An den Bohrungen sieht man, dass sie einst mit dünnem Goldblech verziert war (Wundmale Christi,

Elfenbeintafel mit Kreuzigung Christi, Metz, 860-870, H 21 cm, B 11,8 cm; Victoria and Albert Museum London

Nimben, Gewänder, Teile der Körper, Blattwerk, Engelflügel). Christus hängt monumental an einem übergroßen Kreuz, das beinahe die gesamte Höhe des Bildes einnimmt. Die übrigen Figuren sind deutlich kleiner dargestellt. Sie sind in mehreren Reihen angeordnet: Zur Rechten des Gekreuzigten steht die Personifikation der Ekklesia und fängt das Blut aus der Seitenwunde Christi auf. Zu seiner Linken steht Synagoge, im Begriff, sich vom Kreuz zu entfernen. Weiter außen stehen Maria und Johannes. Auf der Ebene darunter sieht man links Longinus mit dem Speer und rechts Stephaton, wie er den Essigschwamm reicht. Neben diesen beiden befinden sich am äußeren Bildrand zwei Grabbauten mit Auferstehenden. In der Verlängerung des Kreuzstammes nach oben hin veranschaulichen die Personifikationen von Sonne und Mond, eingerahmt von zwei Engeln, die kosmische Dimension des Geschehens. Entsprechend erscheinen Erde und Meer am unteren Bildrand.

Kreuzigung aus einer Elfenbeintafel, Maasgebiet, um 1100 (Domschatzkamer Aachen)

Aus der Regierungszeit Karls des Großen sind dann auch Bilddarstellungen überliefert, in denen man sieht, wie das Blut Christi aus der von Longinus geschlagenen Seitenwunde in die Erde hineinträufelt. Das ist ursprünglich ein Gralsmotiv aus der keltischen und anglonormannischen Sagenwelt und war in seiner Bedeutung allgemein bekannt: Das Blut Christi soll in der Erde heilend und erlösend wirken. Was besagt das? Wer und was immer mit dem Blut in Berührung kommt, wird geheilt und erlöst. Als das Blut in die Erde gelang-

Kreuzigung Christi, „Steinstele“, 7. oder 9./10. Jahrhundert (Datierung umstritten) Duvillaun More, Irland

te, wurde nach alter Erzählung Adams Kopf davon benetzt. Damit wurde der erste Adam als erster Sünder durch den zweiten Adam, durch Christus, erlöst. Auch der als blind geltende römische Hauptmann Longinus, der mit seiner Lanze dem Erlöser am Kreuz die Seitenwunde zugefügt hatte, durfte Heilung erleben und wurde durch das Blut Christi sehend. Dieses neue Sehen, von dem die Legende spricht, wird natürlich nicht wörtlich, sondern als geistiges Sehen oder vielmehr Schauen aufgefasst, ist doch Blindheit bereits bei den jüdischen Propheten ein Bild für Unglaube und Zweifel.

... und der Bodenseeraum als „Gralsbildlandschaft“

Kreuzigung aus einem irischen Evangeliar um 750 (Stiftsbibliothek St. Gallen)

Zur Longinuslegende, in der dies berichtet wird, hatten die Mönche in der Bodenseeregion eine besondere Beziehung, die sicher durch den Einfluss der iro-schottischen Mönche geprägt war, und die möglicherweise durch das Wirken Waldos noch verstärkt wurde. In der Buchmalerei gibt es mehrere Beispiele, die zeigen, wie das Blut in einer roten Zickzackbahn von der Seitenwunde Christi auf das Gesicht des Longinus rinnt. So stellt das lateinische Evangeliar aus Sankt Gallen, am Ende des 8. Jahrhunderts von einem Iren gefertigt, Longinus als Blinden dar, der durch das nach dem Lanzenstich auf seine Augen herabträufelnde Blut Christi geheilt und sehend wird *(Cod. Sang. 51, fol. 266)*.

Zur selben Zeit, als besagter Codex nach Sankt Gallen gelangte, arbeiteten Reichenauer Mönche an einem Codex für den Trierer Bischof Egbert. Sie wählten eben dieses Motiv für ihre Darstellung der Longinuslegende in der Kreuzigungsszene.

Bilddarstellungen sind für solcherart Themen besonders geeignet, weil sie viel tiefer zu beeindrucken vermögen und zugleich freilassender sind als das geschriebene Wort. Schon deshalb ist es nicht verwunderlich, dass schriftliche Überlieferungen aus dieser frühen Zeit äußerst selten vorkommen.

Ein weiteres Beispiel für die bildliche Darstellung der Aufnahme des Blutes aus der Seitenwunde des Herrn stammt aus dem Kloster Reichenau. Auf der Elfenbeintafel des *Perikopenbuchs Heinrichs II.*, die um 850 von einem anonymen Meister auf der Reichenau gefertigt wurde, sieht man Christus am Kreuz, das hier durch das sprossende Holz als Lebensbaum dargestellt ist.[81] Von unten ringelt sich eine Schlange um den Kreuzstamm, oben schweben Engel. Unter den fernsten Enden der Kreuzbalken stehen links Maria und rechts Johannes. Nah am Kreuz sieht man drei kleinere Personen: rechts Stephaton mit dem Essigschwamm, links Longinus mit dem Speer, und neben ihm, am nächsten zu Christus, eine weibliche Gestalt, die das Blut aus der Seitenwunde in einem Kelch auffängt. Dies ist *Ecclesia*, die Verkörperung der Kirche. Das neue Bildthema – *Ecclesia und Synagoge* – ist eine theologische Interpretation, die in der karolingischen Buchkunst in Verbindung mit der Liturgie zur Karwoche erstmals auftaucht und rasch Verbreitung findet. Die *Synagoge* als personifiziertes Judentum erscheint als blindes Weib, also ungläubig, denn sie verharrt bei den Buchstaben. Häufig wendet sie sich mit ihrer zerbrochenen Lanze von Christus ab. Demgegenüber wird die Ecclesia als personifizierte christliche Kirche dargestellt, oft mit Krone und Siegesfahne, den Abendmahlskelch/Gralskelch tragend. Sie hat sich erwürdigt, ihn zu tragen, denn sie hat den wahren Glauben erkannt. Augustinus schon betont, dass ihr durch das geistige Verstehen das Heil zuteil geworden sei. Im 9. Jahrhundert nun verdichtet sich dieser Gedanke in der bildlichen Darstellung der Kirchenkunst. So stammt auch das *Drogosakramentar* aus

Elfenbeintafel aus dem Perikopenbuch Heinrichs II. (Bayerische Staatsbibliothek München)

[81] Elfenbeintafel aus dem *Perikopenbuch Heinrichs II.*, clm 4452, Bayerische Staatsbibliothek München. Heinrich II stand in enger Verbindung mit dem Kloster Reichenau. Es war ihm erster Stützpunkt in Schwaben.

Metz aus derselben Zeit wie die Reichenauer Elfenbeintafel und leitet zusammen mit diesem einen eigenen Bildtypus ein.[82] Was das bedeutet, soll später vertieft werden.

Ein in diesem Kontext ikonographisch ganz besonders wichtiges Bild findet sich in einer reich illuminierten Handschrift, die bezeichnenderweise ebenfalls im Bodenseeraum entstanden ist. Sie stammt aus dem Kloster Weingarten und steht im Zusammenhang mit einem Prachtevangeliar der Benediktinerabtei Thorney/Cambridge aus dem Jahr 1066, das die Abtei Weingarten im Jahr 1094 von Judith von Flandern zum Geschenk erhielt. Angeregt durch diese Kostbarkeit, schufen die Mönche von Weingarten unter ihrem Abt Kuno von Waldburg (1109-1132) eine Reihe illuminierter Codices, darunter ein ähnliches Evangeliar, in dem sich eine Illumination zur Kreuzabnahme Christi befand.[83] Die Darstellung erscheint etwas ungelenk gezeichnet, und doch ist sie höchst innovativ. Man geht davon aus, dass hier zum ersten Mal in der Buchmalerei der westlichen Tradition gezeigt wird, wie das Blut Christi bei der Kreuzabnahme von einem seiner Angehörigen in einem Kelch gesammelt wurde.

Eingefasst in einen Leistenrahmen mit Palmettenfüllung, befinden sich in drei übereinander liegenden Querrechtecken Szenen aus der Passion des Herrn. Dabei werden jedes Mal in schlichter Art zwei voneinander unabhängige Bildthemen miteinander so verschränkt, dass dies für den mitdenkenden Betrachter als Chiasmus erkennbar wird. Es entsteht also ein unsichtbares Schrägkreuz nach dem Schriftbild des griechischen „*chi*“, dem ersten Laut oder Buchstaben von „Christus“. Die Szenen sind allesamt in einen goldenen Rahmen gestellt, der die Hintergrundfarben noch einmal besonders hervorhebt. Das obere und untere Register hat einen silbernen Hintergrund, während die mittlere Bildszene auf einem blauen Grund dargestellt ist. Diese Hintergründe erheben die Szenen über die Zeit in die Ewigkeit und damit auch in die unmittelbare seelische Nähe des Betrachters. Das untere Bildfeld zeigt die Kreuzabnahme Christi. Von der Bildmitte etwas nach links gerückt, sieht man den Gekreuzigten an einem Kreuz aus einem frisch geschlagenen Baum, das Holz ist grün und trägt Knospen. Es zeigt den Lebensbaum. Links steht Maria, rechts Johannes, neben ihm die drei Marien. Maria ergreift nach byzantinischer

[82] Vgl. die Kreuzigungsdarstellung der Initiale O des *Drogosakramentar Metz*, Par. lat. 9428 fol. 43v.
[83] *Kollektarhandschrift Aa 35*, fol. 81, Hessische Landesbibliothek Fulda.

Kreuzabnahme, Weingarten (Hessische Landesbibliothek Fulda)

Tradition mit unverhüllten Händen den bereits vom Kreuz abgelösten Arm des Herrn. Völlig gegen jede Sehgewohnheit ist Johannes unter dem Kreuz als Handelnder dargestellt. Er sammelt das in zwei Strömen aus der Nagelwunde der Hand herabfließende Blut in einem Kelch auf. Dieser Kelch ist derselbe, den die Miniatur im oberen Bildfeld beim Abendmahl zeigt. Eigenartigerweise ist Johannes mit Bart gezeigt, während er – der Jünger, den der Herr lieb hat – doch sonst stets bartlos ist. In der linken Hand hält er ein Buch. Zwischen Maria und Johannes befinden sich zwei weitere Figuren. Diese sind kleiner dargestellt, was sie vielleicht in ihrer Bedeutung als geringer erscheinen lassen soll. Links umfasst ein alter bärtiger Mann den Leichnam. Rechts zieht ein jüngerer Mann mit einer Zange den Nagel aus dem linken Fuß des Gekreuzigten. Diese beiden Männer sind Nikodemus und Joseph von Arimathia. Die Zangenform wiederholt die überkreuzten Arme des Nikodemus. Damit wird auf der physischen Ebene das Motiv der Kreuzigung, die ja eigenartigerweise in diesem Passionszyklus gar nicht explizit dargestellt ist, betont. Umso mehr sticht das in den Kelch fließende Blut ins Auge. Das besondere Blut aus der Seitenwunde, das der Evangelist Johannes in seinem Evangelium präzise beschreibt, strömt jedoch herab, ohne dass es aufgefangen wird. Waren die Weingartner Mönche zwar vom Thema angetan und setzten es gedanklich recht komplex um, erfassten jedoch das Wesentliche nicht oder noch nicht? Joseph von Arimathia jedenfalls, der nach der Gralsüberlieferung das Blut auffängt, umfasst hier lediglich die Hüften des Herrn.

Kreuzabnahme, Weingarten, Detail

Es ist durchaus bemerkenswert, zu beobachten, wie die Idee des Heiligen Blutes sich im Bodenseeraum über einen so langen Zeitraum hinweg einwurzelte und hier in Weingarten so gemüthaft und beinahe volkstümlich erscheint. Dabei war der Impuls nicht von einem Geistlichen, sondern von einer Frau aus hohem Adel ausgegangen. Auch die Qualität des Prachtevangeliars, das als Vorlage diente, ist vom Feinsten. Die Stifterin Judith von Flandern war eine außergewöhnliche Frau mit weitem Horizont und spielte eine bedeutende Rolle in der Gralstradition, denn in ihr bündelten sich viele Fäden. Sie war schön, gebildet, einflussreich und eigenständig im Denken wie im Handeln. Zunächst war Judith durch Heirat Königin von England gewesen, lebte aber bald verwitwet in Flandern. Aus dieser Zeit besaß sie drei kostbare Evangeliare. Über ihren zweiten Ehemann, den Herzog Welf IV., war sie als Gräfin von Bayern dem welfischen Hauskloster Weingarten verbunden. Später sollte sie sogar dort in der welfischen Grablege bestattet werden. Nun hatte Judith dem Kloster nicht nur das Prachtevangeliar als Teil des sogenannten Welfenschatzes geschenkt, sondern überbrachte darüber hinaus ein noch viel kostbareres Geschenk. Sie besaß nämlich als Erbstück ihres Vaters Balduin V. von Flandern eine Ampulle mit dem Heiligen Blut. Erst heute weiß man, dass es sich in Wirklichkeit um einen kleinen Klumpen Erde mit etwas Blut handelte.[84] Es dürfte also mit dem Blute Christi durchdrungene Erde aus Golgatha gewesen sein. – Einem inneren Impuls folgend, schenkte Judith die Ampulle dem Kloster. Diese äußere Tat hatte sehr wohl eine spirituelle Bedeutung. Man kann sagen, dass Judith mit der Ampulle als Geschenk ihres Vaters eine Gralsdieneraufgabe übertragen worden war: Das Blut des Erlösers sollte den Erdenraum am Bodensee heiligen. Später werden wir sehen, dass sich Judiths Spur gewissermaßen mit Waldos Gralsspur im Bodenseeraum verschränkt.

Verfolgt man die Geschichte von Judiths Ampulle, so führt sie auf verschlungenen Wegen zum literarischen Strang der Gralstradition: Die Ampulle soll nach einem lange Zeit mündlich überlieferten und um 1200 schließlich niedergeschriebenen Bericht persönlich durch Joseph von Arimathia nach Mantua gebracht worden sein. Dort war sie immerhin noch für das Jahr 804 durch eine kaiserliche Chronik bezeugt. Später ging sie verloren und wurde in der Kirche des Heiligen Andreas im Jahr 1048 erneut aufgefunden.[85] Je einen Teil des Blutes erhielten der Papst Leo IX. und Kaiser Heinrich III. (reg. 1039-1056) zum Geschenk.

[84] Norbert Kruse / Hans Ulrich Rudolf, *900 Jahre Heilig-Blut-Verehrung in Weingarten 1094-1994.* Festschrift zum Heilig-Blut-Jubiläum am 12. März 1994, Sigmaringen 1994.

[85] Nicholas Vincent, *The Holy Blood. King Henry III and the Westminster Blood Relic*, Cambridge 2001.

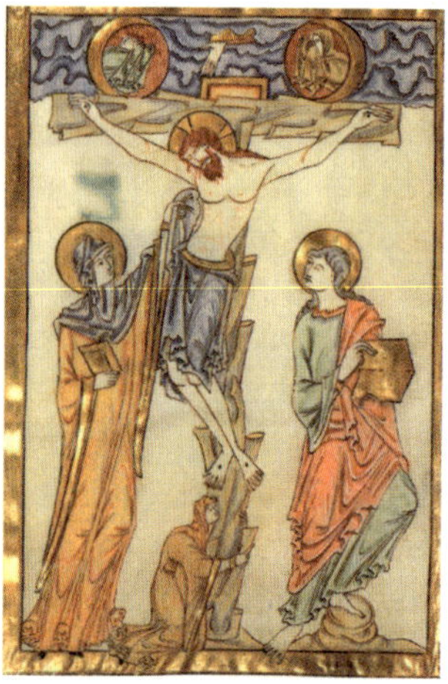

Kreuzigung in einem angelsächsischen Evangeliar aus Weingarten, um 1030-1050, 1065/71 (Pierpoint Morgan Library New York)

Die kolorierte Federzeichnung zeigt eine Kreuzigung mit Maria und Johannes. Christus hängt an einem großen Astkreuz in T-Form. Maria scheint mit einem Zipfel ihres Gewandes das Blut aus der Seitenwunde Christi aufzunehmen, was allerdings lediglich angedeutet, nicht jedoch dargestellt wird. In der rechten Hand hält sie ein Buch. Johannes erscheint abgewandt, dreht aber sein Gesicht zum Kreuz, während er sein Buch schreibt. Am Fuß des Kreuzstammes kniet Judith als Stifterin in der Gestalt der Maria-Magdalena, das Kreuz mit beiden Armen

Letzterer gab die Reliquie an Judiths Vater, den Grafen Balduin V. von Flandern, weiter, und dieser an Judith.[86] So weit die Überlieferung am Ende des 12. Jahrhunderts. Ob es wirklich genau so war – wer weiß es? Es sieht heute so aus, als habe Judith, vielleicht auch schon ihr Vater Balduin, nur einen Teil des Heiligen Blutes besessen. Und nur diese Spur führt an den Bodensee, die andere bleibt womöglich in Flandern. Was auch immer geschah, im Jahr 1256 tauchte in Brügge eine Heiligblut-Reliquie im Zusammenhang mit dem Grafen Philipp von Flandern, der selbst aus dem Hause Elsaß stammte, auf. Philipp von Flandern war ein Bruder von Judiths zweitem Ehemann, also ihr Schwager. Philipp herrschte über Flandern, war Berater des französischen Königs, pilgerte nach Jerusalem (1177-1179) und nahm 1190 am Kreuzzug teil. Ob sich in dieser „flämischen" Reliquie ein Teil des Blutes aus Judiths Reliquie befand? Man kann über die Herkunft nur spekulieren. Sicher ist jedoch, dass Philipp eine besondere, innere Beziehung zum Heiligen Blut hatte. Er besaß sogar eine ganz seltene und kostbare Schrift mit einer Gralserzählung, gewissermaßen ein „heiliges" Buch. So überrascht es nicht, dass er einen der künftig bekanntesten und verdienstvollsten Vertreter der Gralsliteratur in seinen Dienst nahm: den in Chartres geschulten Kleriker Chrétien de Troyes. Dieser war bereits in ganz Europa für seine Artus-Geschichten berühmt, als er im Auftrag von Philipp etwa 1180/1190 seinen „Roman" *Li contes del Graal* verfasste.[87] Chré-

[86] Norbert Kruse, „Der Weg des Heiligen Blutes von Mantua nach Altdorf-Weingarten", S. 57-107.

[87] Chrétien de Troyes, *Li contes de Graal.* Der Percevalroman von Christian von Troyes. Nach allen bekannten HS. hrsg. mit Einleitung, Berichtigungen und Anmerkungen

umfassend. Über dem Querbalken des Kreuzes befindet sich ein Wolkenhimmel mit den Personifikationen von Sonne und Mond, die ihre Gesichter verhüllen. Aus dem Wolkenhimmel erscheint über dem Kreuz die Hand Gottes.

tien schafft keine Unterhaltungsliteratur, sondern legt vielmehr mit seinen Erzählungen eine neue Religiosität an, deren Sinn eigentlich bis heute noch nicht erfasst ist, dabei war der Erfolg seiner Erzählungen sofort in der gesamten Christenheit gewaltig. Über die Herkunft des Grals freilich schweigt Chrétien.

Der Gral in der schriftlichen Tradition

Erst ab 1180 tritt das Gralswissen ins Licht der breiteren Öffentlichkeit, und zwar durch die Wortkunst überliefert. Dies ist nun in keiner Weise ein Geheimnisverrat. Die Dichter der verstärkt um 1200 entstehenden Gralsliteratur verfolgen ein ernstes Anliegen. So lassen sie schließlich nur andeutungsweise durchblicken, dass es sich beim Gral in Wirklichkeit um etwas Übersinnliches handelt, das man physisch eben nicht greifen kann. Nur was man ohnehin weiß, geben sie preis: Durch die Verbindung des Grals mit dem Mysterium des Blutes Christi erhalten Blut, Lanze und Kelch ihre außerordentliche Bedeutsamkeit.

Immerhin bis ins achte Jahrhundert zurück reichen mindestens zwei umfangreiche Textquellen zur Überführung des Heiligen Blutes. Eine von ihnen führt ebenfalls zum Bodensee, sie verweist auf die Insel Reichenau und wird uns später beschäftigen. Die andere wurde zwar erst zur Hauptentstehungszeit der Gralsliteratur niedergeschrieben, doch hält sie die Erinnerung an den ältesten Ursprung des Gralsmysteriums bei der Grablegung Jesu Christi wach und schafft damit die Basis für jedes Bemühen, die Gralstradition zu verstehen. Nach der Legende hatte Joseph von Arimathia das Blut des Herrn in jenem besonderen Kelch aufgefangen, der zuletzt der Abendmahlskelch Jesu war. Mit diesem heiligen Gefäß wurde Joseph das Trinitätsgeheimnis enthüllt. Das Gralsgefäß ins Abendland zu

---

unter Benutzung des von Gottfried Baist nachgelassenen hs. Materials. Hrsg. von Alfons Hilka, Halle 1932; Chrestien de Troyes, *Perceval oder die Geschichte vom Gral.* Aus dem Altfranzösischen übersetzt und kommentiert von Konrad Sandkühler, Stuttgart 1957, Dornach 7/1991; Fortsetzungen in der Übersetzung von Konrad Sandkühler: *Gauwain sucht den Gral*, 4/1986; *Irrfahrt und Prüfung des Ritters Perceval*, 4/1990; *Perceval der Gralskönig*, 4/2002. Chrétien de Troyes, *Le Roman de Perceval, ou Le Conte du Graal*, (afr. / dt.), übers. und hrsg. von F. Oleff-Krafft, Stuttgart 1991.

bringen, sollte dann sein nächster Auftrag sein. In der mündlichen Überlieferung war diese Legende vor allem auf den britischen Inseln, die von der keltischen Kultursphäre durchdrungen waren, noch immer lebendig. Zur selben Zeit wie Chrétien de Troyes, also um 1180/90, beschäftigte sich auch der Dichter Robert de Boron mit dem Gral und brachte seine Geschichte in eine Versdichtung in metrischer Form. Dafür bediente er sich keineswegs der Sprache des gebildeten Klerus, also des Lateins, sondern schrieb vielmehr in der altfranzösischen Volkssprache. So konnte ihn jeder verstehen. Seine Erzählung heißt schlicht *Le Roman du Saint Graal*, besteht aus drei Teilen und war schon damals überaus folgenreich.[88] Neben der metrischen Version gibt es auch eine Prosafassung: *Estoire dou Graal*.[89] Robert de Boron bindet den Gral in die christliche Heilsgeschichte ein und erklärt als Erster, wie und warum der Gral nach Europa kam. Damit macht er den Abendmahlskelch, den er Gralskelch nennt, zur heiligsten Reliquie Christi und zum wichtigsten Kultgegenstand.

Nach Robert de Boron erlebte Joseph von Arimathia in einer Vision den Christus und erhielt von ihm den Auftrag, nach dem Vorbild der Abendmahlsrunde eine Gralstafelrunde mit eigenem Kultus zu begründen, deren Mittelpunkt der Gralskelch sein sollte. Daraus entstand eine unabhängige christliche Gemeinschaft, eine Strömung, die nicht mit der römisch-katholischen Kirche identisch war.

Eine wenig später entstandene und substantiell umfangreichere Prosafassung mit demselben Titel, *Lestoire del Saint Graal* (Add. Ms. 10292, Fr. 1-76a) aus der Zeit zwischen 1215 und 1230 und Teil eines fünfbändigen Zyklus, der sogenannte *Lancelot-Graal oder Vulgate Cycle*, war im Mittelalter die beliebteste Version der Gralserzählung. Ihr nun geht ein kleiner Text voran, der nicht so recht zu der eigentlichen Erzählung passen will.[90] Obwohl er in den vorhandenen Manuskripten nicht graphisch

---

88 Robert de Boron, *Le Roman du Saint Graal*, Hrsg. von F. Michel, Bordeaux 1841; Robert de Boron, *Die Geschichte des Heiligen Gral*, aus dem Altfr. übers. und kommentiert von Konrad Sandkühler, Stuttgart 1958, Dornach 4/1998; Robert de Boron, *Le Roman du Saint-Graal* (afrz. / dt), übers. und eingel. von Monica Schöler-Beinhauer, München 1981.

89 Robert de Boron, *Le Saint Graal ou le Joseph d'Arimathie*, Hrsg. von Eugène Hucher, Le Mans 1875-1878. Die Trilogie wird auch *Petit Saint Graal* genannt.

90 H. Oskar Sommer, *The Vulgate Version of the Arthurian Romances* edited from manuscripts in the British Museum, Washington 1909 (Nachdruck New York 1979). Vol. I, *Lestoire del Saint Graal*, p. 3-12. Ebenso in *Le Saint Graal ou Joseph d'Arimathie*, publié

abgesetzt ist, war er wahrscheinlich ursprünglich einmal als eigenständige Geschichte konzipiert worden. Als Einleitung zu der direkt anschließenden Josephserzählung ist dieser Text nämlich nicht nur viel zu umfangreich. Mehr noch behandelt er einen ganz anderen Themenkomplex, an den sich das Nachfolgende in keiner Weise nahtlos anfügt. Auch im seelischen Duktus unterscheidet sich diese Geschichte stark. Sie entführt den Leser oder Zuhörer in eine geistige Sphäre, aus der er nicht ohne innere Anstrengung den Anschluss an die nachfolgende Schilderung finden kann. Die kleine und so schwer einzuordnende Erzählung eines nicht bekannten Autors handelt von der Vision eines Eremiten und enthält eine Zeitangabe, die auf das achte Jahrhundert verweist. Vor allem deshalb ist sie für unseren Zusammenhang so bedeutsam.

Im Laufe des 13. Jahrhundert entstanden vor allem in Frankreich, England und Deutschland, aber auch in Italien und Spanien immer wieder neue literarische Versionen der Gralsgeschichten. Doch finden sich dort nirgends konkrete Zeitangaben. Eine Ausnahme bildet lediglich ein einziges, ebenfalls sehr frühes Dokument: die lateinische Weltchronik des überaus bedeutenden Zisterziensermönches Helinandus von Froidmont (um 1160-1229). Irgendwann vor 1216 berichtet der ehemalige Dichter und Gelehrte aus höfisch-ritterlichen Kreisen für den fraglichen Zeitraum Ähnliches wie die oben angesprochene altfranzösische *Lestoire del Saint Graal.* Beide beschreiben einen Eremiten und sein visionäres Gesicht.

Ein geheimnisvolles Buch

Nach Helinand erlebte in den Jahren 717 bis 719 ein Eremit in Britannien in einer Vision, wie Joseph von Arimathia den Leib des Herrn ins Grab legte, und die Schüssel schaute, aus welcher der Herr mit seinen Jüngern speiste. Der Eremit schrieb dies alles auf. Helinand berichtet dann weiter, dass dieses in der Volkssprache verfasste Gralsbuch des Eremiten zwar im Besitz einiger Adeliger sei, er es aber nicht vermocht habe, es von jemandem zum Lesen zu erhalten.[91] Alles deutet auf eine geheim gehaltene

par Eugène Hucher, Tome Ier (d'après un manuscrit du milieu du XIIIè siècle, Bibliothèque de la ville de Mans), Le Mans 1875, Genève 1967, p. 1-39. Deutsche Übersetzung: *Das Buch vom Gral.* Aus dem Altfranzösischen übertragen mit einem Vorwort und einem Kommentar von Wilhelm Rath, Stuttgart 1968.

[91] *Helinandi Chronicon*, J.-P. Migne, *Patrologia Latinae*, tom. 212, col. 814-816.

Gralsüberlieferung hin, die bei sämtlichen großen Gralserzählern, auch bei Wolfram von Eschenbach, eine Rolle spielt. Während Wolfram den Ursprung des Grals auf ein geheimnisvolles Buch in lateinischer und in arabischer Sprache zurückführt, das sein Gewährsmann Kyot in Toledo gefunden haben will (Parzival, V. 455)[92], gibt Robert de Boron viel weniger preis. In seinem Joseph-Bericht deutet er die Existenz eines solchen Buches lediglich an, will es aber nicht wirklich offenbaren. Chrétien de Troyes wiederum durfte ein Buch über den Ursprung des Grals, das seinem Dienstherrn Philipp von Flandern gehörte, offenbar immerhin studieren, was er ganz kurz in seinem Perceval-Roman *Li Contes del Graal* erwähnt (V. 6217). Robert de Boron schreibt über sich selbst:

> *»Je n'ose conter ne retreire,*
> *Ne je ne le pourroie feire,*
> *Neis, … se je le grant livre n'avoie*
> *Où les estoires sunt escrites.« (V. 929-933)*

Robert de Boron teilt dem Leser also mit, »ich wage nicht, es zu erzählen und darzustellen, noch könnte ich dies tun, selbst wenn ich das große Buch hätte, wo die Geschichten erzählt werden«. Auch an anderen Stellen deutet er das Buch, in welchem die geheimen Worte Christi an den gefangenen Joseph von Arimathia enthalten seien, lediglich an (V. 3332 ff.). Robert de Boron versteht sich nicht, wie Helinandus, als Chronist, sondern als Dichter, obgleich es ihm ebenfalls um die Wahrheit geht. Natürlich glaubt man ihm als Leser zunächst, dass dieses Buch physisch existierte, dass er es vielleicht sogar hat lesen dürfen, möglicherweise unter dem Versprechen, nichts darüber zu verraten. Das wäre eine plausible und akzeptable Erklärung. Seine dichterische Freiheit hätte ihm dann erlaubt, seinen Stoff so darzustellen, wie er es getan hat. Die Forschung favorisiert allenthalben diese Möglichkeit. Andererseits könnte dieses Buch auch eine Erfindung sein, ein Kunstgriff als Stilmittel des Dichters. In der Gralsliteratur kommt dies manchmal vor, jedenfalls fasst man es so auf.

Es ist aber auch denkbar, dass es sich in Wirklichkeit gar nicht um ein herkömmliches, auf Pergament geschriebenes Buch handelt. Robert de Boron lebt mehr in Bildern als in Gedanken; er spürt noch, dass geistige Dinge anders bewahrt und gespeichert werden. *Lesen im Buch der Na-*

[92] Wolfram von Eschenbach, *Parzival. Mittelhochdeutsch/Neuhochdeutsch.* Übersetzung und Nachwort Wolfgang Spiewok, 2 Bde., Stuttgart 1981.

tur – wie dies im ausgehenden Mittelalter Paracelsus nennen wird und damit die neu aufkommende Naturerkenntnis meint, es ist schwierig genug. *Lesen im Buch des Geistes* – das ist die zutiefst ernste Aufgabe des Gralssuchers: die Geist-Erkenntnis. Ein Vorbild in dieser Hinsicht ist der sternenkundige Flegetanis bei Wolfram von Eschenbach, der seine Erkenntnisse aus der Schrift der Sterne beziehen kann. Es könnte also auch sein, dass eine Vorlage in Form eines physischen Buches niemals je existiert hat, noch gemeint ist. Je nach Auffassung entspräche dann die Mystifizierung einer solchen Vorlage der gängigen mittelalterlichen Erzählpraxis, insbesondere der Gralsliteratur, während man andererseits darin einen deutlichen Hinweis auf ein geistiges Geschehen finden kann. Für Letzteres spräche jene bereits erwähnte, kaum bekannte Schrift, die der namenlose Autor der Prosafassung seiner Gralsgeschichte *Le Grand Saint Graal* voranstellt und in der von jenem handtellergroßen, rein geistigen Buch berichtet wird. Es ist ja dieselbe Überlieferung, auf die Helinandus de Froidmont in seiner Chronik historisch Bezug genommen hat, doch gerät sie bei dem „Dichter" erwartungsgemäß wesentlich ausführlicher und detailreicher als bei dem Chronisten. Auch zeugt sie von einem tieferen geistigen Verständnis.

Des „Dichters" *Buch vom Gral* mit dem rätselhaften geistigen Buch sei hier zusammengefasst: In seinem autobiographischen Bericht teilt ein Mönch aus der Bretagne oder aus Britannien seine intimsten Geist-Erlebnisse aus dem Jahr 750 einem kleinen Kreis von Menschen mit. Es ist eine detaillierte Schilderung eines stufenweisen Damaskus-Erlebnisses, die tief anrührt: An einem Karfreitag erlebt der von Zweifeln an der Trinität geplagte Mönch zur Todesstunde Christi eine Vision. Nachdem der Herr ihm das Mysterium der Trinität zur Anschauung bringt, überreicht er ihm ein handtellergroßes Büchlein, in welchem der Mönch zunächst über seine eigene Abstammung belehrt wird. Damit erfährt er, dass er in einer bestimmten geistigen Strömung steht, die ihn mit dem Gral in Verbindung bringt. Sodann liest er über die Geschichte des Heiligen Grals. Als Nächstes wird er mit dem Bösen konfrontiert, erleidet einen inneren Tod und erwacht zu einem neuen geistigen Sein. In einem weiteren Schritt erlebt er sich wie Paulus in den dritten Himmel erhoben. Mit neuen Augen kehrt er zurück in seinen Leib. Er darf nun nicht mehr weiterlesen und verwahrt das Büchlein in seinem Tabernakel. Doch am nächsten Tag ist es verschwunden. Um es wieder zu erlangen, muss er seine innere Läuterung unter Beweis stellen. Dann erscheint ihm der Meister des Buches erneut und beauftragt ihn, dieses geistige Buch abzuschreiben, was er getreu befolgt. Seine Niederschrift setzt mit der Kreuzigung Christi ein. – Und damit beginnen üblicherweise die Gralserzählungen. Der „Dichter“ hält seinen Namen absichtlich geheim, verrät jedoch das Jahr seiner Vision: Es ist das »Jahr 717 nach dem Leiden unseres Herrn Jesus Christus«, also das Jahr 750.[93]

Diese Zeitangabe bringt uns zu unserem Hauptthema zurück. Sie will nun auch historisch angeschaut werden: Das Jahr 750 ist das Jahr, in dem Pippin, der Vater Karls des Großen, das karolingische Frankenreich begründet.[94]

Das Münster St. Maria und Markus in Mittelzell

Nachdem die Heilig-Blut-Reliquie auf die Reichenau gekommen war, baute man zwischen 925 und 946 an die von Heito I. im Jahr 816 errichtete Doppelapsis des Ostchores eine Rundkirche für die Reliquie an. Diese musste ebenso wie Heitos Doppelapsis dem im 15. Jahrhundert gebauten gotischen Chor weichen. Zwischen dem Chor und dem Querhaus wurden die Bibliothek und das Skriptorium erhalten.

---

[93] *Das Buch vom Gral.* Aus dem Altfranzösischen übertragen mit einem Vorwort und einem Kommentar von Wilhelm Rath, Stuttgart 1968.

[94] An dieser Stelle sei auf die in mancher Hinsicht interessante Gralsinterpretation von Werner Greub verwiesen, der ihn mit Titurel, dem ersten Gralskönig, gleichsetzt. Diese sehr gewagte Interpretation Greubs geht auf eine diesbezügliche vorsichtig formulierte Andeutung Rudolf Steiners zurück, die sich allerdings auf rein geistige Zusammenhänge bezieht. Vgl. Werner Greub, *Wolfram von Eschenbach und die Wirklichkeit des Grals*, Dornach 1974. Anknüpfend an Werner Greub entstanden weitere Arbeiten zur Gralsthematik sowie zur damit zusammenhängenden Odilienthematik, auf die jedoch hier nicht eingegangen werden kann. Vgl. Manfred Gödrich, *Das Kloster Odilienberg als Zentrum des esoterischen Christentums*, Stuttgart 2015.

Heiliger Gral, heiliges Blut und die Reichenauer Legende

Die Bedeutung von Reliquien

Zu den menschlichen Grundbedürfnissen gehört es, an etwas Höherem teilhaben zu dürfen. Hierzu boten die Gralsmysterien eine Möglichkeit, die aber nur wenigen offen stand. Denn diese Mysterien forderten stets eine beachtliche Eigenleistung an innerer Arbeit, weil der Gral ja als etwas Geistiges aufgefasst wurde, das es zu erringen galt. Bis heute hat das Gralsthema etwas Auratisches und fasziniert gerade durch sein Geheimnis unzählige Menschen. Auch die Gralsinsignien, allen voran Schale und Kelch, haben ihre Exklusivität bewahrt. Sie haben sich sogar, ihrer ursprünglichen Bedeutung entgegengesetzt, als moderne materielle Adaption in unsere Alltagswelt eingeschlichen und winken hier als Lohn für körperliche Anstrengungen: Schale oder Kelch werden vom strahlenden Sportsieger als Trophäe emporgehalten.[95]

Weniger exklusiv gestaltet sich der Zugang zum Heiligen Blut, das als Reliquie, die man mit Augen sehen und mit Händen berühren kann, an vielen Orten aufbewahrt wird und für das es Reliquienkulte gibt, die öffentlich sind. Obwohl sich gerade heute so viele Menschen vom Gralsthema in den Bann ziehen lassen, verspüren oft dieselben Menschen eine starke Abneigung gegen Reliquien und lehnen dazugehörige liturgische Kulte der Kirche ab. Sie können die Kraft der Reliquien nicht mehr spüren, sehnen sich aber dennoch nach ihr. So beschäftigen sie sich auf der Ebene der Phantasie mit dem Gral, der so zu einer beliebig interpretierbaren Zaubersache im Reich der persönlichen Illusion wird. Kein Wunder, wenn dann bei diesem Thema viele Psychologen auch von Projektionen sprechen.

Der Mensch des Mittelalters war anders veranlagt. Auch er sehnte sich nach Höherem, und einzig der Glaube daran ließ ihn sein schweres Leben auf Erden ertragen. Doch auch für den Menschen damals war es nicht leicht, einfach so zu glauben. Nicht zu glauben, andererseits, kam über-

[95] Man kann dies täglich im Sportteil der Tageszeitungen und in anderen Medien beobachten. Die Trophäen sind in der Regel wie die mittelalterliche Vorstellung von Gralsgefäßen gestaltet.

haupt nicht infrage. Vielleicht war Glauben damals sogar noch schwerer als heute, denn Zweifeln bedeutete, zu sündigen. Dies musste unter allen Umständen vermieden werden. So erlebten die Menschen bisweilen Hilfestellungen als wie von außen an sie herantretend. In der Tat benötigte der Mensch vor dem Beginn der Neuzeit für seine Glaubenssicherheit hin und wieder Beweise des Göttlichen: Heilungen, Rettungen, Wunder. Diese konnten ihm, vermittelt durch Gegenstände, die unmittelbar mit dem Heilsgeschehen in Verbindung standen und dadurch zu Reliquien geworden waren, zuteil werden, sodass er wenigsten einen Zipfel des Heiligen persönlich gewahrte. Dabei bildete die Reliquie gewissermaßen eine sinnlich wahrnehmbare Brücke zum Heilsgeschehen. Das Wunder Gottes konnte in ihr mit den Händen angefasst werden, und ihre Kräfte übertrugen sich auf den Gläubigen. Auf diese Weise erlebten die Gläubigen in den Reliquien einen Heiligen oder Christus selbst als real anwesend und hatten am Höchsten teil. Als ganz besonders wirksam und natürlich als entsprechend kostbar galt das Heilige Blut des Herrn. Jeder Mensch kannte Erzählungen über Wunder, die das Heilige Blut oder andere heilige Gegenstände bewirkt hatten, nicht irgendwann in ferner Vergangenheit oder an einem entfernten Ort, sondern in der unmittelbaren Gegenwart. Es gab also keinerlei Grund, daran zu zweifeln. Dieser Glaube schon verlieh Kraft und bettete den Menschen ein in eine höhere Ordnung, die ihm Ruhe und Geborgenheit schenkte.

Die Reichenauer Heilig-Blut-Legende

Die Gralsliteratur des Mittelalters bettet sowohl das Auffangen als auch das Auffinden des Blutes des Herrn und alles, was damit in einem Zusammenhang steht, immer in einen Mysterienzusammenhang ein. Die Gralserzählungen nehmen mit dem Bewahren des Blutes Christi durch Joseph von Arimathia ihren Anfang. Sie besinnen sich also stets auf den Ursprung, den sie, obwohl er ja als bekannt vorausgesetzt werden konnte, immer wieder neu als Ereignis vor die Seele ihrer Hörer stellen. So werden heute eigentlich alle schriftlichen Gralserzählungen in der Nachfolge von Robert de Boron gesehen. Seine Dichtung gilt als die literarische Quelle schlechthin, weshalb wir auch so ausführlich auf sie eingegangen sind.

Bereits eingangs war erwähnt, dass es einen weiteren, sehr frühen literarischen Text gibt, der völlig anders geartet ist und dennoch ebenfalls eine Gralsspur im 8. Jahrhundert verortet. Erstaunlicherweise hat er keine weitere Ausstrahlung und wird auch nirgends literarisch zitiert. Besagter Text nun stammt aus dem Kloster Reichenau. Es ist eine weitgehend unbekannte und völlig unbeachtete Legende zur Überführung einer Heilig-Blut-Reliquie auf die Bodensee-Insel Reichenau, bei der Abt Waldo die Hauptrolle spielt. Die Ereignisse der Legende werden um das Jahr 800 festgesetzt, während die Legende selbst erst in der Ottonenzeit um 950 niedergeschrieben wurde. Damals hatte man auf der Reichenau ein Hausbuch geschaffen, einen *Codex domesticus*, in dem alle Texte über die im Kloster verehrten Heiligen zusammengestellt waren. Hierin findet sich auch die *Erzählung vom Heiligen Blut unseres Herrn* und wie dieses auf die Reichenau gekommen ist. Sie ist dort nach ihren ersten Worten benannt: *De pretioso sanguine domini nostri.* In der Forschung heißt die Erzählung *Translatio sanguinis Domini in Augiam*, denn sie ist ja ein Translationsbericht, handelt also von der Überführung einer Reliquie.[96]

Der Text und seine Leser

Die *Translatio sanguinis Domini* ist keine Heiligenvita, bei der der Leser längst Bekanntes hört und die ihm gewissermaßen als Lebensratgeber eine moralische Lektion in Erinnerung rufen will. Freilich ist sie auch keine Chronik. Im Gegensatz zur Chronik, bei der es um das Dokumentieren und Bewahren von Begebenheiten geht, richtet sie sich als literarischer Text, ebenso wie auch die Heiligenbiographien, an ein konkretes Publikum. Sie ist darauf angelegt, gelesen und auch vorgelesen zu werden. Dies zeigt sich ganz konkret im Manuskript. Der Schreiber setzt überall dort, wo der Vortragende eine kleine Pause einlegen soll, einen Punkt in halber Höhe. Die Pause vor direkter Rede und am Satzende kennzeichnet er durch Großbuchstaben, die einzelnen Abschnitte hebt er durch schlichte Initialen hervor. Aus ihnen ergeben sich die 35 Kapitel der heutigen Zählung.

---

[96] *Codex Augiensis LXXXIV* fol. 124v-136. (Text ohne Titel), Badische Landesbibliothek Karlsruhe; Lat. Text bei F. J. Mone, *Quellensammlung der badischen Landesgeschichte I*, Karlsruhe 1848, S. 68-77. In jüngster Zeit wurde die *Translatio* von Walter Berschin als zweisprachige Ausgabe neu herausgegeben und von Theodor Klüppel übersetzt. Walter Berschin/Theodor Klüppel, *Die Reichenauer Heiligblut-Reliquie*, Heidelberg 3/2015, hier S. 37-69.

Man kann sich gut vorstellen, dass der Heiligblut-Bericht sogleich in den Lehrkanon der Reichenau aufgenommen wurde. Die Grundlage des Studiums im Mittelalter bildete ja die *lectura*. Gemeinsam erarbeiteten sich Lehrer (*doctor* oder *magister*) und Hörer den in aller Regel lateinischen Text, indem sie ihn lasen und erklärten. Dies wird in der Buchmalerei immer wieder dargestellt: der *magister* am Lesepult, vor ihm die Schüler mit Büchern. Bei dieser Tätigkeit herrschte eine Stimmung der Ehrfurcht. Wir sollten nie vergessen, dass für die Menschen damals Latein die Sprache Gottes war. »Latein war die Sprache des Kultes und seiner heiligen Hymnen, auf Latein besaß man das Wort Gottes selber und antwortete ihm in lateinischen Gebeten, Dichtungen und gehobenen Gesprächen (...) Das im Priestermunde widerhallende Gotteswort bewahrte dem Latein sein Leben.«[97] Kunst und Kultus hatten die Aufgabe, den Menschen zum Göttlichen emporzuheben und dem Höheren zu dienen.

Genau wie die Bibel dienten Heiligenviten und Heiligenlegenden im Mittelalter als Lehrtexte und wurden allegorisch ausgelegt. Dies galt auch für die Dichtung, egal ob biblisch, heidnisch (Homer, Vergil, Ovid) oder volkssprachlich. So sprach Chrétien de Troyes sogar vom Stoff einerseits und seiner Bedeutung andererseits *(matière* und *san)*. Die Fabel, die der Dichter bearbeitete, war ihm in gewisser Hinsicht weniger wichtig als das Licht, in das er sie rückte. Weit mehr kam es ihm auf die Bedeutung an. Schon allein die Erwähnung mancher Begriffe oder bestimmter Details riefen beim Hörer oder Leser, selbst in abgekürzter Form, Erinnerungen an ganze Zusammenhänge wach und ergänzten damit als *Memoria* das vom Dichter gezeichnete Bild. All diese dichterischen Möglichkeiten waren auch der Grund für die wiederkehrenden Darstellungen ein und desselben Stoffes durch verschiedene Autoren. Für die Leser und die Hörer bedeutete das, dass der Stoff niemals eindimensional, also wörtlich, aufzufassen war. Immer schloss er verschiedene Sinnebenen mit ein. Sowohl der mittelalterliche gebildete Leser als auch seine wohl überwiegend illiteraten Zuhörer waren darin geübt, schon beim Lesen oder Lauschen mehrere Bedeutungsfelder in sich wachzurufen.

Seit der Antike pflegte man ja Texte auf mehreren Sinnebenen zu deuten. Die frühen christlichen Autoren knüpften daran an und entwickelten hermeneutische Methoden, die sie auch immer wieder selbst reflektierten.

---

[97] Wolfram von den Steinen, *Der Kosmos des Mittelalters. Von Karl dem Großen zu Bernhard von Clairveaux*, Bern 1959, S. 116.

Ihre wichtigsten Aufgaben sahen sie in der Auslegung der Heiligen Schrift und Gottes Schöpfung. So ist die Theologie der Kirchenväter eigentlich eine Wissenschaft von der Auslegung des Wortes, und als ihre wissenschaftliche Grundlage diente das *Trivium.* Daraus entstanden vor allem in den Klöstern, neben Anleitungen für das Lesen der Schriften, bereits seit dem 5. Jahrhundert allegorische Wörterbücher, die die Bedeutungswelt eines Wortes systematisch auf seinen geistigen Sinn hin untersuchten. Die großen Leuchttürme, an denen man sich orientierte, waren Augustinus und Gregor der Große. Predigt und Exegese waren ohne solche Anleitungen nicht denkbar. Gerade Letztere erreichten die Menschen und schulten sie darin, nicht nur Evangelientexte, sondern auch Heiligenlegenden und sogar Dichtung nicht nur im Wortsinn *(sensus litteralis)* aufzufassen, sondern ihre geistige Bedeutung zu suchen. Der Kirchenkunst sprach man in diesem Sinne ebenfalls eine didaktische Aufgabe zu, denn es konnten ja nicht alle lesen. Dies wurde von vielen Gelehrten betont. Auch der Reichenauer Abt Walahfrid Strabo hat es einmal sehr schön auf den Punkt gebracht: *Pictura est quaedam litteratura illiterato.*[98] (Das Bild ist die Schrift für jene, die nicht lesen können.) Die christliche Bildkunst sollte also ebenfalls dazu verhelfen, dass hinter der äußeren Erscheinung stets ein geistiger Sinn *(sensus spiritualis)* gesucht würde. Die Belehrung aus der Predigt konnte so zur Meditationshilfe werden.

Mit dieser Aufgabenstellung wollen wir uns der Heilig-Blut-Legende zuwenden. Dabei wollen wir den Begriff „Legende“ in seiner Grundbedeutung auffassen, was im Mittelalter noch üblich war, heute aber in der Regel vergessen wird. „Legende“ meint nämlich „das zu Lesende“ – und dies bedeutet in der damaligen Auffassung das Lesen im dreifa chen Schriftsinn, also im *sensus litteralis, sensus moralis, sensus anagogicus.* Gewöhnlich fassen wir diese Sinnebenen, den wörtlichen Sinn, die moralische Sinnebene und schließlich den geistigen Sinn, heute sehr abstrakt auf. Ein Raster, nach dem man zwischen den Ebenen springen kann, um eine Interpretationsmöglichkeit zu finden. Doch so war dies nie gemeint. Vielmehr ging es, wie es später die philosophisch-theologische Schule von Chartres so treffend ausformulierte, um einen Erkenntnisweg, der einem die Befähigung zuteil werden lässt, im Irdischen das Geistige zu finden.

[98] Walahfrid Strabo, *Liber de exordiis et incrementis quarundam in observationibus, ecclesiasticis rerum,* c. 8.

Die Lektüre der Legende soll also keineswegs ein herkömmliches Lesen sein. Zunächst soll der Text eingehend studiert werden. Für die Reichenauer Legende bedeutet das, sie mehrmals zu lesen oder zu hören. Über den wörtlichen Inhalt hinaus soll der Leser anschließend den Text innerlich bewegen und verarbeiten, um seine Seele so zu weiten, dass sie die geistige Ebene des Inhaltes erfassen kann.

Die Reichenauer Heilig-Blut-Legende ist in lateinischer Sprache auf uns gekommen, was bei der Übersetzung immer wieder zu schwierigen Momenten führt. So habe ich mich entschlossen, die von mir näher in Augenschein genommenen Passagen selbst zu übersetzen und die Gratwanderung zwischen Worttreue, Bildtreue und Atmosphäre zu wagen.

Insgesamt präsentiert sich die Erzählung der *Translatio sanguinis Domini in Augiam* als eine überraschend ausführliche fromme Abenteuergeschichte voller phantastischer Motive und irritierender Ungenauigkeiten. Darüber hinaus erfahren wir durch sie wertvolle Hinweise auf das Wesen von Abt Waldo. Man wird beim Lesen auf vielerlei Fragen stoßen. Der Historiker Walter Johannes Stein liefert vielleicht den wichtigsten Schlüssel zu ihrem Verständnis. Er kommt in seiner Forschung zur Geistesgeschichte des 9. Jahrhunderts, ebenso wie schon der Schweizer Pfarrer und Gelehrte Philipp Heber vor ihm, zu dem Ergebnis, dass es am karolingischen Hof eine fast unbeachtet gebliebene geistige Strömung gab, die er „Geschichtsströmung" nennt, und zu deren Trägern Abt Waldo von Reichenau gehörte. Dabei sieht Stein Hebers Deutung von Waldo als Gralsdiener bestätigt.[99]

Schmuck zur Einstimmung

Erst in der jüngsten Zeit hat sich Walter Berschin als Altphilologe die Reichenauer Handschrift genauer angesehen und auf ihre wunderbaren Initialen aufmerksam gemacht.[100] Die Erzählung sticht nämlich aus dem gesamten Konvolut des Reichenauer Hausbuchs dadurch heraus, dass sie zwei prächtige Initialen aufweist. Beide erscheinen als Schmuck und zie-

[99] Stein, S. 12-13. Stein bezieht sich hier auf Philipp Heber, s.o. – Zur Arbeitsweise W. J. Steins siehe Johannes Tautz, *W. J. Stein. Eine Biographie*, Dornach 1989, u.a. S. 117f.

[100] Walter Berschin, „Die Reichenauer Heiligblut-Erzählung aus dem X. Jahrhundert", in: Walter Berschin / Theodor Klüppel, *Die Reichenauer Heiligblut-Reliquie*, S. 12.

Vorrede zur Reichenauer Heilig-Blut-Legende (Badische Landesbibliothek Karlsruhe)

Anfang der Reichenauer Heilig-Blut-Legende (Badische Landesbibliothek Karlsruhe)

Initialmonogramm aus der Vorrede zur Reichenauer Heilig-Blut-Legende

Initialmonogramm, Anfang der Reichenauer Heilig-Blut-Legende

hen den Blick auf sich, noch bevor die eigentliche Erzählung anhebt. So beginnt die Vorrede (Kap. II) mit einem „S“ für *Scripturus* (fol. 125r). Dieses gemalte „S“ hebt die Bedeutung des Schreibens und damit des Schreibers hervor: *Scripturus de pretioso…* (Schreiben will ich über das kostbare…). Doch eigenartigerweise wird der Schreiber sich selbst dann trotzdem nicht zu erkennen geben. Jetzt wird man erst recht neugierig auf ihn.

Nach der Vorrede beginnt die eigentliche Erzählung (Kap. III-XXXV) mit einem gemalten „T“ für das Wort *Tempore* (fol. 126r). Erst wenn man dieses Bild längere Zeit betrachtet, fällt einem auf, was Walter Berschin entdeckt hat. Er zeigt auf, dass dieses „T“ mehr ist als eine Initiale, wie dies beim ersten Hinsehen den Anschein hat. Es handelt sich in Wirklichkeit um eine Ligatur, eine Buchstabenverbindung von „TE“, in die wiederum die Initialen „M“, „P“, „O“, „R“ und „E“ eingebunden sind. Das Bild ist ein typisch reichenauisches Initialmonogramm. Richtig gelesen ergibt es das erste Wort unserer Erzählung: *TEMPORE* – »Zur Zeit des…« Dieser besonders aufwändig gestaltete Beginn der Legende ist nach Walter Berschin durchaus als feststehende Formel aufzufassen, nämlich im Sinne von „Es war einmal…“[101]

Berschin beschreibt das kleine Bild minutiös und lehrt uns dabei akribisches Beobachten: »Die aus dem farbigen Grund ausgesparten, mit Mennige konturierten Buchstaben sind gespalten und wieder mennigerot und blau gefüllt. Randstege der Buchstaben werden wie Ranken geflochten und tragen Knospen und Blüten. Blaue Spangen (am ersten Schaft des M und am P) verstärken den Eindruck der Festigkeit dieser Spaltleisteninitialen. Das ganze Monogramm steht vor einem breit gestreiften Hintergrund, der die ‚hierarchische‘ Idee dieses Textbeginns unterstreicht: Der Text steigt sozusagen von oben herab. Die Ligatur TE umfasst über drei Streifengründe hinweg elf Zeilen. Die Kapitalisbuchstaben M, P, O, R und E stehen vor einem je vierzeiligen Streifengrund. Dann führt die ‚Hierarchie der Schriftarten‘ stufenweise weiter herab: KAROLI GLO ist noch in Kapitalisbuchstaben geschrieben und steht auch noch vor einem farbigen Grund, der zwei Zeilen umfasst. Die nächste Stufe ist die in der normal hohen Zeile geschriebene Unziale. Dann folgt eine Zeile in Capitalis rustica und schließlich ist die Grundschrift erreicht: Karolingische

[101] Walter Berschin, „Die Reichenauer Heiligblut-Erzählung aus dem X. Jahrhundert“, S. 12.

Minuskel.«[102] Der gesamte Textabschnitt lautet: *TEMPORE KAROLI GLORIOSISSIMI IMPERATORIS AZAN QUIDAM NOMINE praefectus urbis hierusalem…* – Zur Zeit des rühmlichsten Kaisers Karl hörte Azan, der Vorsteher der Stadt Jerusalem…

Je länger man nun dieses Initialmonogramm betrachtet, desto mehr zeigt sich: Es geht hier um weit mehr als eine nüchterne Zeitbestimmung. Es klingt etwas auf, das eine Mär, ein Märchen, ankündigt – und dies umso mehr, als das Wort *Tempore* weniger geschrieben denn gemalt ist.

Wir wissen nichts über den Schreiber der Legende. Er möchte es so. Aber ein wenig verrät er doch von sich. Vom ersten Buchstaben an offenbart er sich als Meister des Verhüllens und Enthüllens. Walter Berschin vermutet, dass er entweder selbst Maler war, oder sich eines hervorragenden Miniators bediente.[103]

Die in sich so stimmige Komposition, in der bereits inhaltliche Anklänge der Legende ahnbar sind, deutet, wie ich meine, stark darauf hin, dass der Schreiber in der Tat selbst der Künstler war, der diesen eigentlich farbmusikalischen Auftakt zu seiner Erzählung sehr bewusst gestaltet hat, um die Erzählung in ein Reich des Mythisch-Imaginativen zu heben, das sich dem Verstand nicht so ohne Weiteres erschließt. Verschlungene Wege in vielen Farben zu einer Einheit unterm Kreuz verbunden, vielfältige Verflechtungen als ein klingendes Gewebe in Raum und Zeit. Deshalb brauchte er das Bild des Kreuzes, das er im T seines Initialwortes *Tempore* findet. Dieses hochabstrakte Bild, das beinahe einem Vexierbild gleicht, stimmt den Leser ein auf das große Bild, das ihm der Künstler nun durch sein Schreiben vermitteln wird. Das rote Blut in der Farbe von Mennige gelangt zu Karl. Es ist flächig seinem Namen unterlegt. Durch Christi Blut wird der Tod überwunden, so dass das Lebensgrün erscheinen kann, prägend und doch im Hintergrund. Die geistige Kraft des eindrucksvoll klaren Blau deutet das Kreuz, durch welches das Leben blüht, lediglich in wenigen begrenzten Flächen an. Doch wird es in seiner Leuchtkraft durch das kontrastierende Orange deutlich betont.

Betrachtet man die Buchseite als Gesamtheit, so fühlt man sich noch an eine völlig andere Buchform erinnert, nämlich an das Messbuch. Man

---

102 Berschin, S. 14.

103 Berschin, S. 12.

darf sicher damit rechnen, dass der Schreiber mit dieser Assoziation gerechnet hat. Zu Beginn des *Canon Missae* erscheint im Messbuch (Sakramentar) ein Kreuzigungsbild als Kanonbild. Es entwickelte sich seit der Mitte des 8. Jahrhunderts aus der Initiale T des *Te Igitur*, mit dem der Kanon der Messe nach dem *Sanctus* fortfährt. Dieses Bild, das die Initiale T schmückend umschränkt, soll den Bedeutungsgehalt des Todesopfers Christi verbildlichen. In der Initiale T des Wortes Tempore erscheint hier eine erweiterte innere Verbindung.

Nicht nur dieses Initialmonogramm zu Beginn der Erzählung ist außerordentlich künstlerisch gestaltet. Der gesamte Text ist ein komplexes Gewebe aus Prosa, versetzt mit Zitaten von Kirchenvätern und anderen christlichen Autoren, antiken lateinischen Versen sowie Anspielungen auf Bibelzitate und schließlich Gebeten. Damit will der Schreiber nicht etwa zeigen, wie gebildet er doch ist, was durchaus ein übliches Stilmittel im Mittelalter war – man denke nur an die Bildungsbeflissenheit Einhards. Vielmehr entführt er den Leser durch die Form des *Prosimetrums*, also des Wechsels zwischen Prosa und Poesie, von seinem Alltagsbewusstsein weg in eine besonders angehobene Seelenstimmung, die ihn aufnahmefähig für geistige Inhalte macht. Der Leser des Mittelalters hört und erkennt diese Absicht schon beim ersten Wort der Einleitung, denn er weiß, dass bereits Hieronymus seine Heiligenlegenden stets mit dem Wort *Scripturus* beginnt.

Geistiger Beistand

Aber noch davor steht ja die erste Vorrede. Da ruft der Schreiber Christus an, mit der demütigen Bitte um himmlische Unterstützung für seine schwere Arbeit der Niederschrift (Kap. I). Auch das ist natürlich ein Topos, doch ist es zudem eine Aussage, hinter der man den inneren Ernst vernehmen kann. Man muss sehr wachsam sein, wo Topos und Aussage ineinandergreifen, will man die Absicht des Autors nicht übersehen.[104] Der Schreiber wählt hier den Vergleich mit Christus als Keltertreter: »Du bist für mich aus Bosra gekommen mit gefärbtem Kleid; du hast

[104] Der große Historiker der Mittelalterforschung Wolfram von den Steinen fordert für solche Fälle vom Historiker geradezu Hellhörigkeit. Vgl. Wolfram von den Steinen, *Der karolingische Neubeginn. Karl der Große, Lebenswerk und Nachleben* Bd. II, *Das geistige Leben*, Düsseldorf 1965.

ganz allein ohne Hilfe die Kelter getreten, und die wilden Völker ließen dich allein.« (Jes 34,6; 63,1) Damit steht das Bild-Wort von Christus als Keltertreter gewissermaßen als Motto über der Erzählung von der Überführung des Heiligen Blutes auf die Reichenau und passt nicht nur wunderbar zur Weinbau-Tätigkeit der Mönche, sondern deutet vielmehr bereits ganz leise und wie als Verheißung auf die Reliquie hin.

Mittelalterliche Schreiber, selbst wenn sie Chronisten sind, denken nicht nüchtern und linear wie wir heute. Ihre Gedanken strömen wie lebendiges Wasser. Sie knüpfen an Altbekanntes an, das sie in ihren Fluss aufnehmen; dabei zitieren sie beinahe leidenschaftlich ältere Vorbilder. Sie umschreiben und umranken vieles, fügen theologische Betrachtungen ein und vergewissern sich mittels Anrufungen *(invocatio)* immer wieder der Hilfe der geistigen Welt. Deshalb der geradezu hymnische Ton, in dem sich der Reichenauer Schreiber gleich zu Beginn an Christus wendet.

Nach der Rückbindung an Christus teilt uns der Schreiber im zweiten Abschnitt sein Vorhaben mit: *SCRIPTURUS DE PRETIOSO sanguine domini nostri IESU christi, quo genus humanum ab antiqui hostis potestate redemptum est.* – »Schreiben will ich über das kostbare Blut unseres Herrn Jesus Christus, wodurch das Menschengeschlecht von der Macht des alten Feindes erlöst worden ist« (Kap. II). *Scripturus*, das Initialwort, durch welches sich der unbekannte Reichenauer Schreiber an den großen Kirchenvater und Bibelübersetzer Hieronymus anschließt, beginnt, wie bereits erwähnt, mit einer gemalten Initiale des Buchstaben „S". In ihr darf sich unser Schreiber in seinem Wesen offenbaren. Hier kann er anklingen lassen, wie sich seine Gedanken bewegen werden, nämlich wie ein mäandernder Fluss.

So wendet er sich unmittelbar nach der Ankündigung seines Vorhabens anderem zu. Er benötigt offenbar noch einen weiteren Helfer, den er auf höchst rätselhafte Weise hinzuruft: *tuis me pater nonnose precatibus commendo* – »deinen Fürbitten, Vater Nonnos, vertraue ich mich an«. Theodor Klüppel hat, wie vor ihm bereits der erste Übersetzer Konrad Beyerle, die beiden vorhandenen Handschriften aus Karlsruhe und Linz miteinander verglichen und dabei Abweichungen und nachträgliche Korrekturen festgestellt.[105] Irgendjemand hatte bereits im 15. Jahrhun-

[105] *Handschrift 65/1102* des Generallandesarchivs Karlsruhe und *Codex 503 (191)* der Bundestaatlichen Studienbibliothek Linz.

dert das ursprüngliche Wort *nonnoso* korrigiert in *nonnose* und darüber „Waldo" geschrieben.[106] Wie nun diese Anrede aufzufassen sei, hat immer schon alle Übersetzer beschäftigt. Soll ihm etwa Waldo selbst geistigen Beistand beim Niederschreiben der Geschichte leisten? Soll Waldo sein geistiger Pate sein? Das wäre naheliegend und entspräche den Gepflogenheiten. Zudem wird auch im sechsten Abschnitt der Legende Waldo als „Nonnos" bezeichnet: *idem nonnosus uualdo.*

Wer also ist Nonnos? Schon Konrad Beyerle hat erwogen, dass Nonnos allgemein ein Kosename, nämlich „Großväterchen" sein könnte, eben weil in der späteren Abschrift des Manuskripts diese Anrede abgerieben bzw. verändert wurde. Klüppel favorisiert nun gleichfalls diese Lösung, übersetzt das Wort allerdings mit „ehrwürdiger Vater". Es bleibt offen, wer damit gemeint ist, und doch hört man innerlich den verehrten Namen Waldos. Bei genauem Lesen des Textes ergibt sich tatsächlich, dass eigentlich nur Waldo gemeint sein kann, denn der hat dem Schreiber offenbar gemeinsam mit den übrigen Brüdern »die untragbare Last« auferlegt, diesen besonderen Bericht zu schreiben. »Auf deine Bitte und auf die Bitte der übrigen Brüder hin«, heißt es wörtlich. Selbstverständlich will der Schreiber »den Befehlen der Frommen« Gehorsam leisten.

Und doch bleibt es aus heutiger Sicht etwas merkwürdig, wenn der Schreiber Waldo bei seiner allerersten Erwähnung als *pater nonnose*, also als »Vater Großväterchen« anspricht. Die Doppelung ergibt keinerlei Sinn, und auch die Übersetzung »ehrwürdiger Vater« ist, wenn auch sinngemäß passend, nur ein Kompromiss. Zu fragen ist also, ob es nicht doch einen Mann namens Nonnos gab, auf den sich der Reichenauer Schreiber bezieht und der vielleicht längst aus unserem Blickfeld gerückt ist. Walter Johannes Stein ist hier tatsächlich fündig geworden und schlägt eine plausible Lösung vor, die die einzelnen erwähnten Mosaikstücke sinnvoll miteinander verbindet.

Eigentlich versteht es sich von selbst, dass man sich, als der Legendentext im 10. Jahrhundert entstand, noch erinnerte, wer mit Nonnos gemeint war. Dieser Nonnos war, wie Stein ausführt, eine historische Person gewesen und stand im Rang eines Heiligen, dem man sich in Verehrung

[106] Klüppel, S. 36.

zuwandte: Nonnos, der Vorsteher und spätere Abt des Klosters auf dem Monte Soracte nordöstlich Roms. Nonnos muss ein ungewöhnlich demütiger Mensch gewesen sein und konnte durch seine Gebete wahre Wunder vollbringen. Über ihn berichtet Gregor der Große ein Ölvermehrungswunder, von dem er sagt, er habe darin Elisa gleichgetan (2 Kö 4, Elisa mehrt das Öl der Witwe).[107] Offensichtlich sehnt sich auch unser Schreiber nach einem Ölvermehrungswunder, freilich im geistigen Sinn, denn er selbst fühlt sich gleich einem leeren Gefäß, in dem kein Öl ist. So hat er allen Grund, sich an jenen Nonnos aus Monte Soracte zu wenden, damit der ihn erfüllen möge, wie einst Elias den Elisa.[108] Die Beziehung zwischen Elias und Elisa war den Menschen des Mittelalters aus dem Zweiten Buch der Könige geläufig.

Wir wissen nicht, in welcher Beziehung der Reichenauer Schreiber zum Kloster von Monte Soracte steht. Aber wir wissen, dass am Berg Soracte im Jahr 748 ein Kloster von Karls Bruder Karlmann gegründet wurde, und auch, dass in der Chronik des Benedikt von St. Andreas von Soracte, die zwischen 966-972 entstanden ist, zum ersten Mal eine Jerusalem-Reise Karls des Großen erwähnt wird.[109] Karl soll zur Küste Kalabriens gezogen sein, um für sein Heer Brücken über das Meer zu errichten. Sodann soll er als Freund des Kalifen „Aaron" (gemeint ist Harun-ar-Rašid) nach Jerusalem zum Heiligen Grab gepilgert sein, um dort Gold, Edelsteine und eine prächtige goldene Fahne darzubringen. Gemeinsam mit Harun-ar-Rašid soll er dann, reich beschenkt mit Gewändern und Gewürzen, nach Alexandria gereist sein, und dann alleine weiter nach Antiochia und Konstantinopel. Dort soll er die kostbaren Reliquien des heiligen Andreas erhalten haben, die schließlich dem Kloster am Monte Soracte zukamen.

Es wird gewiss kein Zufall sein, dass in diesem Kloster desgleichen ein wichtiges Manuskript mit der Schilderung einer Heilig-Blut-Überführung durch Karl den Großen die Zeiten überdauert hat: *Le Voyage de Charlemagne à Jérusalem et à Constantinople* ist ein altfranzösisches Verse-

[107] Vgl. Migne, *Patrologia Latinae*, vol. 77, col. 181, 467, 646, übersetzt und abgedruckt in Stein, S. 405 ff.

[108] Vgl. Walter Johannes Stein, S. 14; weitere Quellen daselbst; ferner S. 405 ff.

[109] G. Zucchetti (Hrsg.), *Il Chronicon di Benedetto Monaco di S. Andrea del Soratte*, 1920, pp. 113; über die historischen Hintergründe vgl. Michael Borgolte, *Der Gesandtenaustausch der Karolinger mit den Abbasiden und mit den Patriarchen von Jerusalem*, München 1976, S. 127 ff.

pos aus dem 12. Jahrhundert, das als Legendenstoff bereits im 11. Jahrhundert weit bekannt und außerordentlich beliebt war.[110]

Walter Johannes Stein macht darauf aufmerksam, dass, indem der Schreiber Nonnos aus Soracte mit Waldo gleichsetzt, er beide Äbte derselben geistigen Strömung zuordnet, der er sich auch selbst zugehörig fühlt, was in den beiden recht umständlichen Einleitungskapiteln erkennbar ist, auch wenn der Schreiber hier scheinbar mehr verhüllt als er offenbart.[111] Nachdem sich der Schreiber angesichts seiner großen Aufgabe genügend gewunden hat, findet er in der Betrachtung von Christi Opfertod schließlich den Trost seiner eigenen Qual. So fügt er noch eine Betrachtung über das Kreuz an und verknüpft mit dieser sein persönliches Glaubensbekenntnis, indem er, ganz ähnlich wie in altfranzösischen Gralslegenden, sich zur Zweinaturenlehre Christi bekennt. »In diesem lebenspendenden Marterholz liegt unser Heil und unsere Erlösung, Und vom Banner des friedebringenden Kreuzes wird der ganze Erdkreis durch den Sieg des Gekreuzigten beschützt. So wird es auch in der griechischen Sprache *stauros* genannt, weil durch dieses Kreuz die ganze Welt erneuert wurde. Wir wollen, wenn wir dies über Christus sagen, jedoch nicht die zwei Naturen in ihm leugnen; seiner Menschennatur nach hat er gelitten, doch seiner göttlichen Natur nach ist er dem Vater und dem Heiligen Geist ewig gleich.« (Kap. II).

Die Worte unseres Schreibers klingen auch hier absolut nicht konventionell, sondern geben zu denken. Obwohl er lediglich eine Einleitung zu einem größeren Werk schreibt, verrät er doch hier schon wesentliche Motive seines Stoffes, was seinen Hörern und Lesern sicherlich bei wiederholter Lektüre auffallen wird. Er wird nämlich später im Text von einem besonderen griechischen Kreuz sprechen. Doch jetzt grenzt er sich, wie vorbeugend, von der griechischen Auffassung der Trinitätslehre ab und bekennt sich zur römischen Zweinaturenlehre. Zu seiner Zeit waren die

---

[110] Francisque Michel (Ed.), *Charlemagne. An Anglo-Norman Poem of the Twelfth Century* with an introduction and a glossarial index, London 1836. Eduard Koschwitz (Hrsg.), *Karls des Großen Reise nach Jerusalem und Constantinopel. Ein altfranzösisches Heldengedicht*, Leipzig 5/1907. Eduard Koschwitz stellt in seiner Ausgabe eine altfranzösische Transliteration dem „Fac simile“ von J. Koch gegenüber, was sprachgeschichtlich von besonderem Reiz ist. *Le voyage de Charlemagne à Jérusalem et à Constantinople.* Texte publié avec une introduction, des notes et un glossaire par Paul Aebischer, Genf 1965.

[111] Stein, S. 14.

heftigen theologischen Diskussionen um die Trinität, die bekanntermaßen mit dem Konzil von 869 einen traurigen Höhepunkt erreicht hatten, noch recht frisch; und dass die Griechen die lateinische Zweinaturenlehre ablehnten, war bekannt. Die Wortwahl des Schreibers lässt ahnen, dass er sich mit diesen Fragen intensiver auseinandergesetzt hat, spricht er doch vom Heiligen Geist nicht als *spiritus sanctus*, sondern vielmehr in der griechisch orientierten Formulierung als *sancto pneumati*. Das Wort *stauros* hat der Schreiber überdies durch Majuskeln hervorgehoben. Im Griechischen bedeutet *stauros* „Pfahl", vor allem aber „Kreuz". Der Schreiber präsentiert hier eine schein-etymologische Erklärung als Wortspiel, die sich auf das darauffolgende Verb *restaurare (restauro)*, „erneuern", bezieht.

So eingestimmt in die komplexe Gefühlswelt des Schreibers gelangt man dann endlich zur Initiale, mit der die eigentliche Erzählung beginnt. In feinsten Andeutungen zeigt der Schreiber dort, wie umfassend er das Wort TEMPORE begreift: »In der Zeit des ruhmreichen Kaisers Karl…« oder auch: »Es war einmal«.

Abermals muss sich der Leser in Geduld üben, denn es gibt »in der Zeit des ruhmreichen Kaisers Karl« noch einen anderen als Waldo zu bedenken, der dem Herrscher Karl ebenfalls Reliquien und Heiliges Blut aus Jerusalem überbracht hat und der dem Beziehungsgeflecht um die Reichenauer Legende einverwoben ist. Hugo von Tours, einer der bedeutendsten Räte Karls des Großen, war im Jahr 811 einer der kaiserlichen Gesandten in Konstantinopel. Dies ist historisch verbürgt. Daneben ist auch für Hugo eine Heilig-Blut-Legende überliefert. Für das Heilige Blut, das Hugo mitbrachte und für sich behalten durfte, ließ er für sein Kloster Niedermünster im Elsaß ein Kreuzreliquiar anfertigen, an dessen rückseitigem rechten Arm das Bild von Christus als Keltertreter dargestellt war. Das Hugo-Kreuz war weithin bekannt, als die Reichenauer Legende verfasst wurde, und es ist anzunehmen, dass der Schreiber es mit eigenen Augen gesehen hatte. Allein also dieses Bild von Christus als Keltertreter reicht dem Reichenauer Schreiber aus, um jenen Hugo mit sich selbst als Schreiber und zugleich mit Waldo als seinem Helden zu verknüpfen. In der Tat waren beide Männer Räte am Hofe Karls und werden miteinander befreundet gewesen sein. Über diese Andeutung in der Bilddarstellung hinaus spielt Hugo in der Reichenauer Legende keine Rolle. Es gibt also eigentlich keinen Grund für seine Erwähnung – oder eben doch, wie wir später sehen werden.

Der Stoff der Legende

Um zunächst einen Überblick zu gewinnen, soll nun endlich der Hauptinhalt der Erzählung knapp zusammengefasst werden:

Azan, Präfekt aus Jerusalem, ist ein glühender Verehrer Karls des Großen. So wünscht er sehnlichst, diesen kennenzulernen, und will ihm deshalb wertvolle Geschenke überreichen. Die Übergabe soll in Rom stattfinden. Unterwegs erkrankt Azan jedoch und schlägt als neuen Treffpunkt Korsika vor. Da Karl noch nie etwas von ihm gehört hat, hält er die persönliche Begegnung für weniger wichtig und sucht nach einem geeigneten Mann für diese Mission. Nachdem sich keiner findet, meldet sich Waldo freiwillig. Gemeinsam mit dem Grafen Hunfrid reist Waldo nach Korsika. Die Übergabe gelingt. Es stellt sich heraus, dass es sich um ein Konvolut wertvoller Reliquien vom Heiligen Grab handelt. Waldo und Hunfrid werden von Karl dem Großen entsprechend belohnt. Auf weiteren Umwegen gelangt die kostbarste Reliquie mit dem Heiligen Blut des Erlösers auf die Reichenau.

Uns Heutigen würde eine solche Zusammenfassung völlig genügen, nicht so dem Reichenauer Schreiber. Er benötigt ganze zwei einleitende Kapitel mit Initialbild und noch ein weiteres gemaltes Initialmonogramm, um zum eigentlichen Inhalt überzuleiten. Schon allein diese Tatsache lässt uns ahnen, dass wir hinter den bloßen Worten einen ganzen Kosmos an Bedeutungsfeldern erwarten dürfen. Beinahe jedes Wort steht für eine eigene Welt. Um dies aufzufächern, werden wir in den Legendenstoff eintauchen, ihn aus verschiedenen Perspektiven bewegen und dabei immer wieder mehr oder weniger weit ausholen, um so auch den zeitlichen Abstand der Geschichte zu überbrücken.

Eine Aufgabe für Karl den Großen

Was also geschah damals, als der »ruhmreiche Karl« Kaiser war? Da wird von »einem gewissen Azan«, berichtet, der dem Leser als Präfekt der Stadt Jerusalem vorgestellt wird. Dieser will vom Ruhm Karls des Großen gehört haben und brennt darauf, ihn persönlich kennenzulernen, denn er bewundert ihn über alle Maße. Er schickt Gesandte nach Rom, die beim Papst – es ist Leo III. – um Vermittlung ersuchen sollen, und bietet die wunderbarsten Schätze als Geschenke an. Nichts Vergleichbares sei je zuvor »über das Meer hinüber in das Reich der Franken gebracht worden«. Dass es sich um das Blut Christi handelt, wissen weder Papst noch Kaiser, und so lehnt Karl Azans Bitte ab, denn er hält sie für unbedeutend. Es versteht sich von selbst, dass die Begegnung und die Übergabe der Geschenke in Rom stattfinden soll. Zweimal schickt deshalb der Papst seine Gesandten zu Karl. Mit Nachdruck fordern sie: »Wärest du wirklich ein solcher, für den dich die ganze Welt hält und als der du auf der ganzen Erde so sehr gerühmt und gepriesen wirst, dann solltest du, wo es doch die Sache so fordert, dein Leben dafür einsetzen, und dich bei aller Gefahr mit deinen eigenen Füßen aufmachen und unablässig wandern, um einen so großartigen Schatz zu erlangen.« (Kap. III)

Nach mehrmaligem Drängen durch den Papst, der vielleicht ahnt, dass sich da etwas Bedeutsames anbahnt, macht sich Karl schließlich doch auf den Weg.

»... ein gewisser Azan«

Es gibt sicher viele Gründe, warum Azan seine Gaben nicht im Einzelnen ankündigt. Mag sein, dass er sie in einen Mantel des Geheimnisses hüllen will. Wahrscheinlich geht es ihm aber noch um mehr.

Gralskelch, Valencia

Azan hält nicht nur ein geheim gehaltenes Geschenk bereit, er selbst wird von dem Reichenauer Schreiber von vorneherein als geheimnisumwittert angekündigt: »ein gewisser Azan«, angeblich Präfekt von Jerusalem. Was der Leser vielleicht erst heute wissen kann: Eine solchermaßen hochgestellte Persönlichkeit aus Jerusalem ist nirgends bekannt. Indessen gab es nicht etwa im Osten, sondern weit im Westen einen Präfekten mit diesem Namen. Hassan hieß der maurische Statthalter der spanischen Stadt Osca (Huesca), der nach der Kapitulation vor Karls Heer im Jahr 799 die Schlüssel seiner Stadt dem König übergeben hatte. Huesca nun ist ein alter spanischer Einweihungsort, wo seit dem Jahr 258 von den dort lebenden Westgoten ein Gralskelch verehrt wurde, der dann 713 wegen der maurischen Gefahr nach San Juan de la Peña verbracht wurde. Seit 1437 befindet er sich in der Kathedrale von Valencia.

Ebenfalls im Jahr 799 hatte ein Mönch aus dem Morgenland im Auftrag des Patriarchen von Jerusalem nicht näher benannte Reliquien aus dem Heiligen Grab Jesu Christi zu Karl dem Großen nach Aachen gebracht. Beide Ereignisse sind in den Reichsannalen für das Jahr 799 angeführt,[112] wobei letzteres als das Bedeutendere eingestuft worden sein dürfte. In dasselbe Umfeld gehört auch um 1220 die Bilddarstellung des Karls-Fensters in der Kathedrale von Chartres. Dort wird über ganze sechs Bildfelder hinweg ausgebreitet, wie Reliquien aus Jerusalem zu Karl dem Großen gelangen.[113] Karl war als leidenschaftlicher Reliquiensammler bekannt. Der »gewisse Azan« nun ist ein Amalgam aus diesen beiden historisch verbürgten Männern, Hassan, dem maurischen Statthalter von Huesca, und Azan, dem angeblichen Gesandten des Patriarchen von Jerusalem. Bleibt noch zu fragen, warum der Schreiber diese beiden vermischt.[114]

Was nun die geheimnisvollen Geschenke betrifft, so gibt es auch hier einen bekannten historischen Bezug, der allerdings mehr Verwirrung als Erklärung stiftet. Nach dem Bericht der Reichsannalen zum Jahr 801 gehörte zu den sensationellen Geschenken, die Harun-ar-Rašid, der Kalif von Bagdad, im Jahr 799 im Rahmen eines sich über mehrere Jahre erstreckenden Gesandtenaustausches zu Karl dem Großen nach Aachen bringen ließ, ein lebender Elefant, der sogar einen Namen trug: Abul Abbaz. Der wurde von Harun-ar-Rašids Leuten bis zur Küste Afrikas gebracht und stand dort zur Abholung ins Frankenreich bereit, was den Franken eine enorme logistische Herausforderung bescherte. Die meisterten sie

---

[112] Die Reichsannalen (*Annales regni Francorum*) sind Jahrbücher des Karolinger Hofes. Sie setzen 741 ein und werden bis 829 geführt. Es ist die offizielle Geschichtsschreibung des Hofes, wobei die Berichterstattung natürlich tendenziös ist. *Annales regni Francorum* ad a. 799. ed. Friedrich Kurze (MGH SS rer. Germ. [6]), Hannover 1895, S. 108 ff.

[113] Vgl. hierzu Sophia-Janet Aleemi, *Karl der Große in der Kathedrale von Chartres*, Stuttgart 2014.

[114] Walter Johannes Stein hat bereits 1928 auf diese rätselhafte Vermischung der beiden Männer hingewiesen; vgl. S. 16.

tatsächlich. Für den 20. Juli 802 ist die Ankunft des seltenen Tieres in Aachen festgehalten.[115] Der Elefant verfehlte seine sensationelle Langzeitwirkung auf das Volk nicht. Die Ankündigung eines geheimnisvollen Geschenkes dürfte eine Anspielung auf ihn sein und weckte natürlich umso mehr die Neugier auf die so einzigartigen Gaben Azans. Die Spannung für die Leser und Hörer der Legende nimmt also immer mehr zu. Möglicherweise wird auch noch eine andere Erinnerung wachgerufen. Denn die Rückreiseroute der kaiserlichen Gesandtschaft führte damals offenbar über den Bodensee, und der Schreiber der Legende dürfte dies vielleicht noch gewusst haben. Zwar existiert hierzu kein Reisebericht und auch sonst kein schriftliches Dokument, aber am 28. Mai 1830 fand man bei Bauarbeiten für die Uferbefestigung an der Straße von Steckborn nach Bermatingen im Kanton Thurgau einen außergewöhnlichen Schatz von 30 Silbermünzen: Pfennige Karls des Großen (Karlsdenare) aus Pavia, Mailand und Melle (Frankreich) sowie arabische Silbermünzen (Dirhams) u.a. aus Kairouan.[116] Normalerweise befinden sich in den Münzfunden der Karolingerzeit keine Münzen aus dem Kalifat Harun-ar-Rašids, insofern ist der Steckborner Münzschatz eine Sensation. Offensichtlich war damals ein Unglück geschehen, das zum Verlust der Münzen geführt hatte. Der auf islamische Numismatik spezialisierte Historiker Lutz Ilisch konnte aus diesem Fund nicht nur die Reiseroute der Gesandtschaft rekonstruieren, sondern auch viel Erhellendes über Karls Handelsbeziehungen zum Orient aufzeigen.

Karlspfennig aus dem Steckborner Münzfund (Museum für Archäologie Frauenfeld)

Nach so viel Konfusion in der Einleitung nimmt die Heilig-Blut-Erzählung endlich ihren Lauf. Reichlich umständlich findet sich ein mutiger Held, Waldo von Reichenau, der zu jenem Azan reist, die Geschenke entgegennimmt und sie zu Karl

[115] *Annales regni Francorum* ad a. 801; *Annales regni Francorum* ad a. 802; vgl. Konrad Beyerle, S. 116-117.

[116] Lutz Ilisch, «Der Steckborner Schatzfund von 1830 und andere Funde nordafrikanischer Dirhams im Bereich des Karlsreiches», in: *Simposio Simone Assemani sulla Monetazione Islamica* (Tagungsakten Padua 2003), Padova 2005, S. 67-91. Lutz Ilisch, «Geldgeschichten. Handel zwischen islamischem und karolingischem Reich», in: Stiftung Deutsches Historisches Museum (Hrsg.), *Kaiser und Kalifen, Karl der Große und die Mächte am Mittelmeer um 800*, Darmstadt 2014, S.144-155.

dem Großen bringt. Selbstverständlich geschieht dies nicht auf direktem Wege, sondern auf Umwegen, die von Abenteuern und Wundergeschichten durchsetzt sind.

Heute sind wir gewohnt, alle Texte sehr nüchtern aufzunehmen. Liest man die Reichenauer Legende im Sinne einer modernen literaturwissenschaftlichen Textkritik und prüft sorgfältig die einzelnen Elemente auf Parallelen oder Ähnlichkeiten mit anderen Quellen sowie auf mögliche Vorbilder und Textvorlagen, wie dies in jüngerer Zeit sehr verdienstvoll die Mediävisten Bernhard Pabst und Dorothea Walz getan haben, ergibt sich ein völlig anderes Bild. Dann muss unsere Legende als heillose Collage von Überlieferungen erscheinen, die von einem mehr oder weniger gebildeten Schreiber zusammengestellt wurde.[117] Man muss dann mit Dorothea Walz tatsächlich den Eindruck gewinnen, dass es dem Schreiber in erster Linie darum ging, sein eigenes Kloster zu rühmen, was als Motiv nur allzu verständlich wäre. Mit dem Translationsbericht wurde das Kloster nicht nur durch den Besitz der wertvollen Reliquien vermittels seines so mustergültigen Abtes Waldo ausgezeichnet. Mehr noch garantierte die enge Verknüpfung Waldos mit Karl dem Großen dank des Kaisers Autorität auch die Echtheit der Reliquien. Und schließlich steigerten sich Rang und Ansehen des Klosters auf der kleinen und unscheinbaren Bodensee-Insel erheblich, weil es jetzt in die „Weltgeschichte" eingegliedert war. Einer Rivalität mit dem Kloster Sankt Gallen, die ja immer zumindest latent bestand, konnte damit der Boden entzogen werden, damit das Kloster Reichenau auf alle Zeiten hinaus in goldenem Ruhmeslicht erstrahle. Mit dieser Interpretation, so richtig und wertvoll sie als Textanalyse erscheint, wird nun aber nicht nur Azan als unbedeutend abgestempelt, sondern die ganze Geschichte wird zu einem inhaltlich belanglosen Machwerk eines ehrgeizigen Reichenauers entwertet. Kann man es wirklich dabei belassen? Oder gibt es vielleicht doch einen Ansatz, um eine Lösung für die entstandenen Fragen zu finden?

Gewiss, schon der Beginn der Erzählhandlung lässt uns heute lächeln. Allzu naiv und doch auch wieder zu phantastisch mutet sie uns an, wenn

[117] Bernhard Pabst, *Prosimetrum. Tradition und Wandel einer Literaturform zwischen Spätantike und Spätmittelalter*, Dissertation Erlangen 1991, Köln 1994, S. 634 ff.; Dorothea Walz, „Karl der Große – ein verhinderter Seefahrer. Die Reichenauer Heiligbluterzählung aus dem 10. Jahrhundert", in: Franz-Reiner Erkens (Hrsg.), *Karl der Große und das Erbe der Kulturen:* Akten des 8. Symposiums des Mediävistenverbandes Leipzig 15.-18. März 1999, Berlin 2001.

wir sie lediglich im Wortsinn aufnehmen. Andererseits gab es wohl immer schon ein Publikum für Fantasy-Geschichten. Ganz anders fühlen wir uns indessen angesprochen, wenn wir die Forderung der mittelalterlichen Zeit beherzigen und uns um ein geistiges Verständnis bemühen. So wollen wir bereits an dieser Stelle, angeregt durch einen Gedanken von Walter Johannes Stein, weitere Sinnfelder eröffnen. Durch die ausführliche Betrachtung der Initiale zu Beginn des Manuskripts sind wir ja bereits auf eine andere Art des Lesens eingestimmt und vorbereitet worden. Stein nun charakterisiert Azans Wesen aus der Perspektive der Gralserzählungen. So besehen stellt Azan in gewissem Sinne einen Gralshüter dar. Er ist ein „Anfortas“ und will den Gral an einen würdigen Nachfolger weitergeben. Kein Geringerer als Karl der Große erscheint in Azans Augen als der Richtige.

»Ein gewisser Azan...« – Wenn der Schreiber der Legende Azan tatsächlich in der Bildgestalt eines Gralshüters erscheinen lassen will, so hat er allen Grund, den Leser dies nur in Andeutungen wissen zu lassen. Denn sein Auftrag dürfte ihn ja zu einer öffentlichkeitstauglichen Schilderung der Reliquienüberführung verpflichtet haben. Umso mehr bedauern wir, den Schreiber nicht zu kennen. Wir wissen nur, dass die *Translatio sanguinis Domini in Augiam* in der Mitte des 10. Jahrhunderts unter Abt Alawich I. (934-958) auf der Reichenau verfasst wurde. Damals entstanden drei Erzählungen, deren Wurzeln in der Karolingerzeit liegen und die allesamt orientalisches Flair aufweisen.[118] Das ist etwa eine Generation nachdem die Heilig-Blut-Reliquie auf die Insel kam, also noch in großer zeitlicher Nähe.[119] In der Erzähltradition muss sie somit noch lebendig gewesen sein. Eigentlich kann man sich kaum vorstellen, dass ein unge

[118] Schon zuvor wurden auf der Reichenau Heiligenviten verfasst, die in den Osten reichen: Walahfrid Strabo, *Versus de vita et fine Mammae monachi* (Passio S. Mammae), MGH Poetae t. 2, p. 275-296; *Commemoratio brevis de mirculis S. Genesii martyris Christi*, ed. W. Wattenbach, *Zeitschrift für die Geschichte des Oberrheins 24*, 1872, p. 8-21 (Karlsruhe Aug. CCII). Unter Alawich I wurde offenbar an diese „Tradition“ angeknüpft, und es entstanden insgesamt drei Translationsberichte, die beschreiben, wie der Leib des Evangelisten Markus, der Krug der Hochzeit von Kana und die Heiligblut-Reliquie auf die Bodensee-Insel kamen. *De miraculis et virtutibus S. Marci evangelistae; Vita Symeonis Achivi.* Vgl. Walter Berschin / Theodor Klüppel, *Der Evangelist Markus auf der Reichenau*, Sigmaringen 1994; Walter Berschin / Theodor Klüppel, *Die Legende vom Reichenauer Kana-Krug*, Die Lebensbeschreibung des Griechen Symeon, Sigmaringen 1992.

[119] Vgl. Dorothea Walz, „Die Reichenauer Heiligbluterzählung“, in: *Freiburger Diözesan-Archiv 108*, 1988, S. 485 ff.

bildeter Schreiber von engem Horizont mit der Niederschrift einer so wichtigen Angelegenheit betraut wurde, wie es ein Translationsbericht ist. Es erscheint eher als wahrscheinlich, dass – wie bereits Walter Johannes Stein vermutet – der Reichenauer Schreiber in der Beschreibung Azans bewusst eine Verschleierungstaktik anwendet, um eine verborgene Strömung, der er selbst ebenfalls dient, anzudeuten und zugleich zu schützen. Methodisch geht er nämlich durchaus ähnlich vor wie nach ihm Robert de Boron und die vielen anderen Gralsdichter. Nur dass er nicht von einem „Buch" spricht, das dann plötzlich nicht mehr auffindbar ist.

Fassen wir zusammen: Der spanische Statthalter Hassan von Huesca war derjenige, der Karl dem Großen die Schlüssel seiner Stadt und damit die Herrschaft über sie übergeben hatte. Der Reichenauer Schreiber verwechselt oder vermischt ihn offen und überdeutlich – demnach absichtlich – mit jenem historisch verbürgten Mönch aus dem Morgenlande, der im Auftrag des Patriarchen von Jerusalem Reliquien vom Heiligen Grab Christi nach Aachen überbracht hatte und von dort in Begleitung des Hofgeistlichen Zacharias reiche Gegengeschenke nach Jerusalem zurückbrachte. So entspricht es der dichterisch geschaffenen Verwirrung über die Identität Azans, dass auch Karl seine Bedeutung nicht erkennt.

Vom Mut und vom Meer

Erst nach abermaligem Drängen des Papstes will Karl Azans Bitte nachkommen. Wenigstens ist er jetzt bereit, Azan bis nach Rom entgegenzureisen. Auch Azan macht sich auf, gelangt aber nur bis Korsika, wo er so entkräftet ankommt, dass an eine Weiterreise nicht mehr zu denken ist. Er bittet deshalb den Kaiser, ihn auf der Insel Korsika zu treffen. Eigentlich sollte eine solche Reise keine größeren Schwierigkeiten bereiten, doch »der Erhabene *(augustus)* fürchtete die Gefahr des Meeres, wie er ja immer auf dem Wasser furchtsam war«, weiß der Schreiber zu berichten (Kap. IV). Deshalb will der Kaiser einen seiner Ratgeber schicken. Als sich keiner bereitfindet, bestimmt er den »Kleriker Einhard« für diesen Dienst, denn »dieser war für alle Aufgaben, die er ihm aufgetragen hatte, immer am besten geeignet« (Kap. IV). Doch auch Einhard (um 770-840) lehnt voller Furcht ab: »Schicke mich zu Land wohin immer auf der ganzen Welt du willst, bis zu den äußersten Grenzen der Erde und sei es auch zu den entferntesten Völkern, und ich will deinen Befehl getreulich erfüllen; die gefahrvollen und unsicheren Wasserwege aber zu versuchen, davor ängstige ich mich.« (Kap. IV) Nicht nur Karl fürchtet sich also vor dem Meer, sondern sein gesamtes Gefolge ist angeblich wasserscheu. Sie wissen ja auch nicht, wie wichtig diese Angelegenheit in Wirklichkeit ist.

All das erscheint merkwürdig. Umso mehr, als vermutlich der Schreiber der Legende selbst sowie in jedem Fall sein Held Waldo auf einer Insel leben, die bekanntermaßen von nicht ganz einfachen Wassern und Winden umgeben ist. Im Mittelalter bevorzugte man unbedingt die Wasserwege, denn zu Land herrschten allemal weit größere Gefahren, wenngleich es natürlich seine Wirkung nicht verfehlte, wenn einmal von einem gekenterten Schiff oder von schwer erkrankten Seereisenden berichtet wurde.[120] Wie soll man sich also die Furcht vor den Gefahren des Meeres erklären? Wörtlich aufgefasst ergibt sie keinen Sinn. Karl war nachweislich ein guter Schwimmer und genoss das Bad seiner Therme in Aachen. Auch mit dem Schiff war er öfters unterwegs, etwa auf der Donau oder entlang der Atlantikküste Galliens. Was meint nun die Legende mit diesem Bild von der Angst vor der Fahrt auf dem Meer? Welche Bildersprache wird da eingesetzt?

Man muss hier wieder, der Lesegewohnheit des Mittelalters folgend, die Bedeutungsebenen wechseln. Walter Johannes Stein erklärt das Bild intuitiv in einer anderen Sinnebene: »Es ist kaum glaublich, dass ein Held von der Tapferkeit Karls des Großen furchtsam war gegenüber einer so kleinen Fahrt auf dem Meer. Es ist vielmehr aus dem Gesamtinhalt der Erzählung deutlich, dass die Fahrt über das Meer nach Korsika ein Bild ist für eine geistig-seelische Unternehmung, zu welcher Karl der Große sich nicht recht entschließen wollte. Tapfer in äußeren Taten, war er doch furchtsam, wo es galt, das Meer der geistig-seelischen Welt zu befahren.«[121]

Die Reichenauer Legende benutzt also ein Bild, um einen seelisch-geistigen Sachverhalt verschlüsselnd zu beschreiben, und wiederholt dann

---

[120] Michael McCormick arbeitet heraus, dass Stürme, schlechtes Wetter, Navigationsprobleme und Krankheiten zwar die Reisen verzögern konnten, dass aber letztendlich nur 3% der Reisenden starben. Außerdem sollen lediglich 12% der Gesandten nach Konstantinopel wegen Schiffbruchs oder schwerer Krankheit ihr Ziel nicht erreicht haben. Vgl. Michael McCormick, *Origins of the European Economy. Communications and Commerce AD 300-900*, Cambridge 2001.

[121] W. J. Stein, S. 17.

dieses Bild von der Angst vor dem Meer auffällig oft, damit es sich dem Leser auch wirklich einprägt. Somit wird betont, dass die Fahrt über das Meer eigentlich eine geistig-seelische Unternehmung darstellt, für die nicht jeder vorbereitet und geeignet ist.

Wer wird nun den Mut zu dieser besonderen Reise aufbringen? Einhard und seine Freunde sind wenig geneigt, das unsichere Meer geistigen Erlebens zu befahren – sie weigern sich. Drei Tage gehen vorüber, da kommt einem anderen Berater Karls, nämlich dem Reichenauer Abt Waldo – der gemäß der Legende damals außerdem Bischof von Pavia und Basel war und überdies Beichtvater des Königs – die rettende Idee. Er will den in Istrien beheimateten Markgrafen Hunfrid bitten, die Mission für Karl auszuführen. Hunfrid lässt sich tatsächlich von Waldo überreden. Die beiden sind befreundet. Hunfrid, der spätere Graf von Chur-Rätien, gehört ebenfalls zu den Wohltätern sowohl des Reichenauer als auch des Sankt Galler Klosters, was durch seine besonders hervorgehobene Stellung in den Verbrüderungsbüchern der Klöster belegt ist. Zudem werden sich Waldo und Hunfrid auch in Pavia begegnet sein, denn Istrien gehörte ebenfalls zum Verwaltungsbezirk Friaul. Im Zusammenspannen dieser beiden Männer erhält die Reichenauer Erzählung eine realistische Note. Karl schickte nämlich seine *missi* stets zu zweit aus; ein weltlicher und ein geistlicher Vertrauensmann des Königs hatten gemeinsam den königlichen Auftrag zu bestreiten. Dass Hunfrid gleich nach seiner Zusage einen Rückzieher macht und letztendlich nur mitfährt, weil inzwischen Waldo die Zusage an Karl übermittelt hat und er sein Gesicht nicht verlieren will, scheint eine typische Einfügung unseres Schreibers zu sein, der seine Erzählung gern mit komplizierten Erklärungen garniert, insbesondere dann, wenn Beziehungen aufleuchten, die vielleicht nicht für alle Leser deutlich werden sollen.

Bereits an dieser Stelle zeigt sich, dass gewisse Gegensätze zwischen Einhard und Waldo existieren und dass dies auch Hunfrid betrifft. Das Bild deutet ganz diskret zwei unterschiedliche geistige Strömungen an, was später deutlicher zutage treten wird.

Warum Waldo Hunfrid als Mitstreiter für seine Mission wählt, bleibt im Dunkeln. So ganz zufällig dürfte dies aber nicht geschehen sein. Im „mittelalterlichen Seelenkosmos“ findet man fast immer versteckte Hinweise, die auf eine Seelen- oder Geistverwandtschaft hindeuten. Und tatsächlich gibt es auch über Hunfrid eine seltsam anmutende Geschichte, die eine deutlichere Sprache spricht, wenn man sie entschlüsselt. Da berichtet eine schweizerische Legende, sie stammt wahrscheinlich aus Sankt Gallen, wie der im Dienste Karls des Großen stehende Markgraf Hunfrid von Chur-Rätien und Graf von Istrien einmal auf der Jagd ein besonderes Erlebnis hat: Während er sich in der Nähe seines rätischen Schlosses vom Jagen ausruht, überkommt ihn eine dramatische Vision: Eine Rose fällt vor seinen Füßen zur Erde und verwandelt sich in einen Schmetterling, der ihn zu einem von Rosen umwachsenen römischen Isis-Tempel führt, wo ein Kult der Fruchtbarkeitsgöttin zelebriert wird. Hunfrid dringt unerlaubterweise in die fremden Mysterien ein. Dafür soll er durch die Hüter des Heiligtums mit dem Tode bestraft werden. Nur durch das wunderbare Eingreifen eines christlichen Bischofs, in welchem Hunfrid den heiligen Gallus seiner Heimat erkennt, wird er gerettet und kehrt zurück in sein Alltagsbewusstsein. Bald darauf ruft ihn sein König zu sich nach Italien. Hunfrid reist mit seinem Tross auf der alten Römerstraße gen Süden. Da kommt es zu einem Zwischenfall mit seinem Streithengst, und just in diesem Moment gewahrt Hunfrid den Isis-Tempel seiner Vision. Dort, beim früheren Dorfe Scanda, heute Schännis, stiftet Hunfrid später ein kleines Kirchlein das er dem heiligen Gallus weiht.[122] – Rose und Schmetterling, die Hunfrid führen, sind beides Bilder für eine Neugeburt im Geiste. Hunfrid erwacht in ein Geistgebiet, das ihm in der kultischen Handlung, der er beiwohnt, näher erlebbar wird. An den Stufen zum Tempel blühen Rosen. Hier zeigt sich eine alte römische Chiffre, die auch im Mittelalter verbreitet war. Was *sub rosa*, also unter der Rose geschicht, das muss geheim bleiben. Im Isis-Tempel wird ein Geheimnis gepflegt und gehütet: Die Isis-Mysterien. Zum Isis-Standbild gehört die Inschrift »Ich bin das All, ich bin die Vergangenheit, die Gegenwart und die Zukunft. Kein Sterblicher hat meinen Schleier je gelüftet.« Indem Hunfrid sich anschickt, ihren Schleier zu lüften, ihr Mysterium zu entdecken, dringt er in das Isis-Geheimnis ein. In den alten Isis-Mysterien hat dies der Jüngling von Sais nicht gewagt. Jetzt aber beweist Hunfrid genau jenen Mut zum Geiste, der von einem Gralsboten oder Gralsritter gefordert wird. Die Legende kennzeichnet Hunfrid durch die Schilderung dieser Begebenheit als eine Persönlichkeit, die im Kultur- und Mysterienstrom der Menschheit ihren Platz und ihre Aufgabe hat.

---

[122] Vgl. Jakob Kuoni, *Sagen des Kantons Sankt Gallen*, St. Gallen 1903, Nr. 375, S. 212 ff.

Korsika – eine besondere Insel

Wir haben Waldos und Hunfrids Fahrt über das Meer als geistig-seelische Unternehmung bezeichnet. Dennoch müssen wir sie auch konkret betrachten, um ihren geistig-seelischen Gehalt deutlicher aufscheinen zu lassen. Waldo war als Bodensee-Mönch gewissermaßen mit allen Wassern gewaschen. Er hatte so oft den See – den man auch das Schwäbische Meer nennt – gequert, kannte alle Strömungen und alle Winde und Wetter. Der Bodensee war immer schon ein tückisches Gewässer. Wie sollte ihn da das große Meer schrecken? Die zwei Freunde Waldo und Hunfrid besteigen also – reich beladen mit Geschenken Karls des Großen – ein Schiff, stechen in See und erreichen Korsika. Vielleicht war ihnen zuletzt doch noch etwas mulmig zumute, denn Korsika war zu Beginn des 9. Jahrhunderts durchaus ein Ziel für Raubzüge maurischer Piraten, die von Spanien aus die Insel heimsuchten. In den Berichten der Reichsannalen zwischen 807 und 813 ist dies festgehalten. Auch vorher schon wird es Piratenüberfälle gegeben haben. Das könnte sich also bei Hofe längst herumgesprochen haben.

Warum Azan ausgerechnet in Korsika Station macht, nimmt Wunder, denn die Insel liegt nicht gerade auf dem nächsten Weg zwischen Jerusalem und Rom, und wenn dort Gefahr durch Piraten lauerte, wird dies auch Azan gewusst haben. Schwer krank wie er war, wird er sich nicht ohne Grund einen derart gefährlichen Ort als Ruherefugium ausgesucht haben. Nun ist Korsika ein sehr alter Einweihungsort, was selbst noch im 9./10. Jahrhundert bekannt gewesen sein dürfte. Korsika gehört sogar zu den ältesten Mysterienorten der Menschheit; das belegen die 1954 entdeckte Funde aus dem 7. vorchristlichen Jahrtausend eindrucksvoll. Die einzelnen Kultplätze stehen im Zusammenhang mit den Planeten, und einige Steinsetzungen sind uralte astronomische Beobachtungsorte.[123] Verteilt über die Insel finden sich rätselhafte, riesige Menhire in Menschengestalt oder mit Menschenantlitz. Wie aus einer anderen Welt kommend, muten sie an. Im Volksmund nennt man sie eigenartigerweise „Paladine“.[124]

Die Südspitze Korsikas ist durch einen nur zwölf Kilometer breiten und

---

[123] Adalbert von Keyserlingk, *Und sie erstarrten in Stein. Frühe Mysterien in Korsika als Keime unserer Zeit*, Basel 1983.
[124] Ebd.

70 Meter tiefen Meereseinbruch von der Nordspitze Sardiniens mit dem auf Maria Magdalena verweisenden Ort S. Maddalena getrennt. Im Osten dieser Spitze lagern von Wind und Wellen rund geschliffene Felseninseln, an deren Riffen jahrhundertelang Schiffe aufgelaufen und versunken sind. Im Westen fällt der Meeresgrund zu einigen tausend Metern Tiefe ab. Winde bilden hier rasch Wirbel, die Strömungen sind gefährlich unberechenbar. Zwischen der steil abfallenden Kalkfelsenküste und dem fjordartigen Hafenbecken befindet sich, wie eine Halbinsel, ein Kalkplateau in 60 Metern Höhe. Dort wurde im frühen 9. Jahrhundert die Stadt Bonifacio gegründet und als Festung ausgebaut.

Es ist auffallend, wie der Verfasser der Reichenauer Heilig-Blut-Legende mehrfach kleine atmosphärische Zitate aus Vergils *Aeneis* einflicht.[125] Vergil war im 9./10. Jahrhundert ein geschätzter Autor, auf den man sich gern bezog. Rein äußerlich erscheinen die Zitate wie damals übliche rhetorische Schmuckformen, die dem Gesamtwerk einen besonderen Glanz verleihen. Tatsächlich setzt sie unser Schreiber sehr raffiniert ein. Er strukturiert mit den Vergil-Zitaten sein Werk in vier Teile, die er Tag und Nacht zuordnet.[126] Die Morgendämmerung kennzeichnet den Aufbruch zur Seefahrt – bei Waldo nach Korsika, bei Vergils Held Aeneas nach Italien. Nächtliches Dunkel leitet für Reichenau Swanahilds Nachterlebnis mitsamt dem Wundergeschehen der Reliquie ein, was später noch eingehend zu schildern ist. Ähnlich folgt bei Aeneas ein übernatürliches Wunder auf den entsprechenden Vers. Während die Morgenröte nach Swanahilds erster Nacht in Reichenau gewissermaßen den Sieg über die Todeskräfte ankündigt, neigt sich in der Parallele der *Aeneis* der Tag, und Aeneas betritt die Unterwelt. Die Umkehr der Todeskräfte hat der Reichenauer Schreiber bereits in seinem zweiten einleitenden Kapitel angekündigt, wo er aus dem Buch des Propheten Hosea zitiert und die Entsprechung aus dem Korintherbrief beifügt: »Tod, ich werde dein Tod sein. Ich werde dein Stachel sein, Unterwelt.« (Hos 13,14) »Verschlungen ist der Tod in den Lebenssieg. Tod, wo ist dein Stachel?« (1. Ko 15,55) Auch als dann die Reliquie für immer dem Reichenauer Kloster überlassen wird, kündigt dies der Schreiber mit dem Bild des Morgenlichtes an.

Jedes Mal leitet er seine Abschnitte durch die entsprechenden atmosphä-

125 Es handelt sich um drei abgewandelte Vergil-Zitate sowie um einen Vers, der Vergil nachempfunden ist; dargelegt bei Dorothea Walz, S. 240 ff.
126 Vgl. Walz, S. 241.

„Beruhigung des Sturmes auf dem See Genezareth"
St. Georg, Langhaus-Nordwand, Reichenau-Oberzell

Die Darstellung misst 2,28 m x 4,54 m und wurde um 1000 geschaffen. In der linken Hälfte des Bootes, das wie eine goldene Mondensichel ruhig im Wasser „steht", schlafen die Jünger und Christus unter dem geblähten Segel; in der rechten Hälfte des Bootes, sieht man sie wach und angstvoll, während Christus den Sturm stillt. Die beiden gehörnten Köpfe in der oberen Bildecke stellen den Sturm wesenhaft dar. Das Ruderblatt wurde um 1308 vergrößert eingefügt; desgleichen wurde die Anzahl der Fische im aufgewühlten Wasser verdoppelt und um eine Schlange ergänzt. Hier sieht man eine Anspielung auf die Schlangen, die einst Pirmin besiegt hatte. Die Farben der Wandmalerei waren ursprünglich sowohl kräftig als auch kontrastreich, und die Darstellung war insgesamt stark konturiert

rischen Stimmungen ein, indem er die „vergilischen Farbbilder" wie gemalte Initialen einsetzt. Damit nicht genug. Hinter den Zitaten verbirgt sich noch mehr. Im lateinischen Mittelalter sind Zitate in der Regel in einem größeren Zusammenhang zu lesen; was voranging und was folgt, ist dabei nämlich ebenfalls gemeint. Es spielt durchaus auch eine Rolle, aus welchem Werk das Zitat stammt. Für den damaligen Leser ergab sich daraus ein offenkundiger Vergleich, der zahlreiche Anspielungen implizierte. Auf formaler Ebene ist damit im Legendentext bereits der Bogen zu den großen Dichtern der Antike, zu Vergil und dem großen Homer geschlagen. Jeder wusste damals: Die europäische Geschichte beginnt mit Homer, mit seinen zwei Werken *Ilias* und *Odyssee.* Mit dieser kühnen Verknüpfung stellt hier der Reichenauer seine eigentlich kleine Legende in die große Weltgeschichte hinein, und zwar regelrecht mit dem Anspruch auf Objektivität.

Vergils Epos *Aeneis*, das die Größe der Stadt Rom feiert, gehörte zum Reichenauer Bildungskanon. Einige Jahrhunderte später wird der Stoff auch in der gesamten deutschen Literatur des Mittelalters – ähnlich wie der Gralsstoff – eine wichtige Rolle spielen.[127] Während nach der Zerstörung Trojas im griechischen Mythos Homers Held Odysseus seine Heimreise nach Griechenland antritt, findet die lateinische Fortsetzung

[127] Vgl. Horst Brunner, *Die deutsche Trojaliteratur des Mittelalters und der Frühen Neuzeit*, Wiesbaden 1990; Gertrud Beck, *Trojasummen*, Wiesbaden 2015.

„Beruhigung des Sturmes" und „Heilung des Besessenen von Gerasa" aus dem Evangeliar Otto III., gefertigt um 1000 auf der Reichenau (München, Bayerische Staatsbibliothek)

Der Maler Liuthar hatte die Aufgabe, einen Prachtcodex für das Kaiserhaus auszustatten. Er komponiert hier zwei Bildthemen übereinander, die er in goldenes, gleichsam göttliches Licht taucht und sie damit in die Sphäre der Ewigkeit hebt. Gleichwohl zeigt er neben den seelischen Regungen der Jünger in dem goldenen Boot mit blauem Segel ganz konkret irdische Gegebenheiten des Bodensees: anstatt sein Vorbild in der antiken Malerei mit ihren delphinartigen Fischwesen zu suchen, was üblich war, lässt er typische Fische des Bodensees sich im Wasser tummeln, so etwa einen quergestreiften Bodensee-Kretzer.

ihren Helden im Trojaner Aeneas und lässt diesen auf abenteuerliche Weise ins verheißene Land Italien reisen, um dort Rom zu gründen. Der Reichenauer Schreiber verknüpft nun mit einem genialen Kunstgriff die heimatliche Legende in einem großen assoziativen Bild mit dem archetypischen Sucher Odysseus und mit Aeneas, den beiden berühmtesten aller Helden. Alle drei, Odysseus, Aeneas und Waldo sind unterwegs auf einer Odyssee.

Die Analogie trifft zu. Innerlich und äußerlich sind Irrfahrt und Prüfung integraler Bestandteil jeder großen Geist-Suche, und wie bei Homers Held Odysseus und bei Vergils Held Aeneas führt auch Waldos und Hunfrids Reise zum Erfolg, allerdings hier sehr viel schneller. Die *Translatio sanguinis domini in augiam* hebt die antiken Mythen auf eine christliche Ebene. Ja, sie wird selbst zu einer christlichen *Aeneis*, was ganz dem damaligen Denken entspricht. Sogar Karl der Große wurde ja einst in zeitgenössischen Dichtungen mit Aeneas verglichen.[128] Eine Übereinstimmung des Charakters ist damit ebenfalls impliziert. Aeneas ist nämlich von tiefer Pflichterfüllung *(pietas)* beseelt, eine Tugend, die sowohl auf Karl den Großen als auch auf Waldo zutrifft. Dem Willen Gottes zu gehorchen ist ihnen allen oberstes Gebot.

[128] Christine Ratkowitsch, *Karolus Magnus – alter Aeneas, alter Martinus, alter Iustinus*, Wien 1997.

Gefährliche Reisen, um das Gute zu retten, benötigen den Segen der Götter oder, in christlicher Zeit, den Segen Christi. Während Aeneas und seine Gefährten erst noch in einen durch die Göttin Iuno ausgelösten Sturm nach Karthago umgeleitet werden, stehen Waldo und Hunfrid unter dem besonderen Schutz der Reliquien. Den brauchen sie auch, denn gefährlich ist das Meer um Korsika herum allemal. Doch nicht nur das Meer! Der Hafen von Bonifacio ist durch den engen „Fjord" völlig windstill, sodass besonders dort in alter Zeit nicht nur Stürme, Strömungen und hoher Wellengang zu den Prüfungen auf dem Wasser gehörten, sondern eben auch die große Ruhe.

Eine Gralsspur auf Korsika?

In seinem Buch über die Mysterienorte in Korsika stellt Adalbert von Keyserlingk einen Zusammenhang zwischen dem Ort Bonifacio und der Gralstradition her.[129] Neben der Reichenauer Heilig-Blut-Legende erwähnt er eine weitere Überlieferung, wonach Parzivals Bruder Feirefis, von Britannien kommend, den Gral nach Indien ins Land des Priesterkönigs Johannes brachte, was in Albrecht von Scharfenbergs Versepos *Jüngerer Titurel* beschrieben ist.[130] Mit seinem goldenen Schiff mit blauen Segeln soll Feirefis in der stillen Bucht geankert haben. In der alten Stadtkirche von Bonifacio soll dann ein Teil der Gralsinsignien vom Patriarchen des Priesterkönigs Johannes an »den Grafen von Reichenau« übergeben worden sein. Bedauerlicherweise gibt Keyserlingk keine Quelle an. – All dies erscheint als Fragment recht verwirrend, dennoch sollen diese Spuren hier nicht vorenthalten werden, auch wenn sie aus heutiger Sicht vielleicht kaum mehr bedeuten, als dass da eben etwas, das sich auf die Gralstradition bezieht, vorhanden gewesen sein muss, sicher aber anders überliefert wurde. Ein ganz neues Motiv ist dabei ja die Erwähnung von Gralsinsignien. Ferner taucht als neue Gestalt Parzivals Bruder Feirefis auf. Auch zwei neue geographische Orte werden eingeflochten. Feirefis' Verbindung zum Artus-Land Britannien und sein Ziel, nämlich das Land des Priesterkönigs Johannes, das man in Nubien und Indien verortete. In der Art der mittelalterlichen Chronisten berichtet Keyserlingk weiter, dass eine der Blutreliquien in Bonifacio geblieben sei und er selbst sie

---

[129] Adalbert von Keyserlingk, S. 172-176.

[130] Albrecht von Scharfenberg, *Jüngerer Titurel*, hrsg. von Werner Wolf / Kurt Nyholm, Berlin 1955/1992.

gesehen habe: »Noch 1954 konnten wir sie in der Wohnung des Pfarrers anschauen, eingelassen in ein schön gearbeitetes Silberkreuz, das in einem beschlagenen Holzbehälter aus blauem Samt lag. Er könne es nicht in der Kirche lassen, sagte uns der alte Herr, es sei zu kostbar. Heute [1983] will niemand mehr etwas davon wissen, nur ein Splitter des Kreuzes wird jährlich in der Prozession mitgeführt.«[131]

Immerhin könnte ein im wörtlichen Sinne greifbares Motiv aus dieser eigenartigen Geschichte ein Bindeglied zur Waldo-Legende bilden. Mit dem Grafen von Reichenau könnte nämlich durchaus Graf Hunfrid gemeint sein. Und der Präfekt des Priesterkönigs Johannes könnte Azan sein.

Bonifacio ist nun nach der Reichenauer Legende der Ort, wo Azan Karl den Großen erwartet. Tatsächlich finden Waldo und Hunfrid Azan schwerkrank vor. Als rechter Gralshüter in Anfortas-Gestalt ist er enttäuscht darüber, keinen königlichen Nachfolger zu finden, dem er die Gaben übergeben kann. Wieder scheint das Anfortas-Motiv auf. Azan bedauert: »Erdrückt von der schweren Krankheit, ist es mir Unwürdigem von Gott nicht vergönnt, selbst den so lange ersehnten Mann aufzusuchen und mich seines Anblicks und Gesprächs zu erfreuen. Und auch er war daran gehindert, mich zu treffen, weil er sich nämlich vor dem schrecklichen Meer schon immer gefürchtet haben soll.« (Kap. VIII)

Die Tragik wird, ganz gegen die Gepflogenheiten der Zeit, erschütternd emotional wiedergegeben. Dennoch will Azan sein Versprechen halten und Karl die Geschenke zukommen lassen. Im allergrößten Kontrast dazu listet alsdann der Reichenauer Bericht den ersten Teil der Gaben nüchtern und genau auf: »Eine Ampulle aus Onyxstein, gefüllt mit dem Blut des Erlösers; ein kleines Kreuz aus Gold und kleinen Edelsteinen gefertigt, mit dem Blut Christi in den vier Armen sowie einem Splitter vom Kreuz des Herrn in der Mitte.« Die anderen Geschenke kommentiert der Schreiber. Diese sind »die Dornenkrone (...), einer der Nägel (...) und ein Stück Holz vom Kreuz des Herrn (...), etwas vom Grab des Herrn, das durch den heilbringenden Leib Christi geweiht war. «Ob es ein Stein war oder etwas Erde, erfahren wir allerdings nicht. Schließlich nennt der Schreiber noch Salben und Spezereien sowie weitere Geschenke, »mit denen der Kaiser feierlich bedacht wurde«. (Kap. IX)

---

[131] Adalbert von Keyserlingk, S. 175.

Ravenna und Sizilien

Nach der Übergabe der Geschenke, über deren genauere Umstände nichts berichtet wird, reisen die beiden Gralsritter-Boten Hunfrid und Waldo mit den wunderbaren Reliquien nicht etwa zurück oder auf direktem Wege an einen Ort, wo Karl der Große auf sie wartet. Nein, sie segeln selig mit den Kostbarkeiten nach Sizilien. Waldo bleibt noch eine Zeitlang im Anastasia-Kloster auf Sizilien und hütet den Schatz, während Hunfrid dem Kaiser, der ihn inzwischen in Ravenna erwartet, entgegeneilt. In Ravenna berichtet Hunfrid dem Kaiser, was er erlebt hat. Anschließend pilgern sie gemeinsam mit Karls Edlen und »einer Schar von anderen Leuten« barfuß nach Sizilien zu Waldo und den Reliquien. Gemäß der Legende beträgt die Strecke fünfzig Meilen.

Der heutige Leser wird sich über diese Wendung wundern. Warum hält sich Karl jetzt in Ravenna auf? Und warum geschieht die Reliquienübergabe nicht sofort? In der Tat ist aus den Reichsannalen für den fraglichen Zeitraum eine Reliquienübergabe an Karl den Großen in Aachen bekannt. Doch davon ist in der Legende nicht die Rede. Allenfalls kann man noch an eine Anspielung an Karls Gesandtenreise denken, bei der er selbst über Spoleto, Ravenna und Pavia durch sein langobardisches Reich gezogen war und bei Ivrea eine Delegation Harun-ar-Rašids und der Sarazenen getroffen hatte. Warum Karl im Reichenauer Bericht inzwischen in Ravenna weilt, wird dem Leser nicht erklärt, nichtsdestoweniger passt das Bild in mehrfacher Hinsicht. Ravenna bildete gewissermaßen die Nahtstelle zwischen Abendland und Morgenland. Hier orientierte sich Karl bei der Ausgestaltung seines Hofes. Die Kirche San Vitale diente in ihrer oktogonalen Anlage und den Emporen als Vorbild für seine Aachener Pfalzkapelle. Mit Schätzen aus Ravenna hatte Karl seine Residenz geschmückt; das war allgemein bekannt. Man wusste auch, dass Karl nach seiner Krönung zum Kaiser den Winter noch in Rom verbrachte, um dort die politischen Angelegenheiten zu regeln, bevor er am 25. April 801 nach Ravenna aufgebrochen war, von wo er als äußerlich sichtbares Herrschaftssymbol das Reiterdenkmal Theoderichs nach Aachen schaffen ließ. Insofern flicht der Reichenauer Schreiber dezent Historie in seinen Bericht ein. Ob er nun mit der Nennung Ravennas eine wie auch immer geartete Anspielung auf Karls barbarische Zertrümmerung und Plünderung der ravennatischen Kunst, insbesondere derjenigen des Theoderich, andeuten wollte, zu der Karl übrigens sogar die päpstliche

Billigung *(Codex Carolinum)* hatte, bleibt offen. Der Verfasser des Reichenauer Berichtes könnte durchaus hieran gedacht haben, zumal ausgerechnet der Reichenauer Walahfrid Strabo bekanntlich später Karl dafür rügte – allerdings nicht wegen des Diebstahls, sondern weil Karl in seinen Augen bei einem Ketzer geplündert hatte.

Die Absicht des Schreibers in Bezug auf Ravenna bleibt im Dunkeln und wirft weitere Fragen auf. Dass er hier seinen Bericht aufbauschen wollte, erscheint unwahrscheinlich, dafür ist die Erwähnung zu knapp. Es hätte überhaupt keiner Nennung einer Stadt bedurft, wenn es dem Schreiber lediglich auf die Tatsache ankam, dass Karl seinen Boten entgegengereist ist. Auffällige Verbindungen zwischen der Reichenau und Ravenna, die die Nennung der Stadt rechtfertigt hätten, gab es ebenfalls nicht. Warum also Ravenna? Diente Ravenna vielleicht als Chiffre, die bestimmte Leser verstehen sollten und auch tatsächlich verstanden? Eine Chiffre, die in nur einem einzigen Wort ein weites Bedeutungsfeld eröffnete? Man wird also wieder die Bedeutungsebene wechseln müssen. Liest man die Reichenauer Erzählung im Gralskontext, stellt sich eine andere Frage. Wollte der Schreiber andeuten, dass Ravenna einmal ein Gralsort war? Wer Ravenna kannte, erhielt damit einen Hinweis. Selbst wenn das damals vielleicht nicht viele Menschen waren, so leuchtete doch für diese mit dem Namen Ravenna unsichtbar und unausgesprochen das Gralsmotiv, das einen ganzen Kosmos wachzurufen vermochte, auf. In den golddurchglühten Mosaiken von Ravennas Kirchenbauten nämlich befinden sich bis heute als stille Künder des Mysteriums mehrere herausragende künstlerische Darstellungen des Gralskelches. In der Opfer-Darstellung des Mosaiks von San Vitale sowie in derjenigen des Mosaiks von Sant' Apollinare in Classe finden sich Darstellungen eines eucharistischen Kelches, wie er im 6. Jahrhundert verwendet wurde: Ein bauchiges Gefäß mit hohem Fuß und zwei geschwungenen Henkeln, genau wie ein griechischer Kantharos.[132] In dieser Form stellte man sich den Abendmahlskelch als Gralskelch noch bis ins neunte oder zehnte Jahrhundert vor. Karl der Große und viele reisende Mönche haben die Kelche in den Goldhimmeln

[132] Der französische Bischof Arculf von Périgueux hat, wie in seinem Reisebericht mitgeteilt wird, den heiligen Kelch und die Lanze 670 in einer Exedra der Konstantinsbasilika zu Jerusalem gesehen. Er wird beschrieben als silbern, vom Maß eines gallischen Sextars und mit zwei Henkeln: *qui argenteus calix sextarii Gallici mensuram habens duasque in se ansulas ex utraque parte continens compositas... quem sanctus Arculfus vidit...* Zit. n. Burdach, S. 116.

Liturgische Darstellung der Opferung am Altar durch Abel und Melchisedek, 6. Jahrhundert (San Vitale, Ravenna)

Grab des Erzbischofs Theodor, Steinrelief, 6. Jahrhundert (S. Apollinare in Classe, Ravenna)

von Ravennas Kirchen gesehen und sich in ihrer Seele davon berühren und ansprechen lassen. Das Bild des Kelches als Gefäß für göttliche Lebenskraft existiert sogar kulturübergreifend; man denke nur daran, dass auch der ägyptische Pharao Tut-ench-amun einen solchen Henkelkelch aus durchscheinendem Alabaster besaß.[133]

Auch ein weiteres Bild aus dem 6. Jahrhundert deutet an, dass die Gralstradition in Ravenna präsent gewesen sein muss: Das Grab des Erzbischofs Theodor zeigt in einem Steinrelief, wie sich die Geisttaube auf die Gralsschale, in der die Hostie liegt, niedersenkt. Wie vermittelnd zwischen Geisttaube und Gralsschale befindet sich in der Mitte ein Kreuz, das in der Mondensichel ruht.

Ebenso wichtig wie die künstlerische Anwesenheit des Gralskelches ist aber auch die geographische Lage Ravennas. Einst als Hafenstadt in einer Lagune auf Pfählen gebaut und somit in weiten Teilen von Wasser umgeben, war Ravenna damals vom Schwemmland verschlammt und versumpft, trug aber gerade noch den atmosphärischen Charakter einer Halbinsel. Dass damit wieder das Motiv der Insel aufscheint, spricht für sich selbst und fügt sich organisch in das Gesamtbild unserer Erzählung

[133] Abbildung in Zahi Hawass (Hrsg.), *Auf den Spuren Tutanchamuns* (Ausstellungskatalog Paris 2019), Stuttgart 2019.

ein. So nebensächlich sich die Erwähnung der einstigen Inselstadt Ravenna zunächst ausnimmt, deutet sie doch auf einen geheimnisvollen geistigen Zusammenhang: Bestimmte Inseln sind Keimzellen und Horte für die besondere Spiritualität im esoterischen johanneischen Christentum. Hierzu gehört Ravenna, aber auch – wir haben dies bereits angedeutet – neben der Bodensee-Insel Reichenau vor allem die vor Schottland liegende Insel Iona, mit der die Reichenau-Mönche geistige Verwandtschaft pflegten, und schließlich die südfranzösische Insel Lérins vor Cannes, mit der die Reichenau ebenfalls geistig verbunden war.

Sizilien ist ebenfalls ein wichtiger Ort der Gralstradition. Wir können nur vermuten, dass aus diesem Grunde der Reichenauer Verfasser der *Translatio sanguinis domini* Wert darauf legt, Sizilien als Ort einzubinden. Zu Waldos Zeit war Sizilien noch byzantinisch. In der Gralstradition indes steht Sizilien für die dort waltenden Gegenkräfte. Hierhin verlegt die Sage das finstere Reich des Gralsgegners Klingsor, den es zu überwinden galt. Damit bildete Sizilien den Gegenpol zu Ravenna. Die Gralsliteratur berichtet, wie der weltliche Gralsritter Gawan dazu ausersehen ist, die Klingsorkraft zu besiegen. Klingsors Zauberschloss wird in Caltabellotta bei Agrigent (arab. *Qual'at al balut* – Burg der Eichen) lokalisiert. Der Ort war im Laufe des 9. Jahrhunderts zu einem Zentrum des Islam geworden, nachdem ab 827 durch interne Streitigkeiten der Frankenkönige die Araber Sizilien erobert hatten.

Was aber hat es mit der genauen Entfernungsangabe von fünfzig Meilen zwischen Ravenna und Sizilien auf sich? Als Leser stutzt man. Man tut gut daran, diese geographischen Angaben nicht wörtlich zu nehmen und sich an den geistigen Charakter der Reise zu erinnern. Im Geistigen hat die Zahl fünfzig eine wichtige Bedeutung. Als Quadrat der Sieben plus eins steht sie mit der Sieben in Verbindung, die in der 49 vollendet ist. Damit kann mit der 50 etwas Neues beginnen. Urbildhaft wirkt hier die fünfzig Tage währende Zeit zwischen Ostern und Pfingsten. Nach fünfzig Tagen beginnt mit Pfingsten eine neue Zeit für das Christentum. 50 ist auch die Zahl der Siebenerwochen eines runden Mondjahres von 350 Tagen. Hier erscheint wieder eine Verbindung von Sonne und Mond, Christus-Sonne und Mondenschale. Und wieder leuchtet das Bild der Gralsschale auf – die Mondenschale, die die Hostie birgt. Im Gralslicht sind Zeit und Raum verschmolzen. Deshalb darf in der Legende die Entfernung von fünfzig Meilen im Raum mit einem Bild der Zeit gedeutet werden. Dabei kommt einem ganz folgerichtig auch ein anderes Bild in den Sinn: »Zum Raum wird hier die Zeit«, verkündet so treffend der Gralsritter Gurnemanz in Richard Wagners *Parsifal.*

Lässt man die aufgezeigten Bildmotive wirken, so verlieren sie ganz allmählich ihre verwirrende Außenseite. Die hohe spirituelle Atmosphäre, die durch die Erwähnung der Stadt Ravenna evoziert wurde, sie wird im Kontrast mit ihrem sizilianischen Gegenbild noch gesteigert. Ravenna und Sizilien stehen durch den Gegensatz von Licht und Finsternis in einem Spannungsverhältnis zueinander, das nun durch die Reise Karls und seiner Entourage überwunden werden soll. Die Entfernung von fünfzig Meilen erhält hier ihren höheren Sinn. Diese Reise zu unternehmen, ist wieder eine echte Gralsaufgabe! Die Spannung von Licht und Finsternis kann endlich überbrückt werden, und jetzt darf Karl den Schatz doch noch persönlich in Empfang nehmen, was er freudig tut.

Der Boten Lohn

Einen großen Teil der Geschenke will Karl selbst behalten und in seiner Kapelle zu Aachen aufbewahren, anderes aber schickt er an weitere heilige Stätten. Zum Lohn für ihre mutige Tat gewährt Karl abschließend den zwei Boten freie Wünsche. Waldo erbittet für sein Kloster auf der Reichenau ein Privilegium und erhält zudem Ländereien und Geldgeschenke. Für sein Bistum in Pavia und in Basel ersehnt sich Waldo geeignete Nachfolger als Bischöfe – und auch die werden ihm gewährt. In Basel wird dies sein Reichenauer Schüler und Freund Heito sein; auch er gehört zu den Beratern Karls des Großen.

Waldo selbst wird, nachdem eine gewisse Zeit verstrichen ist, von Karl zum Rektor der Reichsabtei Saint-Denis bei Paris ernannt werden. »Vom Kaiser wurde er deshalb ausgewählt, weil er wegen seiner spirituellen Kraft [wörtlich: *sua religiositate*] bei diesem eine höchst vertraute und vertrauensvolle [wörtlich: *familiaritatis*] Stellung erlangt hatte« (Kap. XIV). Merkwürdig, dass unser Schreiber hier Waldos Religiosität unterstreicht. Ist das nicht eine selbstverständliche Voraussetzung für jeden Mönch? Wir werden darauf zurückkommen. In Saint-Denis jedenfalls war das Mönchsleben verwahrlost und bedurfte einer neuen Ordnung, was Waldo, wie zu erwarten war, wieder erreichte (Kap. XIV).

Hier unterbricht der Schreiber die Schilderung von Waldos Lebensweg, wird aber bezüglich dessen Wesen plötzlich recht mitteilsam – wohl wissend, dass der Leser noch immer gespannt darauf wartet, was mit der Reliquie geschieht, denn sie hat ja bis dahin die Reichenau noch nicht erreicht.

Hunfrid und die Heilig-Blut-Reliquie

Was geschah nun mit Hunfrid, dieser tatsächlich adeligen anderen Gralsdiener-Gestalt? Hunfrid, der als erster Graf von Rätien und wohl auch von Istrien ebenso wie seine Nachfahren in der Geschichte des Mittelalters gut bezeugt ist,[134] wollte wegen seines hohen Alters keinen irdischen Lohn haben: »O mein Herr, weil ich schon alt bin, muss ich über mein zukünftiges Leben nachdenken und mich wenig um zeitliche Ehren sorgen« (Kap. XV). Stattdessen erbat er sich »das kleine Kreuz mit dem Blut Christi, jenes Kreuzlein, aus Gold und kleinen Edelsteinen gebildet, welches das Blut Christi in den vier Armen umschloss«. Schweren Herzens überließ ihm Karl dieses.

Für diese außerordentlich kostbare Reliquie errichtete Hunfrid ein Kloster in Schännis, zwischen dem Züricher und Wallenstatter See gelegen.[135] Es ist sicher dasselbe Kirchlein, von dem auch die Hunfrid-Legende erzählt, und das an sein Einweihungserlebnis erinnert. Nach Hunfrids Tod gelangte das Kreuz in den Besitz seines Sohnes Adalbert und wurde dann weitervererbt an dessen Sohn Udalrich. Danach ging es an Udalrichs Tochter Hemma, die Miterbin des väterlichen Vermögens war. Noch zu Lebzeiten gab sie es weiter an ihren Sohn, der nach ihrem Vater ebenfalls Udalrich hieß. Über fünf Generationen hinweg bis in die Regierungszeit Kaiser Heinrichs I. hütete die Familie Hunfrids das Heilige Blut. Jener letzte Udalrich nun entbrannte in Liebe zur Tochter eines alemannischen Adeligen namens Walther und dessen Gattin Swanahild (Schwanhilde). Beide sind historisch verbürgte Personen. Walther erscheint an anderer Stelle einmal als Graf von Kyburg.

---

[134] Eduard Hlawitschka, *Franken, Alemannen, Bayern und Burgunder in Oberitalien 774-962*, 1960; Michael Borgolte, *Geschichte der Grafschaften Alemanniens in fränkischer Zeit*, 1984, S. 219-229.

[135] I. Müller, „Zur Churrätischen Kirchengeschichte im Frühmittelalter“, in: *99. Jahresbericht der Historisch-Antiquarischen Gesellschaft von Graubünden*, 1969, S. 69.

Swanahild hatte bereits früh eine Beziehung zum Kloster Reichenau, ihr Bruder Udalrich war Mönch im Kloster und versah die Pförtnerdienste. Auch ihr zukünftiger Schwiegersohn hieß Udalrich. Um ihre Tochter heiraten zu dürfen, musste nun dieser Udalrich den künftigen Schwiegereltern das Kreuz schenken. Dies geschah. Die beiden frommen Leute wollten aber das Kreuz und seine schützende Kraft für sich alleine behalten, denn sie erlebten wundersame Dinge mit ihm. Immer wieder wechselte das Kreuzlein von sich aus seinen versteckten Platz und hing für alle sichtbar an einem Kreuz in der Hauskapelle. Einmal rettete es sogar die Burg Walthers und Swanahilds vor einem feindlichen Überfall. Kein Wunder, dass die beiden in selbstsüchtiger Weise an dieser Reliquie festhielten. Erst nach ihrem Tode wollten sie es einer größeren geistigen Gemeinschaft zukommen lassen. Das war Swanahilds Plan. Sie dachte an das Kloster Reichenau. Mit einer solchen Stiftung nämlich würden sie und Walther in das Reichenauer Verbrüderungsbuch aufgenommen werden und müssten sich um ihr nachtodliches Seelenheil keine Sorgen mehr machen.[136]

Im Kloster Reichenau hatte der eingangs erwähnte Abt Hatto III. während seiner Amtszeit (888-913) die Vita der Heiligen Verena niedergeschrieben, noch bevor sie etwas später dort in Versform gebracht, ein großes Publikum erreichte.[137] Offenbar war Swanahild über diese Schrift irgendwann auf die „jungfräuliche Pilgerin" aufmerksam geworden. So beschloss Swanahild eines Tages, die Reliquien der Heiligen Verena in Zurzach aufzusuchen. Die Heilig-Blut-Erzählung berichtet, wie sie ihr Weg über das Kloster Reichenau nach Zurzach am Hochrhein, das dem Kloster unterstand, führte. Wie immer, hatte sie ihr Kreuzlein bei sich. Schon auf ihrer Zwischenstation auf der Reichenau strahlte es so stark, dass die Mönche sich wunderten und wissen wollten, was es damit auf sich habe. Auf deren inständiges Bitten hin verriet sie ihr Geheimnis, jedoch wollte sie das Kreuz auf keinen Fall für alle sichtbar in der Kirche aufstellen lassen, und schon gar nicht über Nacht. Erst nach heftigem

[136] Vgl. Roland Rappmann / Alfons Zettler, *Die Reichenauer Mönchsgemeinschaft und ihr Totengedenken im frühen Mittelalter*, (Dissertation Roland Rappmann, Freiburg 1984), Sigmaringen 1998.

[137] Die Handschriften befinden sich in Einsiedeln, St. Gallen und Zürich. Adolf Reinle (Hrsg.), *Die heilige Verena von Zurzach*, Basel 1948, S. 26-31. Ausführlich zu den weiteren Entwicklungen der Verena-Vita der Reichenau in Walter Berschin, *Biographie und Epochenstil im lateinischen Mittelalter*, Bd. IV, S. 7 ff.

Drängen der Mönche gab sie nach. Die Mönche tauchten das Kreuz in Wasser, das durch die Berührung zum Heilwasser für viele Kranke wurde. Natürlich wünschten sie, das Kreuz selbst zu besitzen, doch zweifelten sie daran, ob Swanahild ihrer Bitte nachkommen würde, und so hatten sie wenigstens das durch das Kreuz geweihte und heilkräftige Wasser. Anderntags brachten sie, eingeleitet durch eine eindrucksvolle Prozession und ergänzt um große Versprechungen, ihre Bitte um die Reliquie vor. Was wollten sie nicht alles für Swanahild tun! Dies war keine leichte Situation für Swanahild. Sie war innerlich hin- und hergerissen. Zuletzt kam ihr die rettende Idee, eine typische weibliche List. Sie wollte erst ihren Gatten fragen. Immerhin versprach sie den Mönchen, das Kreuz nach ihrem Tode dem Kloster zu vererben. Dann reiste sie weiter in Richtung Zurzach und kümmerte sich nicht mehr um die enttäuschten Reichenauer.

Die folgende Nacht verbrachte Swanahild in Erchingen (heute Langdorf bei Frauenfeld im Thurgau), das übrigens später aus Schenkungen Karls III. dem Kloster Reichenau gehören sollte.[138] In Erchingen ereilte sie ein heftiges Fieber, das sie sich dem Tode nahe wähnen ließ. Schließlich erkannte sie durch das Zureden ihres Gefolges, insbesondere des Vasallen Tungolf, dass sie auf der Reichenau falsch gehandelt hatte und deshalb zur Strafe krank geworden war. Darüber erschrocken, befahl sie, das Kreuzlein auf die Reichenau zu bringen und wurde daraufhin plötzlich wieder gesund. Noch in der Nacht wollten ihre Boten zur Reichenau aufbrechen, und auch sie machte sich auf den Weg. Zur selben Stunde, wie es am vorherigen Tag weggenommen wurde, kam das Kreuz nun wieder ins Kloster und wurde auf dem Marienaltar der Kiliankapelle niedergelegt. Zeitgleich ereignete sich an einem anderen Ort ein Wunder, das aber im selben Zusammenhang gesehen wurde: Das inzwischen zehnjährige, von Geburt an schwache und gelähmte Kind des Tungolf wurde plötzlich gesund. Dies geschah am 7. November des Jahres 925. Die Legende betont dieses genaue Datum.

Mit großem Jubel nahmen die Mönche das kostbare Geschenk entgegen. Sie sammelten sich zu einer Prozession rings um das Kloster und brachten sodann das kleine Kreuz unter Gesängen und Glockengeläut in die von Kerzen erleuchtete Kirche der Jungfrau Maria, das Marienmünster.

[138] Konrad Beyerle, *Die Kultur der Abtei Reichenau*, S. 371.

Swanahild konnte nun ihre Wallfahrt nach Zurzach vollenden. Auf ihrer Rückreise – höchstwahrscheinlich am 9. November 925 – besuchte sie nochmals die Reichenau. Dort berichtete sie, was ihr geschehen war, bekannte sich schuldig, erhielt die Absolution und durfte das Kreuzlein nochmals in die Hand nehmen. Daraufhin übergab sie es für immer dem Kloster und wurde dafür zusammen mit ihrem Gemahl Walther in die Gebete der Brüder aufgenommen, und zwar sowohl in das Verbrüderungsbuch als auch in den Nekrolog für den 28. Februar.[139] Wieder zu Hause angekommen, berichtete Swanahild ihrem Walther, dem das fehlende Kreuz sofort auffiel und der sie deshalb heftig anging, was geschehen war. Sein Zorn wandelte sich in Erstaunen. Später sollte er selbst auf die Reichenau reisen und die Schenkung bekräftigen. –
An dieser Stelle bricht die Legende unvermittelt und endgültig ab.

Die Heilig-Blut-Reliquie in der Kultur der Reichenau

Informiert man sich heute über die Reichenau, so erfährt man im offiziellen Führer, dass die Heilig-Blut-Reliquie 923/925 von Konstantinopel auf die Bodensee-Insel kam.[140] Der von der Legende abweichende Ort bezieht sich auf die stilistische Einordnung. Die abweichende Datierung hingegen ergibt sich aus den Annalenwerken der Reichenau, denen auch der berühmte Reichenauer Mönch Hermann der Lahme folgt, obwohl er die Legende und ihr Datum genau kennt. In den Annalen ist das Jahr 923 angeführt.[141] Man kann also tatsächlich nicht genau sagen, welches Jahr nun gilt. Misstrauisch müsste man allenthalben dann sein, wenn es um das Jahr 924 ginge. Da hätte sich nämlich die mythische Gründung durch Pirmin zum 200. Mal gejährt, und ein solches Jubiläum wäre ein beliebter Anlass, um ein wichtiges Datum willkürlich festzulegen.

Reliquienkreuz in der Monstranz, Münsterpfarrei Reichenau

Der Besitz gerade dieser bedeutenden Reliquie veränderte auf der Reichenau vieles. Schon bald

[139] Vgl. Roland Rappmann, S. 505 und S. 513.

[140] Erzdiözese Freiburg (Hrsg.), *Die Kirchen der Reichenau*, München 8/1957, S. 12; siehe auch Konrad Beyerle, *Die Kultur der Abtei Reichenau.*

[141] Konrad Beyerle, S. 370.

nach ihrer Ankunft schuf man ihr, wie es sich gehörte, eine eigene Kapelle. Diese sollte ein ganz besonderes Bauwerk werden. Abt Alawich I. ließ östlich der Abteikirche, dort, wo sich heute der gotische Chor befindet, eine Kopie der Heilig-Grab-Rotunde zu Jerusalem mit einem Durchmesser von etwa 30 karolingischem Fuß (ca. 10 m) errichten. Dort fand das Reliquienkreuz einen angemessenen Platz, der von brennenden Lichtern würdig beleuchtet wurde. Für das notwendige Wachs und das Öl hatte, der Legende zufolge, bereits Swanahild gesorgt. Historisch ist dann verbürgt, dass in den Jahren 946 und 950 Kaiser Otto I. die Lichterstiftungen veranlasste.

Bis zum zehnten Jahrhundert hatten recht unterschiedliche Zeremonien die kirchlichen Rituale beherrscht, was ganz besonders am Symbol des Kreuzes deutlich wird. Das Kreuz als Symbol für die Erlösung durch Jesus Christus wird verehrt, weil an ihm die Erlösung real geschehen ist und deshalb Jesus Christus mit dem Kreuz identifiziert wird. Im Kreuz wird Christus als gegenwärtig erlebt, es repräsentiert Jesu Heilshandeln und gibt das Heil durch Berührung weiter. Im siebten Jahrhundert entwickelten sich daraus aus Jerusalem übernommene, besondere Kreuzkulte, die zunächst am Karfreitag und am Fest der Kreuzerhöhung am 14. September zelebriert wurden. Zur Zeit der Karolinger und der Ottonen vermischten sich dann gallische, fränkische, germanische sowie römische Elemente. Zunächst hatte man über Jahrhunderte hinweg lediglich einen Wortgottesdienst mit festlichen Gebeten und Fürbitte gefeiert, doch wo man eine Kreuzreliquie besaß, wurde die Liturgie ab dem achten Jahrhundert allmählich erweitert: das Kreuz wurde auf dem Hauptaltar ausgestellt, nach der Kommunion wurde es verehrt und geküsst. In manchen Kirchen gab es auch Prozessionen. Erst in der Mitte des zehnten Jahrhunderts kam die Entwicklung einer eigenständigen Kreuzverehrungsliturgie zu einem Höhepunkt und Abschluss. Jetzt waren die Formen gefunden und konnten überall angewendet werden. Zwar unterschieden sich die Liturgien je nach Kirche, doch die einzelnen Elemente, wie barfüßige *Prozession*, *Proskynesis* (Kniebeugung), *Prostration* (sich Hinstrecken auf den Boden), Küssen und Berühren des Kreuzes, Waschen des Kreuzes mit Wasser und Wein zur Übertragung der heilkräftigen Wirkung und Herstellung von Medizin, und schließlich die Kommunion, galten bald überall.[142]

[142] Vgl. Louis van Tongeren, „Ein heilsames Zeichen: Die Liturgie des Kreuzes im Mittelalter", in: Carla Heussler / Sigrid Gensichen (Hrsg.), *Das Kreuz. Darstellung und*

Der Schluss der Reichenauer Legende spiegelt sehr schön die historische Situation. Offenbar war die Translationslegende Anlass für eine neu eingerichtete Kreuzliturgie auch im Kloster Reichenau, zumindest diente sie zu ihrer Stärkung und Rechtfertigung. Auf der Gefühlsebene schließlich wird der damalige „Leser" ebenfalls in seine eigene Gegenwart zurückgeholt. Hieran ist noch heute leicht anzuknüpfen.

Die Mönche nahmen also das kleine Kreuz also fortan in ihr liturgisches Leben auf. Über lange Zeit hinweg bezogen die Reichenauer es sogar wiederholt auch in ihr künstlerisches Schaffen ein, indem sie es in neu geschaffenen Bildwerken zitierten. Sie übertrugen damit sein gesamtes Bedeutungsfeld in den neuen Kontext. Ein weiterer, ganz menschlicher Aspekt kommt dabei zum Ausdruck. Die Freude über den Besitz machte sie stolz und ließ ihr Selbstbewusstsein wachsen.

Inwiefern das kleine Abtskreuz in die Reichenauer Buchmalerei Einzug gehalten hat, wäre noch zu untersuchen. Bemerkenswert erscheint mir ein Blatt aus dem Egbert-Psalter, das den Heiligen Liutwinus darstellt. Der Egbert-Psalter wurde um 977/80 von Reichenauer Mönchen hergestellt.[143] Auf ganzen 14 Seiten werden die heiligen Vorgänger des Trierer Erzbischofs Egbert „portraitiert", so auch Sankt Liutwinus (Gründer des Klosters Mettlach und Bischof von Trier, Reims und Laon; im Amt nach 705-717/723), der hier stehend mit betend ausgebreiteten Händen erscheint. Uns kommt es auf den Hintergrund an, obwohl der ja eigentlich nur eine untergeordnete Bedeutung haben sollte. Auf ihm ist üblicherweise eine Inschrift, die den dargestellten Heiligen benennt, aufgebracht. Damit man diese gut lesen kann, denn den Namen fasst man ja als wesenhaft mit seinem Träger verbunden auf, soll der Hintergrund dezent ausfallen. Auf dem Liutwinus-Blatt nimmt sich nun der Hintergrund aus Purpur und Gold sehr prachtvoll aus. Man sieht eine Art „Tapetenmuster", das regelmäßig gitterartig mit Kreuzen versehen ist, ähnlich wie auch schon auf dem Blatt aus dem Egbert-Codex mit dem Bild des Evangelisten Johannes.[144] Solcherart gemusterte Hintergründe gibt es in dieser Zeit immer wieder, so auch bei den wahrscheinlich ebenfalls auf der Reichenau und wohl unter milanesischem Einfluss gefertigten Elfenbein-

Verehrung in der Frühen Neuzeit, Regensburg 2013.

143 *Egbert-Psalter*, fol. 151v, Museo Archeologico Nazionale, Cividale, Ms. Sacr. N. CXXXVI.

144 Evangelist Johannes, *Egbert-Codex*, fol. 6r, Stadtbibliothek Trier, Cod. 24.

Egbert-Psalter (Archäologisches Museum Cividale)

Der Reichenauer Schreiber und Maler Ruodprecht schuf dieses Pergamentblatt (23,8 x 18,8 cm,) um 980 für den Egbert-Psalter. Es zeigt den Heiligen Liutwin († 717), Gründer des Klosters Mettlach und Bischof von Trier, Reims und Laon. Egbert (950-993) war Erzbischof von Trier.

tafeln, die von Kaiser Otto I. um 965/968 für den Magdeburger Dom gestiftet wurden. Dort finden sich ebenso Schachbrett- wie Kreuzgittermuster.

Beim bereits erwähnten Egbert-Codex hatten sich die Maler an der dafür vorgesehenen Stelle im Widmungsbild selbstbewusst namentlich zu erkennen gegeben: *Keraldus Heribertus Augigenses* (Gerald und Herbert von Reichenau). Danach treten die Schreiber natürlich in den Hintergrund zurück, aber erstaunlicherweise nicht spurlos, sondern als Reichenauer wieder mit ungewöhnlich starkem Selbstbewusstsein. Im Sankt Liutwinus-Bild aus dem Egbert-Psalter kann man nämlich sehen, wie sich der Maler, ein gewisser Ruodprecht, heimlich ins Bild hineinschleicht und diesem einen Stempel aus der Reichenau verpasst. Genau drei Kreuze links oben im Bild fallen aus dem Muster heraus. Sie sind anders gestaltet als die übrigen. Das Kreuz in der linken oberen Bildecke ist von einem blattartigen Kreis umgeben und erinnert an die irischen Kreiskreuze. Neben ihm und am nächsten zum goldenen Nimbus des Heiligen sowie unter ihm befindet sich ein Kreuz, dessen Balken gedoppelt sind, Balken, die also auf ein darunterliegendes Kreuz aufgebracht sind. Genau wie bei dem Reichenauer Heilig-Blut-Reliquienkreuz! Die Absicht ist unmissverständlich: Ruodprecht wollte damit auf sein Reichenauer Kloster und seine Reliquie aufmerksam machen, sonst hätte er alle Kreuze in der „Tapete“ gleich gestaltet. Er konnte damit rechnen, dass der Betrachter das Bild lange anschauen, und ihm dieser kleine Fingerzeig unbedingt auffallen würde.

Ein letztes Beispiel für das Hereinweben der Heilig-Blut-Reliquie in die Reichenauer Kunst kann jeder Besucher noch heute selbst entdecken. In der Georgskirche in Oberzell ist der spätmittelalterliche Kruzifixus in der

Nische eines weitgehend zerstörten Altarbaldachins auf der Außenseite der Westapsis genau so dargestellt wie der Gekreuzigte im Reliquienkreuz, nämlich im mittelbyzantinischen Stil. Beim ersten Eindruck der heute stark verblassten Malerei fällt einem dies als Anachronismus auf, in Wirklichkeit aber handelt es sich um ein direktes Zitat, das in der Zeit um 1308 entstand.

Wandmalerei St. Georg, Retabel-Kruzifix in der Nische eines weitgehend zerstörten Altarbaldachins

Als gemaltes Altarbild kommt dieser um 1308 entstandenen Darstellung der Kreuzigung einer vormaligen Michaelskapelle dieselbe sakramentale Bedeutung zu wie in den Messbüchern und den Triumphkreuzen.

Wir dürfen nun nicht vergessen, dass alle Kunstwerke der Liturgie dienten. Von Anfang an und über viele Jahrhunderte hinweg wurde die Heilig-Blut-Reliquie auf der Reichenau liturgisch verehrt. Zahlreiche Pilger unternahmen Wallfahrten zur Insel, einmal auch König Karl IV., der, unterwegs nach Rom, sich auf der Reichenau etwas vom Heiligen Blut für seine Kathedrale in Prag erbat. Ein Teil des Reliquienschatzes wurde ihm tatsächlich am 20. September 1353 übergeben, noch bevor er römisch-deutscher Kaiser wurde.

Während des Dreißigjährigen Krieges wurde die Reichenauer Reliquie 1630, angeblich zu ihrem eigenen Schutz, durch einen Reichenauer Mönch ins Kloster Günterstal bei Freiburg i.Br. gebracht. Erst 1738 kehrte sie, nachdem ein kleiner Teil des Blutes entnommen wurde und zum Dank in Günterstal verblieb, wieder zurück ins Reichenauer Münster. Nun erhielt die Reliquie eine neue, mit Edelsteinen besetzte Fassung sowie einen Schild aus geschliffenen Bergkristallen, damit man das Kreuz immer sehen kann. Später wurde dieses dann in eine barocke Monstranz eingebettet, die bis heute in einem Heilig-Blut-Altar ihren Platz hat. Auf der Insel wurde schließlich ein öffentliches Heilig-Blut-Fest eingerichtet. Man erhoffte sich damals eine Wiederbelebung des Pilgerlebens. Noch heute wird die Reliquie am Montag nach dem Dreifaltigkeitssonntag, also eine Woche nach Pfingsten, in der Heilig-Blut-Prozession über die Insel getragen. Das Heilig-Blut-Fest ist noch immer der höchste Feiertag der

Das griechische Reliquienkreuz, Vorderseite mit Christus am Kreuz, Rückseite mit griechischer Inschrift (Münster, Reichenau-Mittelzell)

Reichenau und beginnt bereits am Vorabend.

»Ein Kreuzlein, aus Gold und kleinen Edelsteinen gebildet, welches das Blut Christi in den vier Armen umschloss und einen Splitter vom Kreuz des Herrn in der Mitte trug.« So wird es in der Legende beschrieben. Die heute auf der Reichenau in einem rotgoldenen Altarschrein aufbewahrte, nur 5,9 cm hohe und 4,4 cm breite, aus vergoldetem Silber getriebene Reliquie in der Form eines byzantinischen Abtkreuzes, das einstmals als Brustkreuz an einer Halskette getragen wurde, umschließt im oberen Ende des senkrechten Balkens ein kleineres Kreuz. In diesem sollen zwei Splitter des Heiligen Kreuzes eingeschlossen sein, während das übrige Reliquiar etwas blutgetränkte Erde umschließt, von der man annimmt, dass sie aus Golgatha stammt. Es soll auch ein blutbeflecktes Seidenläppchen enthalten. Somit handelt es sich um ein Doppelreliquiar. Die Schauseite des Abtkreuzes weist, eingefasst in eine gebördelte Umrandung aus Perldraht, drei prägende Komponenten auf: Auf der vorderen Seite ist es mit einem Bild des gekreuzigten Christus geschmückt, wobei das eigentliche Kreuzesholz besonders im Querbalken betont wird. Das auffallend große Haupt des Christus ist stark zur Seite geneigt und von einem Nimbus hinterfangen, der die räumliche Wirkung noch unterstützt. Nicht innerhalb, sondern über diesem Nimbus befindet sich, gleichsam als drittes Element, das kleine Kreuz, das in sich die Kreuzsplitter birgt. Der Gekreuzigte ist mit einem knielangen Lendenschurz bekleidet. Seine Knie fallen leicht nach rechts, während seine Füße auf einem kleinen *Suppedaneum* (Fußstütze) ruhen. Der Leib erscheint schwer, die Last drückt nach unten. Und doch sind die Hände nach oben geöffnet. Zusammen mit den etwas durchgebogenen Armen und dem oberen Kreuz schaffen sie eine Leichte, die das Gesamtbild dann wieder ausbalanciert. Eine tief berührende Innigkeit eignet diesem Bild.

Die Rückseite des Kreuzreliquiars ist schmucklos schlicht. Sie ist lediglich mit einer Inschrift in stark gekürzten griechischen Majuskeln versehen.

Der Text lautet ergänzt: »Herr, hilf Hilarion, deinem Knecht und Vorsteher deines Klosters, dem Tzirithon«.[145] Zwar sind weder Kloster noch Abt bekannt, doch lässt sich das kleine Kreuz mit Sicherheit dem byzantinischen Raum zuordnen. Stilistisch gehört es in die mittelbyzantinische Zeit, genauer in die Zeit des ausgehenden neunten oder frühen zehnten Jahrhunderts. Und das ist tatsächlich die Zeit Swanahilds und Walthers.

Die „Gralsinsel" Reichenau

Welch komplizierten Weg das Heilige Blut des Herrn zurücklegen musste, bevor es die Reichenau erreichte! Und wie vieler Menschen Taten es bedurfte, bis es soweit war: Ein unbekannter Schenker, der große Kaiser Karl, zwei Diener von besonderer geistiger Größe – Abt Waldo und Graf Hunfrid –, fünf Generationen von Besitzern und schließlich die großherzige Tat einer Frau. Eigentlich verdankt es sich einer gemeinsamen Anstrengung schicksalhaft auserwählter Menschen, die sich gewissermaßen zu einer lockeren geistigen Gemeinschaft zusammenfanden, bei der jeder Einzelne seine besonderen Qualitäten einbrachte: Azan als Repräsentant der östlichen und Karl als Repräsentant der westlichen Kirche; seine beiden Räte Graf Hunfrid und Abt Waldo als Vertreter von Adel und Klerus. Karl – der mächtigste Mann – und Swanahild, die die machtlose Frau verkörpert, die Frau mit der feinen Sensibilität und dem großen Herzen, das den eigenen Egoismus überwindet. Diese Konstellation zeigt, wie Gegensätze verbunden werden, indem eine Mitte gebildet wird. Und dies wiederum entspricht dem inneren Bild des Heiligen Grales. Das Gralsgeschehen ist ja, wie man allein schon an den unterschiedlichen Traditionssträngen ablesen kann, keine historische Einzelbegebenheit, sondern vielmehr ein Ereignis, das sich immer wieder zutragen kann. Und zwar dort, wo Menschen ein spirituelles Christentum pflegen, das nicht in Dogmen erstarrt und frei von äußerer Macht und Autorität ist, das bedeutet, wo Menschen aus innerer Geistesgegenwart heraus sich souverän in den Dienst des Höheren stellen. Der Apostel Paulus hat dies einmal recht deutlich auf den Punkt gebracht: »Wo der Geist des Herrn waltet, da ist Freiheit.« (2 Ko 3,17).[146]

[145] Vgl. Walter Berschin, „Die Reichenauer Heiligblut-Erzählung", S. 22.

[146] Wie gegenwärtig auch dieser Satz im 9. Jahrhundert war, zeigt sich nicht zuletzt in der karolingischen Buchmalerei, wo das Pauluswort im Spiegel der entsprechenden Passage aus der Offenbarung des Johannes ins Bild gesetzt wird. Vgl. *Apokalypse aus*

Tatsächlich besitzen nicht wenige Orte etwas vom Heiligen Blut Christi. Aber nur selten existiert in diesem Zusammenhang ein dazugehöriger Bericht in Form einer umfangreichen Schilderung, geschweige denn in literarischer Qualität. Man bedauert als Leser, dass der Reichenauer Bericht unvermittelt abbricht, als die blutgetränkte Erde von Golgatha im Kloster eintrifft. Doch das Ziel ist ja erreicht. Eine Überlieferung zur mystischen Deutung scheint nicht beabsichtigt gewesen zu sein. Dies würde auch dem Wesen einer Gralserzählung widersprechen.

Solange die Reliquie auf der Reichenau ein Wunder nach dem anderen bewirkt, ist man selig fasziniert und stellt keine weiteren Fragen. Doch ahnt man wirklich, welchen Schatz man da besitzt? Rein äußerlich sicher. Man hat durch ihn eine gewisse Vorrangstellung im weiten Umkreis, die Bedeutung des Klosters wird eklatant aufgewertet. Noch spektakulärer wäre wohl nur ein Gralskelch oder etwas vom reinen Blut, das aus der Seitenwunde Christi in diesem Gefäß bewahrt wurde.

In dem Reichenauer Geschenk liegt indessen ein anderer Aspekt des Heiligen Blutes, ein Aspekt von tief spirituellem Charakter. Aus der Wunde Christi war das Blut substanziell in die Erde getropft und hatte bereits begonnen, sie durch die Christus-Sonnen-Kraft zu erlösen und zu erneuern. Dieser kosmische Verwandlungsimpuls wirkt weiter. Er dringt bis in die physische Konstitution der Menschen ein und ermöglicht, dass sie den Christusimpuls in sich aufnehmen können. Doch geht es hierbei nicht um wenige auserwählte Menschen, sondern um die ganze Menschheit. Auf der Insel Reichenau hat nun dieser kosmische Verwandlungsimpuls ein neues Erden-Zentrum erhalten, um von dort nach allen Seiten geistig lebenspendend und fruchtbringend auszustrahlen. Das in einem lange währenden Prozess entstandene geistig-kulturelle Zentrum mit seiner weiten Ausstrahlung, zu dem sich das Kloster entwickelt hat, wird zu einem angemessenen, neuen irdischen Gefäß. – In Christus wird Leben der Tod.

Je länger man mit diesen Gedanken die Insel Reichenau als Bild auf sich wirken lässt, desto stärker fällt auf, wie sie in vielerlei Hinsicht eine Mitte

---

Moutier-Grandval, um 840, London, British Museum, Add. 1054, fol. 445r; vgl. Frontispiz zur Apokalypse in einer um 869 in Saint-Denis entstandenen Bibel für S. Paolo fuori le mura in Rom, fol. 328v. Abbildungen in Frits van der Meer, *Apokalypse: Visionen des Johannes in der europäischen Kunst*, Freiburg 1978.

verkörpert. Als Insel befindet sie sich, einmal abgesehen von dem Damm, der sie heute mit dem Festland verbindet, mitten im Wasser. Das kann man beinahe wörtlich nehmen: Sie liegt zwischen dem Obersee im Osten, dem Gnadensee im Norden, dem Zeller See im Westen und dem Untersee im Süden. Und wenn man den westlichen Bodenseeabschnitt in drei Teile teilt, so liegt die Reichenau wieder in der Mitte zwischen Obersee und Untersee, zwischen dem den Obersee durchströmenden Konstanzer Rhein, der dann als Hochrhein den Untersee durchströmt, und schließlich wieder zwischen Stein und dem Rheinfall bei Schaffhausen als Fluss weiterzieht.

Auch die Insel selbst lässt sich in drei Teile gliedern. Im Osten, nicht weit vom Damm, liegt Oberzell mit seiner um 900 begonnenen und mehrfach erweiterten Georgskirche, die im 10./11. Jahrhundert mit wunderbaren Wandmalereien geschmückt wurde, welche sich ihrerseits an der Reichenauer Buchmalerei und damit an Vorbildern aus dem 6. Jahrhundert orientieren. Hier sind die biblischen Heilungsgeschichten noch erhalten. Außen an der Westapsis befindet sich eine der ältesten Darstellungen des Jüngsten Gerichts, wahrscheinlich im 12. Jahrhundert geschaffen.

Am Westende der Insel liegt Unterzell mit seiner ursprünglich durch Egino von Verona gegründeten Kirche St. Peter und Paul. Dort ist in einem Fresko der Hauptapsis der auferstandene Christus in einer Mandorla dargestellt.

Zwischen beiden, Oberzell und Unterzell (oder Niederzell), liegt im heutigen Mittelzell, wo wahrscheinlich schon der Klostergründer Pirmin und vor ihm bereits der iro-schottische Mönch Columban an Land gegangen sind, die größte Kirche der Insel, das Münster St. Maria und Markus. Und auch dieses ist wiederum in drei Teile gegliedert. Der Ostteil, St. Markus, ist in einem eher romanisch-byzantinischen Stil errichtet, der Westteil, St. Maria, vereinigt normannisch-romanische mit gotischen Stilelementen. In der Mitte des Münsters wird in einem Altarschrein die Heilig-Blut-Reliquie aufbewahrt. Das Heilige Blut befindet sich also in der Mitte des Münsters, in der mittleren der drei Kirchen, in der Mitte der Insel. In dieser dreifachen Mitte hat es sein neues Zentrum erhalten. Von dieser Mitte aus haben seit der Klostergründung alle Impulse in die Welt hinausgestrahlt.

Luftbild Reichenau

Die geographische Situation der Insel wird normalerweise einfach als gegeben hingenommen und nicht weiter beachtet. Und doch spricht sie eine eigene Sprache. Karl Hublow hat in seiner feinsinnigen Deutung der Reichenauer Fresken, die bald nach der Ankunft des Heiligen Blutes in der Georgskirche geschaffen wurden, auf ihre so besondere Zentrums-Lage hingewiesen.[147] In ihr zeigt sich ein Bild, dessen spirituelle Qualität sich nicht leugnen lässt. Steht man auf der Insel und dreht sich um die eigene Achse, so kann man im Westen die Hegauberge erblicken. Einst waren es Feuer speiende Vulkane. Im Norden sieht man den Bodanrück, der den Untersee vom Überlinger See trennt. Er ist nicht vulkanischen Ursprungs, sondern erscheint vielmehr wie vom immerfort wehenden Wind wellig gestaltet. Im Osten breitet sich beinahe unendlich weit das Wasser des Obersees aus. Im Süden schließlich erheben sich die Seeberge des Thurgaus und hinter ihnen die Alpengipfel. Umgeben von den vier Elementen Feuer, Luft (Wind), Wasser und Erde (Gestein) in relativ reiner Form, liegt die Insel wie eingebettet da.[148]

---

147 Karl Hublow, *Die tausendjährigen Fresken von Oberzell auf der Insel Reichenau.* Versuch einer Deutung und Würdigung, Konstanz 1969; Karl Hublow, *Die Insel Reichenau und ihre tausendjährigen Fresken*, Konstanz 1972.

148 Der Damm, mit dem die Insel heute mit dem Festland verbunden ist, wurde erst 1838 errichtet.

Was eigentlich offensichtlich ist, gerinnt zu einem bedeutungstragenden Motiv und fügt sich wie selbstverständlich in die Deutung unserer Legende ein. Im Bild gesprochen, wird die Reichenau so zur würdigen Schale, um gewissermaßen als fünftes Element, als *quinta essentia*, das Heilige Blut zu bergen. Damit verwandeln sich – wieder im Bild gesprochen – die vier irdischen Elemente in ihre geistigen Entsprechungen: das Feuer wird zur Feuerflamme des Ich und zur Wärme des Herzens, der Lufthauch wird zur geistigen Inspiration *(pneuma)*, das Wasser zur reinigenden und belebenden Lebenskraft, das Erdelement schließlich zur Formkraft im Irdischen.[149]

---

[149] Obzwar heute von der einstigen Klosterblüte der Reichenau kaum noch etwas übrig geblieben ist, so mag man die außerordentliche Fruchtbarkeit dieses Fleckchens Erde dennoch auch in diesem Lichte sehen, selbst wenn sich heute hier, von wenigen Ausnahmen abgesehen, eine konventionelle Gemüse-Industrie mit Gewächshäusern, Kunstdünger, Pestiziden usw. entwickelt hat, die im Gegensatz zu den genannten Segnungen steht und diese in ihr Gegenbild verzerrt. Spätestens jetzt drängt sich die Frage auf, wie der geistige Impuls, welcher an die Reichenau ergangen war, und der sie einst zu einem geistigen Zentrum in Mitteleuropa werden ließ, weiterwirkt – oder ob er gar verpufft ist. Eine Frage, die hier selbstverständlich nicht beantwortet werden kann. Dennoch möchte man einzelne Tendenzen nicht ungewürdigt lassen. Der von der Reichenau stammende Theologe und Philosoph des ausgehenden 19. Jahrhunderts, Gideon Spicker etwa, der einerseits ganz in der katholischen Tradition stand und andererseits als unabhängiger Denker geistig weit über seine Zeit hinausragte, kann durchaus als einer gelten, der den alten Geistimpuls aufgegriffen und fruchtbar weitergetragen hat. Seine größte Frage, die ja noch immer aktuell ist, galt dem Gegensatz von Glauben und Vernunftwissen, und wie dieser aufgehoben werden könnte. Er rang sein Leben lang um eine Weltsicht, wie Religion, Naturwissenschaft und Philosophie miteinander zu vereinbaren seien; es sollte „eine Religion in philosophischer Form auf naturwissenschaftlicher Grundlage" sein. So hatte er es selbst in seiner Autobiographie *Vom Kloster ins akademische Lehramt* formuliert. Spicker verknüpft seine philosophische Erkenntnis auch in geistiger Hinsicht unmittelbar mit seinem Herkunftsort Reichenau, wo er, wie Harald Schwaetzer und Henrike Stahl-Schwaetzer herausgearbeitet haben, schon in jungen Jahren drei Komponenten in auffälligem Maße entwickelte: einen transzendenten Zug seines Wesens, einen wahrhaften „Heißhunger" auf Bildung und eine Neigung zur Naturwissenschaft … Unschwer erkennt man … [darin] Religion, Philosophie und Naturwissenschaft.",, (Vgl. Harald Schwaetzer (Hrsg.), Gideon Spicker. *Vom Kloster ins akademische Lehramt. Schicksale eines ehemaligen Kapuziners*, Regensburg 1999, S. 16 und S. 201; ausführlich in Harald Schwaetzer (Hrsg.), *Gideon Spicker. Am Wendepunkt der christlichen Weltperiode. Philosophische Bekenntnisse eines ehemaligen Kapuziners.* Heidelberg 1998.) – Heute ist in der Beobachtung der Bodenseeregion wahrnehmbar, wie dort immerfort neue Ideen geboren werden, die zwar in der Durchführung oft wenig Kraft zeigen und wieder verebben, bisweilen aber auch Früchte tragen. Vor allem das auffallend starke Ringen um bessere, menschengemäße und gesündere Lebens- und Arbeitsformen nimmt nicht ab. So liegt der Bio-Anteil beim Reichenauer Gemüseanbau inzwischen (Stand 2018) bei über 25%. Zu gern möchte man in alledem eine Wirkung aus der damaligen Segnung sehen.

Im Dienste Karls

»Erat enim virtutibus clarus regique valde familiaris adeo ut illum suum fieri confessorem eligeret.« (*Kap. V*)

Waldo und Einhard – die gegensätzlichen Räte Karls des Großen

Als Karl, wie der Verfasser unserer Legende berichtet, »unter seinen Räten und Getreuen« nach einem Geeigneten suchte, dem er die für ihn selbst zu anspruchsvolle Aufgabe der Korsika-Reise übertragen konnte, war seine Wahl als Erstes auf Einhard gefallen. Und nur, weil dieser ablehnte, konnte die Geschichte ihren weiteren Lauf nehmen. Einhard musste man dem Leser damals nicht näher charakterisieren, jeder wusste, wer gemeint war.

Beide, Waldo und Einhard, waren enge Vertraute und Ratgeber Karls des Großen. So wenig man über Waldo weiß, so viel ist über Einhard bekannt – obschon dies insgesamt natürlich auch wieder wenig ist.

Aus einer bescheidenen Familie von Freien abstammend, wurde Einhard im Kloster Fulda erzogen, wo er als Urkundenschreiber durch seine besondere Begabung für die lateinische Sprache auffiel. Schon in jungen Jahren kam er als Höfling zu Karl und wurde von diesem gefördert. Bald übertrug man ihm als Baumeister die Oberleitung über die Bauten des Hofes. Wegen seiner Kleinwüchsigkeit hänselte man ihn. Doch durch seine überragende Intelligenz und seinen unermüdlichen Fleiß vermochte er, sich Respekt zu verschaffen in dieser prachtvollen Welt voller Luxus, Prunk und Verschwendung, in diesem Mikrokosmos von Prestige, Rang, Macht, Konkurrenz, Schmeichelei und Intrige.

Der Höfling Einhard war in seiner Seele ein Künstler und, wie so viele Künstler, durchaus eitel. Er trug im Kreis der Intellektuellen am Hof den Namen Beseleel, nach dem alttestamentlichen Architekten der Stiftshütte. An diesen knüpfte er an und sah sich mit ihm »erfüllt mit dem Geist Gottes, mit Weisheit und Verstand und Erkenntnis und mit aller Geschicklichkeit, kunstreich zu arbeiten, in Gold, Silber, Kupfer, kunstreich Steine zu schneiden und einzusetzen und kunstreich zu schnitzen in Holz.« (Ex 31,3-5 und 35,31-33). Unendlich schmeichelte es ihm, als ausgerechnet Alkuin, der einflussreichste Lehrer am Hofe Karls, ihn, den stets Verspotteten, als Dichter lobte und ihn schließlich auch noch als Lehrer empfahl. Bedauerlicherweise ist uns keine einzige Dichtung von Einhard überliefert. Doch der Dichter Einhard – das war kein Geringerer als Karls späterer Biograph. Sein Name wird für immer verknüpft bleiben mit demjenigen des Kaisers. Wer sich mit Karl beschäftigt, kommt an Einhard nicht vorbei. Seine Sicht prägt bis heute das Bild Karls des Großen.[150]

Der Schreiber der *Translatio sanguinis domini* wird Einhards Karls-Biographie gut gekannt haben, sehr wahrscheinlich auch die Fassung von Notker aus Sankt Gallen, der für Leser schrieb, die mit Einhards Karlsvita vertraut waren.[151] Doch nimmt er eigenartigerweise nicht direkt auf Einhard Bezug. Vielmehr lobt er in seiner Erzählung den Reichenauer Waldo in ungewöhnlicher Art: »Die ganz ausgezeichneten Tugenden Waldos gestatten keinesfalls, ihn mit Schweigen zu übergehen.« (Kap. XIV; *Deinde famosissima virtutum illius probitas*...) Der Schreiber spricht hier von *virtus*, und das bedeutet im Mittellateinischen mehr als „Tugend", nämlich Macht, Autorität, Einfluss, Kraft oder manchmal auch Gottesfurcht. Damit nicht genug. Waldos Macht, Autorität, Kraft und Einfluss sind *famosissima*, sie sind also nicht zu überbieten. Umso mehr staunt man über den Nachsatz. Was meint der Schreiber damit? Wer übergeht Waldo? Wem gilt diese seltsame Spitze? Man will es kaum glauben – sie kann eigentlich nur Einhard gelten. In seiner um 835 verfassten Karls-Biographie, die Einhard ja noch als Zeitgenosse Karls niedergeschrieben hatte und in der es ihm angeblich um Objektivität geht, klammert er nämlich Waldo aus. Dem Schreiber der Reichenauer Legende liegen die Gründe hierfür offenbar klar vor Augen: Einhard hatte weder eine Beziehung zum Gral noch verfügte er über die notwendigen inneren Fähigkeiten. Deshalb hatte er also seinerzeit den Auftrag Karls ablehnen müssen, Azan auf Korsika zu treffen. Einhard gehörte eben der lateinischen Strömung an, weshalb er die Gralsströmung verschweigt – so die scharfsinnige Schlussfolgerung Philipp Hebers.[152]

---

[150] Vgl. Steffen Patzold, *Ich und Karl der Große. Das Leben des Höflings Einhard*, Stuttgart 2013; Evelyn Scherabon Firchow (Hrsg.), *Einhard. Vita Karoli Magni. Das Leben Karls des Großen*. Lateinisch/Deutsch, Stuttgart 4/2013.

[151] Notker, *Gesta Karoli*, ed. Hans F. Haefele (MGH SSrG n.s.12), Berlin 1959.

[152] Vgl. Philipp Heber, *Waldo*...

Als der Protestant Philipp Heber im 19. Jahrhundert als Erster überhaupt über Waldo forschte, vermutete er, dass die beiden Männer, Einhard und Waldo – und mit Waldo natürlich auch sein Freund Hunfrid – einander feindlich gegenüberstanden: »Wenn daher Einhard in dem Leben Karls [d. h. in seiner *Vita Karoli Magni*] des Waldo gar nicht erwähnt, so darf dies nicht wundern. Derselbe ist sein Hauptgegner und Rivale am Hofe, wie die Legende [d.h. die *Translatio sanguinis domini*] zeigt, und ihn durch sein Schweigen zu vernichten, ist die Methode, die ihm später von den Römischen ... mit Glück [gemeint: Erfolg] nachgemacht wurde.«[153]

Gewiss, es wird auch psychologische Gründe für Einhards Abneigung gegenüber Waldo gegeben haben. Nicht nur, dass Waldo Abt eines der bedeutendsten Klöster war und überdies zwei Bistümer, nämlich sogar das langobardische Pavia wie auch Basel verwaltete, musste Einhards Neid wecken. Waldo war außerdem Beichtvater für Karl und hatte damit immense Möglichkeiten, auf den Herrscher einzuwirken. Niemals, so befürchtete der um 15 bis 20 Jahre jüngere Einhard wahrscheinlich, würde er eine solche intime Nähe zum König und Kaiser erreichen, niemals je so viele Möglichkeiten zur Einflussnahme, niemals so viel Autorität und auch niemals so viel Macht. Er musste alles tun, um einmal selbst als der Berühmtere der beiden in die Geschichte einzugehen. Nicht ohne Grund betont der Reichenauer Schreiber gleich zu Beginn seines Berichtes die Bedeutung Waldos für Karl den Großen: »Er war nämlich für seine leuchtende Tugendhaftigkeit [zur Bedeutung s. o.] bekannt und dem König nah und vertraut, so sehr, dass er ihn zu seinem Beichtvater erwählt hatte.« (Kap. V)

Zwei geistige Strömungen ... und die Gralstradition

Am Hofe Karls herrschten hinter der Fassade von Frömmigkeit, Freundschaft, Kunstsinn und Glanz ganz selbstverständlich Konkurrenz, Neid und ständige Unsicherheit. Schnell konnte man in der Gunst steigen, aber auch wieder fallen, man konnte sogar geblendet, ins Exil geschickt oder gar getötet werden. Einhard kam offenbar gut damit zurecht. Er hatte die Begabung, stets flexibel reagieren zu können und seine Loyalität den Erfordernissen anzupassen. »Im Bedarfsfall wusste Einhard

[153] Heber, S. 302, vgl. Stein, S. 77.

seine Loyalität recht wendig je neuen Herren anzutragen«, schreibt sein Biograph.[154]

Hinter diesen seelischen Wogen und Wellen existierten im Verborgenen die oben angesprochenen zwei verschiedenen geistigen Strömungen nebeneinander. Sie sind keineswegs im Charakter der einzelnen Menschen veranlagt, sondern wurzeln wesentlich tiefer. Schon Walter Johannes Stein hat darauf hingewiesen, dass Waldo und auch Hunfrid ein spirituelles Christentum suchten. Der Reichenauer Schreiber deutet dies damit an, dass er die beiden wie Gralsritter in einer spirituellen Mission darstellt, und auch dadurch, dass er Waldo so entschieden von Einhard abgrenzt.

Waldos geistige Ausrichtung knüpft an einen alten christlichen Strom an. Die Tradition der frühen Christen und mehr noch diejenige der Mönche iro-schottischer Prägung orientiert sich an der mythischen und pneumatischen johanneischen Gedankenwelt und lässt Raum für volkstümliche Vorstellungen sowie für allegorische Mystik. Von Waldo selbst sind zwar hierzu keine eigenen Texte überliefert, seine Bibliothek indessen spricht Bände.

Die beiden geistigen Strömungen lassen sich auf eine unterschiedliche Auffassung in der Nachfolge Christi zurückführen, was zumeist nur subtil zutage tritt, aber doch immer wieder auffällt. Wie kann nun die Nachfolge Christi unterschiedlich sein? Dies zeigt sich bereits in der engsten Schülerschaft, als Christus dem Petrus die Verwaltung des Christentums übergab: »Weide meine Lämmer (...), hüte meine Schafe (...), folge mir nach.« (Jh 21,16-19). Danach sagte er zu Petrus über Johannes: »Wenn ich will, dass er wartet, bis ich komme, was hat das mit dir zu tun? Du folge mir!« (Jh 21,22). Man kann auch übersetzen, »Was hat das mit deinem Auftrag zu tun?« Johannes also soll warten, das heißt, er soll im Hintergrund bleiben, bis Christus wiederkommt, also bis er der Menschheit »in den Wolken des Himmels« wieder erscheinen würde. (Off 1,7; Mt 24,30) Petrus hingegen sollte die Menschen in einer Kirche führen und formen. Hieraus ist bekanntlich die römische Kirche entstanden.

154 Steffen Patzold, *Ich und Karl der Große. Das Leben des Höflings Einhard*, Stuttgart 2013, S. 98.

Doch auch Johannes hatte Anhänger, die ihre Ideen auf den Jünger, den der Herr lieb hatte, gründeten. Johannes war durch seine besondere Biographie wie kein anderer zu einem kosmischen Christus-Verständnis gelangt. Der johanneischen Strömung oblag es, im Hintergrund, das heißt eher im Verborgenen, zu wirken. Selbstverständlich war sie keine „platonische" Strömung, sondern sie verbreitete sich durch Menschen von Fleisch und Blut. Zwei Erdenorte dienten ihr zunächst als Ausgangspunkt, Ephesos und Lérins, das alte Lerinum. In Ephesos, dem Ort der Artemis, wirkte Johannes selbst. Die zu den Lérins-Inseln vor Cannes in Südfrankreich gehörende Insel Ile Saint-Honorat verbindet eine uralte geistige Kultur-Linie mit Ephesos. Einst wurde die kleine Insel nämlich von Phokäern als nördlichste griechische Siedlung besiedelt, demselben Völkchen, das in Phokäa nördlich von Ephesos beheimatet war. Sie hatten schon vor Zeiten in Lérins einen Artemis-Diana-Tempel errichtet und deren Kulte dort zelebriert. Die gesamte südgallische Region *Massalia* (Marseille) war in vorchristlicher und frühchristlicher Zeit griechisch geprägt. Der griechische Geograph Strabo (um 63 v. Chr. – nach 26 n. Chr.) berichtet, dass die Phokäer bereits in ihrer ersten Stadtgründung *Massalia* ein Ephesium – einen Tempel der ephesischen Artemis – und zudem einen Tempel des delphischen Apollo, wie es bei den Ioniern üblich war, bauten.[155] Wie in einer organischen Entwicklung konnten also zur Zeitenwende Lazarus-Johannes' bethanische Schwestern Maria-Magdalena und Martha hier anknüpfen und in dieser Region ihre christliche Mission durchführen. Auch Joseph von Arimathia hatte seinen Anteil daran.[156]

Auf der kleinen Lérins-Insel wurde bereits im Jahr 374, also sehr früh, ein christliches Kloster durch den einstigen Wandermönch Sankt Honoratus gegründet. Anfangs war es weniger ein Kloster der Bildung, als vielmehr ein Ort der Versenkung. Mönche lebten nach dem Vorbild der ägyptischen Eremiten als Einsiedler verteilt über die vom Dickicht überwucherte Insel und pflegten das beständige Gebet in winzigen Kapellen. Schon bald aber kamen aus aller Welt gebildete Mönche, um in diesen einfachsten Verhältnissen ebenfalls ein klösterliches Leben in Andacht zu führen. Sie entwickelten rasch eine eigene theologische Schule, von der in der frühchristlichen Zeit bedeutende spirituelle Wirkungen ausgin-

---

155 *Langenscheidtsche Bibliothek sämtlicher griechischer und römischer Klassiker*, Bd. 52, Strabo I, München 1855-1907.

156 Ausführlich dargestellt in: Sophia-Janet Aleemi, *Maria Magdalena in der Kathedrale von Chartres*, Stuttgart 2011.

gen.[157] Bis zur Zeit Karls des Großen soll Lérins zwölf Erzbischöfe, zwölf Bischöfe und zehn Äbte in die gallischen Provinzen entlassen haben. Eine Ähnlichkeit zum Kloster Reichenau drängt sich nicht nur in der Art der Besiedelung auf. Auch Reichenauer Mönche waren Inselmönche und nahmen alsbald als Äbte, Bischöfe, Erzbischöfe und Lehrer am Hofe Schlüsselpositionen im Fränkischen Reich ein.

Grundmauern der Michaelskapelle von Lérins

Einstmals von einem Friedhof umgeben, sieht man von der ehemaligen Michaelskapelle noch die Reste der Grundmauern mit ihrer kleinen Apsis und dem Eingang. Die Mauern sind von Kiefern überwölbt, die zufällig recht genau die einstigen Maße der Kapelle wiedergeben.

In Rom betrachtete man Lérins freilich als Hochburg der Irrlehre des Semipelagianismus, weil die Mönche gegen die Prädestinationslehre des Augustinus – nach der alles menschliche Leben bereits durch Gott vorherbestimmt und von seiner Barmherzigkeit abhängig ist – kämpften. Ganz besonders die Schriften von Faustus von Riez[158], dem dritten Abt von Lérins, sowie diejenigen von Johannes Cassian (350-430)[159], der später das berühmte Kloster von Saint Victor in Massilia (heute Marseille) gründete, zeugen von der besonderen Geisteshaltung des johanneischen Christentums. Es war eine esoterische Strömung, die zur Aufgabe hatte, ihre spirituellen Impulse immer wieder in die allgemeine christliche Entwicklung einfließen zu lassen, um einer allzu starken Verfestigung entgegenzuwirken. In dieser johanneischen

[157] Ida Stümcke / Gerard Klockenbring, *Der Impuls von Lérins. Spuren eines johanneischen Christentums im vierten Jahrhundert*, Stuttgart 1977. Zu Lérins s. a. die Forschung von Déodat Roché, insbesondere seine *Cahiers d'Etudes Kathares.* Hier wurden Ida Stümckes Gedanken zu Lérins erstmals veröffentlicht (11/1961). Zu Lérins siehe auch Yann Codon (Ed.), *Lérins, une Ile sainte de l'Antiquité au Moyen Age*, Turnhout: Brepols 2009.

[158] Faustus von Riez, De Gratia Dei, in: Henri Moris, *L'Abbaya de Lérins. Histoire et monuments*, Paris 1909.

[159] Ida Stümcke verweist hier auf Johannes Cassians *Collationes.* Insbesondere das 13. Kapitel ist in diesem Zusammenhang aufschlussreich.

Kreuz als Lebensbaum mit Schlange, Lérins

Tradition hat die Gralsströmung ihre Wurzeln. Sie steht, und das soll hier nochmals in Erinnerung gerufen werden, nicht in Konkurrenz zur römisch-katholischen Kirche, wird aber von ihr als häretisch betrachtet, auch wenn sie nicht mit Sanktionen belegt wird. Die Gralsströmung wird aber sehr wohl ignoriert, vielleicht sogar in der Hoffnung, dass sie dadurch irgendwann in der Bedeutungslosigkeit versinke. Nach der Auffassung der römischen Kirche kann nämlich einzig und allein sie selbst als Mittlerin zwischen dem Sünder und Christus stehen, denn sie versteht sich als Vertreterin Gottes auf Erden. Im Gegensatz dazu sprechen im Gralschristentum der Vatergott, Christus und der Heilige Geist selbst zu dem gläubigen Menschen.[160]

Troja-Mythos, Gral und Karl der Große

Wir sehen nun, inwiefern Waldo als Gralsdiener erscheint, gleichermaßen Hunfrid, der bedauerlicherweise im Schatten Waldos steht, und nicht zuletzt auch Hugo, der durch seine Erwähnung am Anfang der Erzählung diese still begleitet. Das Heilige Blut ist nichts anderes als ein Bild für den Gral. In Azan haben wir eine Anfortas-Gestalt gesehen, die einen würdigen Nachfolger suchte und dabei auf Karl den Großen gestoßen war. Konsequenterweise müsste nun Karl der Große – um im selben Bild weiterzusprechen – ein Gralskönig sein. Kann man hierfür in Karls Leben einen Anhaltspunkt finden? Manches deutet darauf hin, dass er solchen Vorstellungen durchaus zugeneigt war. Seine Palastkapelle zu Aachen ließ er wie einen Gralstempel nach dem Vorbild der ursprünglichen Kirche vom Heiligen Grab zu Jerusalem bauen. Eine spätere mythische Legende, der er kaum widersprochen hätte, zeigt ihn von zwölf besonders begabten Männern umgeben, die sich vielfältig bewährt hatten, und die er *Paladine* nannte. Es waren seine engsten Freunde. Somit konnte sich Karl wie ein Gralskönig inmitten seiner Tafelrunde fühlen. Allein, dass die Räte Paladine hießen, verrät einiges über die spirituellen Hin-

[160] Verwiesen sei noch darauf, dass es auch in ganz Spanien seit dem 5. Jahrhundert eine romfreie christliche Strömung mit eigener Liturgie gegeben hat, deren Ursprünge in Südgallien und Kleinasien liegen. Vgl. Burdach, S. 184-190.

tergründe dieser Gemeinschaft. Überall in der höfischen Literatur des europäischen Mittelalters des 11.-12. Jahrhunderts spielten die Paladine um Karl den Großen eine wichtige Rolle.[161]

Mythische Bilder sind mit dem Intellekt schwer nachvollziehbar, denn sie wurzeln in einem anderen Bewusstsein. Der Intellekt leidet heute an seiner eigenen Kälte, doch kann er sich an den alten Bildern, die den Kulturstrom der Menschheit durchziehen, regenerieren. Wo der Mythos vielleicht längst vergessen ist, haben sich manchmal noch Spuren einzelner Motive erhalten.

„Palladine" werden manchmal dem *Palladion*, dem Stadtheiligtum der *Pallas*, zugeordnet, um das sich der Sagenkreis von Troja und dem Trojanischen Krieg rankt.[162] Jede große Stadt des Alten Orients besaß ein solches Heiligtum als irdische Repräsentanz ihrer Stadtgottheit. Es war Garant für Sicherheit und Prosperität der Stadt und wurde entsprechend gehütet. Troja, das Homer „heiliges Ilios" nennt, war eine uralte Stätte der Sonnenmysterien und vereinte vielfältige Kulturströmungen des Alten Orients. All das kam mit dem berühmten „Kampf um Troja" zu seinem Ende.

Worum ging es damals? Der Sage nach übergab der trojanische Königssohn Paris den goldenen Apfel – Zeichen für die schönste Frau – an die griechische Göttin der Liebe, an Aphrodite. Zum Dank versprach sie ihm die schönste Frau des Landes. So gelangte Helena aus Sparta als äußere Repräsentantin der Liebe nach Troja. Um sie wieder zu befreien, kämpften die Griechen zehn Jahre lang, bis sie durch eine List des Odysseus Troja einnehmen konnten. Den Griechen ging es aber nicht nur um Helena, sondern auch um das *Palladion*, das Bildnis der Pallas-Athene, das die uralte Sonnenweisheit darstellte und in Troja gehütet wurde. Die Griechen wussten, dass sie nur dann die Stadt einnehmen können würden, wenn sie das Bild der schützenden Göttin raubten. Wer das Bildnis besaß und die Kulthandlungen kannte, der konnte dann mit ihm wieder eine neue Stadt gründen und zu Wohlstand führen, denn das Palladion hatte eine magische Schutz- und Segenswirkung. Wenn man Pallas-Kulte zelebrierte,

161 Vgl. u. a. *La Chanson de Roland; Le Voyage de Charlemagne à Jérusalem et à Constantinoples; Fierabras;* vgl. ausführlich in: Sophia-Janet Aleemi, *Karl der Große in der Kathedrale von Chartres*, Stuttgart 2014.

162 Adalbert von Keyserlingk, S. 438 ff.

erschien die Göttin und bestätigte damit die Echtheit des Palladions. Auf diese Weise konnte das Palladion sogar vervielfältigt werden.

Homer beschreibt den tradierten Troja-Stoff in seinen großen Epen der Ilias und der Odyssee aus griechischer Sicht, während der römische Dichter Vergil Jahrhunderte später aus den Überlieferungen seine lateinische Dichtung *Aeneis* schafft. Diese Dichtungen prägen seit Jahrhunderten die europäische Kultur.[163] Es gibt mehrere Überlieferungen zum Palladion.[164] Einer dieser Legenden zufolge soll beim Brand Trojas das Palladion samt seiner zwölf Palladine aus den Flammen gerettet worden sein. Als „Sendboten" sollen sie zwölf Siedlungen in Griechenland und Italien gegründet haben, darunter Athen und Rom.[165] – Das mythische Bild verdeutlicht also zum einen ganz konkret, wie man eine Stadt einnehmen konnte – was im Alten Orient stets auf diese Art geschah – und wie man mit dem Palladion und als in seine Kulthandlungen Eingeweihter in einem fremden Gebiet eine neue Stadt gründen konnte, die dann durch die Anwesenheit des Götterbildes ihre Sicherheit erhielt.

Den Fortgang nach dem Brand Trojas beschreibt Vergils Dichtung. Sein Held Aeneas, der ein Sohn der Venus-Aphrodite, also ein in die Venusmysterien Eingeweihter war, hatte die Aufgabe, das Palladion zu retten und mit ihm an einem anderen Ort Troja neu zu erbauen. Gemeinsam mit seinen Gefährten brachte Aeneas das Palladion über viele Umwege von Troja nach Latium. Auf einer der letzten Zwischenstationen seines ereignisreichen Weges schickte ihn der Flussgott Tiberinus auf den nahegelegenen Hügel *Palatium*, der seinen Namen von der Stadt *Pallanteum* erhalten hatte. Diese war hier von den Arkadiern unter ihrem König Euander[166] angelegt worden. Wo später Rom erbaut werden sollte, dort sollte sich auf des Tiberinus' Geheiß Aeneas mit dem arkadischen König Euander verbünden (8. Gesang der *Aeneis*). Aeneas stand nämlich in demselben geistigen Strom wie Euander, dessen Ahnherr Pallas bereits viele Jahre zuvor in Arkadien die Stadt *Pallantion* gegründet hatte. Mit dieser

[163] Homer, *Ilias, Odyssee*, München 2002; Vergil, *Aeneis*, München 1979.

[164] Ehrenfried Kluckert, *Mythen und Sagen*, Köln 2006; Hesiod, *Theogonie* (griech.-dt.), München 2002; Karl Kerenyi, *Die Mythologie der Griechen*, 2 Bde., München 1966; Wolfgang Kullmann, *Die Quellen der Ilias*, Wiesbaden 1960.

[165] Zit. n. Adalbert von Keyserlingk, S. 438 ff.

[166] Vgl. Andreas Rumpf, „*Euandros 1*", in: *Der Kleine Pauly*, Bd. 2, Stuttgart 1967, Sp. 394 ff.

Begegnung von Aeneas und Euander wurde die Stadtgründung Roms vorbereitet, wenn auch die Überlieferungen zur Gründung Roms von da an vielfältige Variationen annahmen. Festzuhalten ist, dass, bis Vergil seine Dichtung verfasste, tatsächlich Aeneas als Gründer Roms galt.

Die große mythische Erzählung vom trojanischen Palladion, das zum lateinischen Palladium wurde, illustriert in mannigfacher Art, wie eine bestimmte Zeitepoche zu Ende geht und eine neue beginnt.[167]

Der Troja-Mythos dürfte Karl dem Großen bereits in seiner Kindheit imponiert haben, denn man wird ihm die Sage von der Herkunft der Franken aus Troja erzählt haben. Damit wären seine Ahnen Vettern der Romgründer gewesen, worauf er mit dem ganzen Stolz eines Heranwachsenden hätte blicken können.[168] Als Herrscher wurde Karl in den zeitgenössischen Dichtungen sogar mit Aeneas verglichen.[169] Es ist interessant, wie der Troja-Mythos, der ja schon damals zum allgemeinen Bildungsgut gehörte, voller Motive steckt, die als Chiffren für Karls Wesen und seine geistige Aufgabe eine wichtige Rolle spielen: Der goldene Apfel als Zeichen nicht nur für Liebe, sondern auch für Herrschaft und Weisheit. Aphrodite-Venus und Helena als Bild für die weibliche Kraft und Liebe, die eine Brücke zum Geistigen ermöglichen kann, sowohl als Idee wie auch in der irdischen Verkörperung. Im Zusammenhang mit Karl denkt man hier natürlich auch an die vielen Frauen, die er geliebt, geheiratet und mit denen er Politik betrieben hat, seine Töchter nicht ausgenommen. Selbst der Vergleich mit den trojanischen „Palladinen" und ihren Gründungen von Siedlungen findet seine Entsprechung in der Christianisierung Europas durch Karl.

Troja galt als die Idealstadt schlechthin und wurde durch Aeneas in Rom neu „begründet". Das alte Troja wurde vom neuen Rom abgelöst, das dann jahrhundertelang das beherrschende Zentrum Europas blieb und

---

[167] Dementsprechend hat sich auch die Schreibweise im Laufe der Zeit verändert. Vgl. J. B. Hofmann (Hrsg.), *Etymologisches Wörterbuch des Altgriechischen;* H. Menge (Hrsg.), *Menge-Güthling. Enzyklopädisches Wörterbuch der lateinischen und deutschen Sprache.* Besagter Hügel in Rom hieß noch bis zur Spätantike Palatium und trug erst seit der Renaissance den Namen *mons Palatinus* oder *Palatin(us).*

[168] Vgl. Johannes Fried, *Karl der Große. Gewalt und Glaube.* Eine Biographie, München 4/2014, S. 36.

[169] Christine Ratkowitsch, *Karolus Magnus – alter Aeneas, alter Martinus, alter Iustinus,* Wien 1997.

sein neues römisches Denken in der Welt verbreitete. Vergil hatte dies im 4. Gesang der *Aeneis* prophetisch vorbereitet, indem er Rom als die Heilige Stadt darstellte, von der aus die Macht der Religion in die Welt ausstrahlt. Dies sollte weiterhin so bleiben. Auch für Karl den Großen wurde Rom zentral. Mit dem Christentum war inzwischen die Kultur eine andere geworden und wieder neue, christliche Kulte prägten das Leben und Denken der Menschen. Die alten Götterbilder hatten längst ausgedient, doch kann man sagen, die Reliquien, die Karl sammelte, insbesondere aber das Heilige Blut – das war für Karl den Großen gewissermaßen das verwandelte neue Palladium.

In den auf alten Mythen basierenden Troja-Dichtungen des Homer sowie später in jenen des Vergil, die ja ebenfalls an altes Sagengut anknüpfen, finden sich zahlreiche Motive, die auch in den Gralserzählungen und in der Gralstradition, gleichsam auf einer anderen Ebene wiederholt, auftauchen, und die allesamt auf noch viel ältere Mythen zurückgehen. Fasst man diese beiden mythischen Komplexe ins Auge, so bemerkt man, wie sie im europäischen Kulturstrom eigentlich untrennbar miteinander verbunden sind, was tatsächlich im Mittelalter noch als selbstverständlich galt. Die Reichenauer Heiligblut-Legende aus dem 10. Jahrhundert ist ein frühes literarisches Beispiel dafür. Spätestens im 13. Jahrhundert wird in vielen europäischen Sprachen der Begriff *Paladin* für einen ritterlichen Helden fassbar, auch für die Ritter von König Artus‘ Tafelrunde.[170] Es zeigt sich hier deutlich, wie dem Menschen in der historischen Kulturentwicklung über sehr lange Zeit hinweg eine kulturelle Identität erwächst, die über weite Bögen sinnstiftend und verbindend wirkt.

Besonders eindrucksvoll ist der Aufbau von Karls Hofschule, die dem Bild des Gralskönigs und seiner Tafelrunde gleicht, welches wiederum an Christus mit den zwölf Jüngern als Urbild anknüpft.

An seinem Hofe in Aachen gründete Karl in den 780er Jahren nach platonischem Vorbild eine „Hofakademie“, die gleichsam die Keimzelle seines Bildungsideals darstellte. Wie spielerisch und doch mit tief ernstem Hintergrund erhielten die Mitglieder einen antiken oder alttestamentlichen Tarnnamen, der sie ideell mit diesen großen Persönlichkeiten verband. Der angelsächsische Gelehrte Alkuin, Karls einflussreichster geistlicher

[170] “Paladin”, in: *Oxford English Dictionary.*

Berater, hatte diesen Brauch aus England importiert. Er sprach von dem neuen und edleren Athen, das die Franken hier aufleben ließen, denn hier herrsche der lebendige Gott Jesus Christus. Alkuin selbst nannte sich *Flaccus*, nach dem römischen Dichter Horaz. Der Franke Angilbert hieß *Homerus*. Einhard hatte zwei Namen, *Beseleel* nach dem alttestamentlichen Goldschmied und Erbauer der Stiftshütte. Außerdem wurde er, weil er so klein war, spöttisch *Nardus* genannt, wie der Zwerg oder das indische Salbengras. Des Weiteren gab es einen *Hiram*, benannt nach dem Architekten des Salomonischen Tempels. Karl selbst trug, neben *Moses*, *Salomon* und *Josias*, den Namen *David*, denn er repräsentierte den biblischen König David und war immer Zentrum und geehrter Vorsitzender dieser Tischgemeinschaft von Gelehrten und Dichtern, deren Hochblüte in die Jahre von 794-798 fiel. Die drei Generationen, die hier vereinigt waren, wurden durch ihre Führer Petrus von Pisa, Alkuin und Einhard repräsentiert. Die Hofakademie versammelte sich in der Regel vom Winter bis zum Frühling, wenn keine Kriege zu führen waren. Dann traf man sich in den verschiedenen Pfalzen und ab Weihnachten 794 regelmäßig in Aachen.

Karl fühlte sich „durch die Gnade Gottes und durch die von ihm geschenkte Barmherzigkeit König und Lenker (*rector*) des Reiches der Franken", so lautete sein Titel. Er glaubte also, von Gott selbst seine Königswürde erhalten zu haben und wollte mit diesem Geschenk verantwortungsvoll umgehen, denn er wusste, dass Gott ihn wie alle alttestamentlichen Könige einmal zur Rechenschaft ziehen würde. Davon war er überzeugt. Gerade Alkuin erinnerte den König immer wieder daran, dass er als *rector* zu richten habe, was die übrige Christenheit nicht zu richten vermag. Wie König David, der das Urbild und Vorbild aller Könige nach ihm war, sollte Karl den idealen zeitgenössischen König verkörpern. König David als „Vorläufer" von Christus, dem König der Könige.

Figurinitiale mit der Darstellung des Königs David, Goldener Psalter von St. Gallen, entstanden um 860/900 in Westfrankreich und im Kloster St. Gallen (Stiftsbibliothek St. Gallen)

Man wird womöglich heute über diese mythische Seite Karls des Großen staunen. Aber vielleicht wirkten hinter dem, was da als Spielerei erscheinen muss, doch geistige Realitäten, die nicht ohne weiteres zu durchschauen sind. Bedauerlicherweise wissen wir auch hier viel zu wenig und müssen deshalb die Bilder sprechen lassen, allenfalls könnten wir uns durch die Werke dieser oft visionären Dichter anregen lassen, diese uns so fremdartige Seite an Karl weiter zu erkunden.[171]

Zwei Sprachen: Lingua latina – Lingua theudisca

Vielleicht war es, obwohl zufällig, ja gar nicht so abwegig, dass Einhard in der Hofakademie den Namen *Beseleel* trug. Beseleel war, wie gesagt, der Erbauer der alttestamentlichen Stiftshütte, die als Aufbewahrungsort des Allerheiligsten diente, der Ort, wo die Gottheit weilte. Einhard vertrat am Hofe Karls die lateinische Richtung, die römische, die dem institutionellen wie institutionalisierten Machterhalt der Kirche diente und an deren Spitze der Papst stand. Kennzeichnend ist das Formulieren spiritueller Inhalte in den abstrakten Begriffen der lateinischen Sprache, das zunehmend zu einem rigiden Regelwerk wurde. Waldo hingegen scheint bemüht gewesen zu sein, eine ganz andere Denkart zu pflegen. Diese war offener, freier und beweglicher, so wie auch die östlich des Rheins gesprochene Volkssprache – eine Art *Althochdeutsch*. Diese frühe Form des heutigen Deutsch nannte man damals in der Umgebung Karls des Großen latinisiert *lingua theudisca*, aus althochdeutsch *Þeodo*, „Volk". Am Bodensee freilich sprach man eine besondere Variante: *Altalemannisch*. Die Sprache des Volkes war voller Varietäten. Erst langsam entwickelten sich daraus die frühen Formen der „Nationalsprachen", etwa Althochdeutsch. Und langsam begann man auch, in diesen gesprochenen Sprachen und Varietäten zu schreiben. Man bediente sich dafür des lateinischen Alphabets, das ja bereits gute Dienste leistete. Wie immer, wenn ein neues Medium auftaucht, dauert es eine gewisse Zeit, bis es sich durchsetzt. Dies gilt auch für die Verschriftlichung der Volkssprachen. Tatsächlich gehören zu den ersten und damit ältesten deutschen Textzeugnissen solche aus der Reichenau, sie stammen aus der Zeit Waldos.[172] Um einmal als Beispiel

---

[171] Weiterführend hierzu: Wolfram von den Steinen, „Karl und die Dichter", in: Wolfram von den Steinen, *Menschen im Mittelalter.* Gesammelte Forschungen, Betrachtungen, Bilder, Hrsg. Peter von Moos, Bern 1967.

[172] Vgl. Stefan Sonderegger, „Althochdeutsch auf der Reichenau. Neuere Forschungen zur ältesten Volkssprache im Inselkloster", in: Helmut Maurer, *Die Abtei Reichenau. Neue Beiträge zur Geschichte und Kultur des Inselklosters*, Sigmaringen 1974; Stefan Sonderegger, *Althochdeutsche Sprache und Literatur*, Berlin 3/2003.

einen zusammenhängenden Text vorzustellen, seien hier zwei von mehreren überlieferten althochdeutschen Paternoster-Übersetzungen, wie sie Karl 789 und 802 eingefordert hatte, angeführt. Beim *Reichenauer Paternoster* handelt es sich um eine behutsame Rekonstruktion im Reichenauer Altalemannisch.

Reichenauer Paternoster

fater unser du der pist in himilum
kewihit (keheiligot) si namo din (diner)
az quheme richi dinaz
uuerde uuillo din eo so in himile inti in erdu
prot unseraz tagalichaz kip uns hiuto
inti farlaz uns sculdi unsero
eo so (inti) uuir farlazzemes scolom unserem
inti ni in caleite(e)s unsih in chorunga
uzzan arlosi unsihc fona ubile[173]

Sankt Galler Paternoster

fater unseer thu pist in himile
uuihi namun dinan
qhueme rihhi din
uuerde uuillo diin so in himile sosa in erdu
prooth unseer emezihic kip uns hiutu
oblaz uns sculdi unseero
so uuir oblazem uns sculdikem
enti ni unsih firleiti in khorunka
uzzer losi unsih fona ubile[174]

Während die Reichenauer Übersetzung sich sehr getreu an das Original hält, übersetzte man gegen Ende des 8. Jahrhunderts in Sankt Gallen eigenwillig frei, aber den Sinn erklärend – ganz so, wie es sich Karl gewünscht hatte. Beispielhaft zeigt sich dies an der ersten Bitte des Vater-

---

[173] Hier handelt es sich um eine an wenigen Fehlstellen behutsame Rekonstruktion im Reichenauer Altalemannisch; Stefan Sonderegger, „Althochdeutsch auf der Reichenau. Neuere Forschungen zur ältesten Volkssprache im Inselkloster", S. 81.

[174] Sankt Galler Paternoster zit. n. Arnold Angenendt, *Das Frühmittelalter*, S. 344.

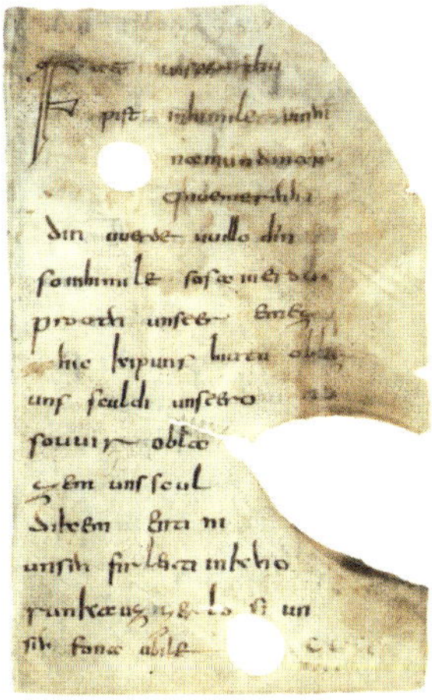

Vaterunser aus der *Abrogans-Handschrift,* dem ältesten deutschsprachigen Buch, um 790 evt. im Elsaß (Stiftsbibliothek St. Gallen)

unsers: *sanctificetur nomen tuum* – Geheiliget werde dein Name. Von wem und wie nun soll Gottes Namen geheiligt werden und warum überhaupt, da er doch heilig ist? In dieser Frage helfen die Bibelkommentare dem Übersetzer weiter. Gottes Name soll in den Menschen, in uns geheiligt werden, und Gott möge dies bewirken, uns dazu verhelfen. Darum übersetzt der Sankt Galler, *wihi namun dinan* – Herr, heilige deinen Namen, hilf uns, dass wir ihn in uns heilig halten.[175]

Wenn in den Klöstern die herbeigereisten Geistlichen, die alle ein regional unterschiedlich gefärbtes Latein sprachen, das noch dazu latinisierte Wörter aus ihrer eigenen Volkssprache enthielt, verstanden werden sollten, und wenn man ihre lateinisch geschriebenen Bücher lesen können sollte, dann benötigte man Übersetzungen und Erklärungen. Nun hatte Karl der Große angeordnet, dass die Geistlichen, die, wenn sie nicht gerade aus Italien kamen, die lateinische Sprache meist nur fehlerhaft beherrschten, zu einem korrekten Latein erzogen werden sollten. Deshalb begann man auch damit, lateinische Wörterverzeichnisse herzustellen, aus denen man dann in einigen fränkischen Klöstern lateinisch-deutsche Wörterbücher entwickelte, sogenannte Glossare. Diese Maßnahmen hätten wahrscheinlich zum Verständnis der lateinischen Texte genügt. Mit der griechischen Sprache war man ja ebenso verfahren. Zwischen die Zeilen des griechischen Textes hatte man sich die lateinische Bedeutung oder auch Wörter in der Volkssprache geschrieben, und so arbeitete man auch mit lateinischen Texten, wenn man nicht gerade Randbemerkungen anfügte. Es ist die ökonomischste Methode, um einen fremdsprachigen Text zu verstehen. Zur Systematisierung wurden ganze Bücher mit Vokabellisten gefüllt. Vokabelhefte, wie sie jeder Schüler kennt. Sogar Schulhefte aus dem frühen 9. Jahrhundert sind überliefert. Ein schönes Beispiel findet sich in einem solchen Reichenauer Schulheft, wo jede Seite in vier Kolumnen aufgeteilt ist. Da heißt es beispielsweise:

[175] Werner Betz, „Karl der Große und die lingua theodisca“, in: Berhard Bischoff (Hrsg.), *Karl der Große. Lebenswerk und Nachleben*, Bd. II, *Das geistige Leben*, Düsseldorf 3/1967, S. 300 ff.

Griechisch *ophtalmos*, Lateinisch *oculus* = Auge; Griechisch *Kakos*, lateinisch *malus* = schlecht. (Cod. 86b/1, pag. 3v und 4r, Benediktinerstift St. Paul im Lavanttal.)

Reichenauer Schulheft (Benediktinerstift St. Paul im Lavanttal)

Das Kloster Reichenau gehörte vom 8. bis zum 10. Jahrhundert zu den wichtigsten Orten der althochdeutschen Glossierungstätigkeit. Auf der Reichenau, und übrigens auch in Sankt Gallen, ging man indes noch einen Schritt weiter. Offensichtlich wollte man, dass die Klosterschüler sowie die Menschen, welche die Predigten der Geistlichen hörten, diese und überhaupt die kirchlichen Lehren auch wirklich verstanden, also nicht nur mit dem Verstand, sondern in der Tiefe ihrer Seele. Wer weiß, vielleicht ging der Impuls dazu von Waldo aus.

Wie nun konnte man die Herzen der Menschen am besten erreichen? Sicher nicht durch Vokabeln-Pauken. Waldo wusste das und fand einen besseren Weg. Nicht das geschriebene Wort sollte die Brücke bilden, sondern das gesungene, das Lied – althochdeutsch *leod* – was auf lateinisch *carmen* heißt. Dazu mussten natürlich auch die auswärtigen Geistlichen die Volkssprache erlernen.

Aus den Bücherverzeichnissen des Schreibers und Bibliothekars Reginbert ist ersichtlich, dass zu Waldos Zeit als Abt, also ab 786, etliche volkssprachliche Texte zum Unterricht der Schüler im Kloster eingesetzt wurden. Die Übersetzung und Erklärung von Kirchenhymnen in der Volkssprache wurden regelrecht geübt. So schreibt Reginbert über ein Verzeichnis: »Im 21. Band sind enthalten zwölf in deutscher Volkssprache gebildete Lieder (wörtlich: *carmina theodiscae linguae formata*).« Gemeint ist eine auf der Reichenau entstandene Interlinearversion ambrosianischer Hymnen, die sogenannten *Murbacher Hymnen*. Weiter heißt es bei Reginbert: »Im 22. Band befinden sich (…) verschiedene Lieder, um die deutsche Volkssprache zu lehren (wörtlich: *carmina diversa ad docendum theo-*

discam linguam).«[176] Lateinisch *docere* bedeutet freilich auch „dem Volk predigen". So lernte man im Lied und in der Predigt Gottes Schöpfung verstehen.

Waldo scheint Wert darauf gelegt zu haben, dass in allen Gebieten, die zur Unterweisung in den wichtigsten Lehren der Kirche dienten, also im Bekenntnis, bei der Taufe und wohl auch in der Abschwörung des alten Götterglaubens, die deutsche Volkssprache als Sprache eingesetzt wurde, denn es ging um mehr als ein intellektuelles Verständnis. Die *lingua theudisca* war eben nicht kristallin, wie das Latein, sondern sie stand in ihrer Bildhaftigkeit dem Menschen herzenswarm zur Verfügung und ermöglichte ihm ein Meer von Zwischentönen. Die Volkssprache erreichte die Menschen in ihrem Gemüte, und nur durch sie, nicht in abstrakten lateinischen Formulierungen und Formeln, konnte religiöses und Welt-Wissen zum inneren Erleben gebracht werden. Aus allen Verwendungsgebieten der altalemannischen Volkssprache im kirchlichen Zusammenhang sind noch Belege erhalten, wenn auch die meisten, als die Liturgie römisch geworden war und man sie nicht mehr brauchte, im besten Sinne „recycelt" wurden. Weil Pergament kostbar war, wurden die Blätter zum Binden zerschnitten oder zum Wiederbeschreiben abgekratzt; oder sie kamen auf andere Weise abhanden. Wie sehr man sich Pergament zum Schreiben wünschte, zeigt ein Brief des Mönches Tatto, eines Schülers von Waldos Bibliothekar Reginbert. Er wendet sich mit der Bitte um gutes Schreibmaterial an den Erzbischof Otker von Mainz:

> *»Schicket mir doch gutes Pergament zum Schreiben eines Lektionars und eines Gregorianischen Messbuchs! Könnte ich das durch Eure Unterstützung ausführen, ich werd es Euch zeitlebens nicht vergessen. Der Brief Euer Hochwürden mag mir durch Überbringer dieses zukommen, damit ich erfahre, ob Euer Gnaden sich noch an unsere alte Kameradschaft [am Hof Kaiser Ludwigs I] zu erinnern geruhen. Und ich bitte auch, zuversichtlich wie immer, mir oben besagtes Pergament durch unsern Bruder zukommen zu lassen (...)«*[177]

---

[176] *Reichenauer Hss. I*, Landesbibliothek Karlsruhe, zit. n. Längin, „Altalemannische Sprachquellen aus der Reichenau", in: Beyerle, *Die Kultur der Abtei Reichenau*, Bd. 2, S. 684.

[177] Zit. n. Preisendanz, „Aus Bücherei und Schreibstube der Reichenau", in: Beyerle, *Die Kultur der Abtei Reichenau*, Bd. 2, S. 663.

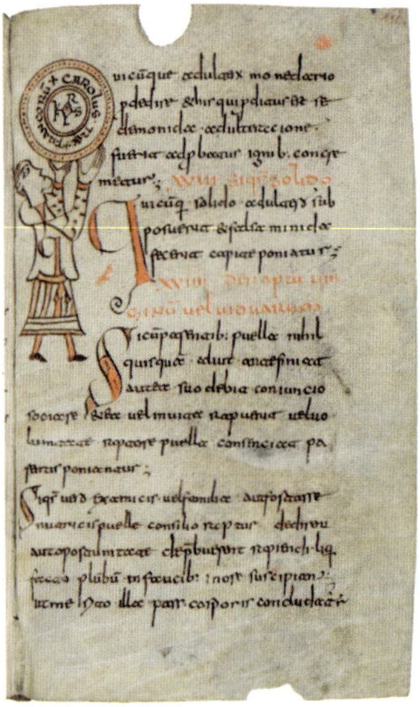

Leges-Sammlung der Lex Romana Visigothorum, Lex Salica, Lex Alamannorum (Stiftsbibliothek Sankt Gallen)

Der Codex (207x129 mm) enthält in vorkarolingischer Minuskel geschriebene Stammesgesetze und stammt aus der Westschweiz oder Besançon. Autor der Sammlung ist ein Notar namens Wandelgarius. Die Initiale q ist umkleidet von einem für die Gesetze zuständigen Mann, der einen Rundschild mit dem Monogramm Karls des Großen und der Inschrift *Carolus Rex Francoru[m]* emporhält wie eine Sonne. Man fühlt sich an den 84. Psalm erinnert, wo es heißt, „Gott der Herr ist Sonn' und Schild". Dies ist eine schwer zu übertreffende Ehrung Karls des Großen.

Bereits von der Reichenau aus wirkte Waldo einflussreich am Hofe Karls des Großen. Ob es aus Zufall geschah, ob es vielleicht auch mit dem Tod Alkuins im Zusammenhang stand, lässt sich heute nicht mehr sagen. Auffällig ist aber, dass von der Zeit an, da Waldo am Hofe maßgebend wurde, Karl der Große aufhörte, die lateinische Sprache, für die er sich mit der Hilfe von gelehrten Langobarden (Petrus von Pisa, Paulinus von Aquileja und Paulus Diaconus aus Montecassino), von Angelsachsen (Beornrad von Sens, Alkuin aus York), Iren (Dungal, Cadac-Andreas) oder dem Westgoten Theodulf überaus nachdrücklich eingesetzt hatte, zu begünstigen und jetzt ernsthafte deutsche Sprachstudien betrieb. Wie Einhard im 29. Kapitel seiner *Vita Karoli Magni* berichtet, ließ Karl eine Grammatik der „Vätersprache" verfassen *(Inchoavit et grammaticam patrii sermo)* und sammelte alte Lieder der frühen Germanen sowie Heldensagen, die er niederschreiben ließ *(barbara et antiquissima carmina)*. Er gab den Winden deutsche Namen *(item ventos duodecim propriis appellationibus insignivit…)*, und auch den Monaten: *Mensibus etiam iuxta propriam linguam vocabula imposuit, cum ante id temporis apud Francos partim latine partim barbaris nominibus pronunciarentur* (Übers.: Auch den Monaten legte er Benennungen gemäß der Volkssprache bei, nachdem sie bis zu dieser Zeit bei den Franken teils lateinisch, teils mit einheimischen Namen ausgesprochen wurden.). Freilich sind weder die Grammatik noch die Heldenlieder erhalten. Und auch in den Bemühungen um die deutschen Monatsnamen und Winde war Karl kein nachhaltiger Erfolg beschieden. Noch vorher aber, so berichtet Einhard, bemühte sich Karl darum, die bestehenden Gesetze zu sammeln, zu vervollständigen, zu korrigieren und Widersprüchliches zu begradigen. Zwar scheiterte Karl damit ebenfalls, doch ist uns hierzu immerhin ein schönes Dokument aus Sankt Gallen erhalten.

Einhard berichtet in seiner *Vita Karoli Magni*, wie der Kaiser die beiden voneinander abweichenden Rechte der Franken und auch die der Volksstämme zu korrigieren versuchte (Kap. 29). In diesem Zusammenhang ist das Blatt zu verstehen. Vorausgegangen war eine Aufforderung des Erzbischofs von Lyon: Agobard und übrigens auch der Fuldaer Bischof Hrabanus Maurus verlangten, dass die Vielfalt der Volksrechte überwunden werden sollten, weil vor Gott alle Menschen gleich seien – diese Interpretation jedoch widerstrebte dem fränkischen Selbstgefühl…

Anders war es auf dem Gebiet der religiösen Bildung. Hier verlangte Karl der Große erfolgreich die Muttersprache des Volkes. Am 23. März 789 erließ er seine *Admonitio generalis*, nach der das Glaubensbekenntnis und das Vaterunser dem Volk von den Priestern vorzutragen und zu erklären seien. Im Frankfurter Konzilsbeschluss von 794 heißt es dann im 52. Kapitel: »Niemand glaube, man dürfe Gott nur in drei Sprachen [Latein, Griechisch, Hebräisch] anrufen, denn in jeder Sprache kann der Mensch zu Gott beten und wird erhört, wenn er recht bittet.« Und in einem Reichsgesetz von 802 fordert er, dass das ganze christliche Volk das Glaubensbekenntnis und das Vaterunser auswendig können soll: *»ut omnis populus christianus fidem catholicam et dominicam orationem memoriter teneat«*. Dies führte unmittelbar dazu, dass nun recht zahlreiche althochdeutsche Übersetzungen des Vaterunsers, des Glaubensbekenntnisses und der Taufgelöbnisse entstanden. Auch auf der Reichenau, und zwar unter dem Priorat von Waldo, wie wir oben gesehen haben. Kurz vor seinem Tod ging Karl noch einen Schritt weiter. Jetzt wurde das ausdrückliche Ziel, die Volkssprachen für kirchliche Zwecke einzusetzen, im Konzil von Tours 813 ausgesprochen. Die Bischöfe sollten »die Predigten in die romanische und deutsche Volkssprache (wörtlich: *rusticam romanam linguam et theotiscam*) übersetzen, damit alle umso leichter verstehen können, was gesagt wird.«[178]

Es fällt auf, wie stark der Gebrauch der Sprache in Einhards Karlsbiographie betont wird, und man könnte sich vielleicht fragen, warum Einhard

[178] Zit. n. Längin, „Altalemannische Sprachquellen aus der Reichenau“, S. 684.

dies nicht mit bestimmten Personen verknüpft. Auch wenn man heute den überraschenden sprachlichen Orientierungswechsel vom Lateinischen weg und hin zur (deutschen) Volkssprache bei Karl dem Großen nicht kausal einem bestimmten Ereignis oder einer bestimmten Person zuordnet, so hat Waldo doch offenbar dasselbe Ziel verfolgt wie Karl. Und wenn er nicht der Impulsator für diesen Schwenk war, so hat er ihn nachhaltig unterstützt. Dessen ungeachtet spielt Waldo in keiner Karlsbiographie eine Rolle. Sowohl als Beichtvater als auch als intimster und einflussreichster Berater des Königs und später des Kaisers bleibt er unerwähnt. Bis heute verfolgt die äußere Geschichtstradition den von Einhard eingeschlagenen Weg. Einhards um 835 verfasste *Vita Karoli Magni*, eine klassische Kaiserbiographie nach dem Vorbild des römischen Historikers Sueton, machte Karl zum Vorbild für seine Nachfolger und bildet selbst heute noch immer die Grundlage für jede weitere Karlsbiographie. Keiner, der jemals über Karl schrieb, hatte ihn ja von dieser Nähe erlebt. Aber über Waldo schweigt Einhard.[179] Waldo selbst wäre, ähnlich wie Einhard, dazu prädestiniert gewesen, eine Biographie Karls zu verfassen, doch hat er, was spätestens heute zu bedauern ist, nichts über ihn geschrieben. Ein Grund liegt sicher darin, dass er das Beichtgeheimnis ernst nahm. Vielleicht hegte er auch sonst keine schriftstellerischen Ambitionen. Möglicherweise hat Waldo, abgesehen von Briefen, die üblicherweise nicht erhalten sind, überhaupt keine eigenen Texte niedergeschrieben. Zumindest hat man noch keine gefunden – und so blieb er all die Zeit im Hintergrund.

[179] Einhardi, *Vita Karoli Magni*, MGH, Hannover 1911; Evelyn S. Firchow (Übers., Hrsg.), *Einhard. Vita Karoli Magni*. Das Leben Karls des Großen, Stuttgart 2013.

Waldo – Abt und Bischof: Reichenau – Basel – Pavia – Saint-Denis

Waldo in Basel

Waldo war nicht nur in der Legende, sondern auch in Wirklichkeit Bischof in Basel, nachdem er zuvor in Sankt Gallen, erst als einfacher Mönch (770-782) später als Abt der Klostergemeinschaft (782-784) und dann auf der Reichenau, wieder erst als Mönch (784-786) und später als Abt (786-806), gewirkt hatte. Beide Klöster hatte er nicht zuletzt durch den Aufbau einer Bibliothek – auf der Reichenau auch einer Klosterschule – zu den bedeutendsten Kulturzentren des Karolinger-Reiches gemacht. Auch für Basel werden also Erwartungen an ihn gerichtet gewesen sein. Erstaunlicherweise weiß man nichts darüber. Zeitgleich mit seinem Bischofsamt in Pavia war Waldo nach Munding nachweislich zwischen 791 und 802 (oder 805) Bischof in Basel. Allerdings wird er in maßgebenden Quellen nicht genannt.[180] Das ist merkwürdig. Es gibt nur wenige Spuren, die sein Amt dort am Hochrhein bezeugen. Munding hat in seinem akribischen Quellenstudium herausgefunden, dass sich zwischen 751-778, als ein Baldebert Bischof war, und den Jahren 805-823, als der Reichenauer Heito das Episkopat innehatte, eine auffallende Lücke bemerkbar macht. Diese Lücke bezeichnet genau die Zeit, die für Waldo als Basler Bischof infrage kommt. Ob nun Waldos Name aus dem Baseler Bischofsverzeichnis absichtlich getilgt wurde, wie es Heber behauptet, oder ob Waldo das Bistum lediglich als Verweser verwaltete, wie andere es vorsichtiger ausdrücken oder vermuten, kann wohl nie mehr geklärt werden. In der Reichenauer Legende ist diesbezüglich lediglich von einem *Pontificatum* die Rede, also vom Amt eines Oberpriesters (Kap. V). Weil so wenig über Waldos Wirken in Basel bekannt ist, bewertet eine neuere Theorie Waldos Basler Zeit schlicht als unbedeutend.[181] Doch kann man das so einfach ermessen?

Der Mediaevist Wolfram von den Steinen erinnert daran, wie in Basel die Pflege des geistigen Lebens »durch die persönliche Fürsorge Karls des Großen entsteht. Auf seinen mehrfachen Fahrten vom Rheinland in die Lombardei und zurück hat der Frankenherrscher die Stadt gewiß öf-

[180] Vgl. Munding, S. 89.

[181] Roger J. Rebmann, *Waldo, Bischof von Basel und Pavia*, www.altbasel.ch, 2008, S. 4.

ter besucht. Er gab dem verwahrlosten Bistum zunächst, noch in seiner Königszeit, den Reichenauer Abt Waldo zum Verweser…«[182]. Für Karl war es wichtig, dass »die Aufzucht von Kirche und Schule, von Kunst und Kultur in die Hand von Männern« gelegt wurde, »die am geistigen Leben seines Hofes ihren Anteil gehabt hatten und für ihre mühselige Aufgabe im Bistum an ihren Mönchen den notwendigen Rückhalt besaßen«[183]. Nun war aber ein Bistum kein Kloster, sondern eine weltgeistliche Einrichtung, der die Unterweisung der Laienschaft zufiel. Was fehlte, war das zur echten Bildung Notwendige: »Gemeinschaft hoher Ideen, fleissige Arbeit, Zucht und Tradition. Um solch hohe Schule auch an einem Bistum erstehen zu lassen, bedurfte es der Mönche zum Vorbild und zur Hilfe.«[184] Dafür pflegte Basel mit der Reichenau innigste Gemeinschaft, was die erhaltenen Konfraternitätslisten bezeugen.[185]

Waldos Aufgaben waren demnach ähnliche wie auch auf der Reichenau, nur ungleich schwieriger, denn all die Grundlagen, die er in seinem Kloster aufgebaut hatte, fehlten. Tatsächlich war Basel damals ein vergleichsweise untergeordneter Ort, der nicht einmal über eine mäßig große Kirche verfügte, aber immerhin bereits Bischofssitz war. Der nächste bedeutende Bischofssitz befand sich in der einstigen römischen Idealstadt *Colonia Augusta Raurica* am Hochrhein, inzwischen *Augst* genannt. Dort stand bis zu Heitos Basler Münsterbau um 800 der größte Sakralbau der Region.[186] Am leichtesten dürfte es für Waldo gewesen sein, Basel mit Büchern auszustatten. Doch zu gerne wüsste man auch, mit welchen Persönlichkeiten er Beziehungen pflegte und welche Fäden er knüpfte.

Sehr wohl bekannt ist der desolate Zustand des Baseler Sprengels. Die Verwahrlosung dort muss schon recht lange gewährt haben, denn selbst dem erfahrenen Waldo gelang es nicht, sie auch nur annähernd zu beseitigen. Nicht dass es ihm an den notwendigen Fähigkeiten ermangelte, doch für diese Aufgabe hätte es zumindest seiner ständigen Anwesenheit

[182] Wolfram von den Steinen, „Literarische Anfänge in Basel", in: Wolfram von den Steinen, *Menschen im Mittelalter*, S. 157.

[183] S. 157.

[184] S. 157.

[185] *Confraternitates*, MGH, zit. n. von den Steinen, S. 193.

[186] Zu Basel im Frühen Mittelalter vgl. Marc Fehlmann / Michael Matzke / Sabine Söll-Tauchert (Hrsg.), *Gold und Ruhm. Kunst und Macht unter Kaiser Heinrich II.* (Ausstellungskatalog Historisches Museum Basel 2019).

bedurft. Doch war durch seine anderen Ämter im Kloster Reichenau und in Pavia gar nicht möglich. Dennoch fühlte Waldo seine Verantwortung für Basel und litt darunter, sie nicht angemessen erfüllen zu können.

Die Reichenauer Legende *Translatio sanguinis Domini in augiam* zeugt davon, wie sehr Waldo seine Verantwortung für das Bistum Basel belastete, denn warum sonst war es sein größter Wunsch gewesen, in Basel abgelöst zu werden? Deshalb hatte er bei der sich bietenden Gelegenheit seinen Einfluss bei Karl dem Großen geltend gemacht und konnte erreichen, dass als geeigneter Nachfolger sein einstiger Reichenauer Schüler Heito, den er sehr schätzte, als „Hilfsbischof" nach Basel kam, damit er ihn später einmal als Bischof ersetzen würde.

Nicht durch Waldo erhalten wir Einblick in die Baseler Zustände, sondern durch jenen Heito. Heito entstammte einem vornehmen schwäbischen Grafengeschlecht, wahrscheinlich dem der Nellenburger, und wird als Mann von schöner, schlanker Gestalt, beredter Zunge und scharfsinnigem Geiste, von allseitiger Bildung und feinster Gesittung geschildert.[187] Sein Schüler Walahfrid Strabo lobt ihn als »weise im Rat, fromm im Gemüt, heiter in der Rede, gläubig im Herzen und der Weisheit voll wie eine Bücherkiste.«[188] Heito wirkte nach Waldo von 805 bis 823 als geweihter Bischof in Basel. Von Heito ist eine Liste mit 25 Punkten, *Canones* genannt, überliefert, der man entnehmen kann, wie schlimm die Zustände in Basel wirklich waren. Hier wurden alle Missstände aufgelistet und Anweisungen zu ihrer Behebung gegeben. Der Klerus hatte den Unterricht des Volkes vernachlässigt. Er sollte nun zumindest dafür sorgen, dass alle das Vaterunser und das Glaubensbekenntnis auswendig lernen. Die Antworten des Volkes auf den liturgischen Gruß des Priesters sollten nicht mehr nach verschiedenen Gebräuchen geschehen, sondern einheitlich. Manche Priester besaßen noch nicht einmal die wichtigsten Bücher für die Ausübung ihres Amtes sowie die Verrichtung ihrer Gebete. Manche hatten keine rechte Vorstellung von den Sakramenten. Die Taufzeiten von Ostern und Pfingsten wurden nicht eingehalten, ebenso wenig wie Sonntage und Feiertage. Man kannte nicht einmal mehr alle Feiertage. Zu Lesungen in der Kirche wurden auch weltliche Texte verwendet. Der Klerus hatte seine Gebetspflicht und oft auch den kirchlichen Dienst

187 Munding, S. 69.
188 Zit. n. Erdmann, *Die Reichenau*, S. 6.

vernachlässigt. Allzu oft führte er ein gar zu weltliches Leben. Meineid war geradezu ein Volksübel, geistliche Ämter wurden für Geld gekauft, Wucher war verbreitet, der *Zehent* wurde nicht regelmäßig abgeliefert, Abgaben der Gläubigen wurden veruntreut, das Bußgericht wurde ungerecht ausgeübt, es mangelte an Gleichbehandlung, Priester verließen ohne Erlaubnis des Bischofs ihre Pfarrei, lasen an unheiligen Orten die Messe, ließen Frauen zum Altar zu und so weiter. Auch das persönliche Leben der Geistlichen war nicht so, wie es die Kirchenzucht vorsah. Heito musste deshalb allerlei Bestimmungen erlassen: Die Geistlichen sollten nur einwandfreie Haushälterinnen haben, keine Wirtshäuser besuchen, sich nicht in weltliches Leben und Treiben einmischen, nicht Bürge sein, nicht zur Jagd gehen, nicht spielen und auch keine Schauspiele besuchen. Nicht zuletzt mussten sie dazu angehalten werden, die behördlich vorgeschriebenen Fastenzeiten einzuhalten.[189] Nicht nur die Kirche schrieb nämlich Fastenzeiten vor, sondern auch Karl der Große selbst.

Menschlich, allzu menschlich waren also die Zustände im Baseler Sprengel gewesen – und nicht nur dort. Vielleicht ist es ja letztendlich der Unordnung in Basel zuzuschreiben, dass Waldo daselbst in keiner Urkunde auftaucht? Oder wollte man vermeiden, dass Waldo als unfähig galt, als Versager? War Waldo vielleicht doch nicht immer so moralisch korrekt, wie man es von einem vorbildlichen Abt erwartete? Gab es da einen dunklen Fleck in seiner Seele? Es läge nahe, in diese Richtung zu denken, wenn man sich an die geistige Schau des Reichenauer Mönches Wetti erinnert. Sie ist erhalten, weil eben jener Heito, der Waldo in Basel als Bischof abgelöst hatte und der auch im Reichenauer Kloster sein Nachfolger als Abt geworden war, jetzt als Altabt des Klosters Wettis Beichte entgegennahm und sie sogleich niederschrieb.[190] Der damals noch ganz junge und hochbegabte Reichenauer Klosterschüler Walahfried Strabo (809-849) hat sie später – ausgeschmückt und kommentiert – in eine poetische Form von beinahe 1.000 Hexametern gegossen.[191] Diese Fassung ist bis heute berühmt.

---

[189] Munding, S. 92 ff.

[190] *Heitonis Visio Wettini*, E. Dümmler (Hrsg.), *Monumenta Germaniae historica*, Poetae Latini II, 1884, p. 267-275.

[191] H. Knittel (Hrsg.), *Walafrid Strabo, Visio Wettini*, Sigmaringen 1986.

Die Visio Wettini

Schon früher hatten Reichenauer Mönche übersinnliche Erlebnisse gehabt. Damals war Heito noch Abt gewesen und hatte getreulich niedergeschrieben, was ihm in Beichtgesprächen seit 814, dem Todesjahr von Waldo, anvertraut worden war. Was der Mönch Wetti – Leiter der Klosterschule – erlebte, übertraf jedoch alles. In Wettis Vision kommt Waldo gar nicht gut weg.

Wetti war ein Brudersohn Waldos, also sein Neffe, und war im Kloster Reichenau erzogen worden. Später wurde er dort ein von seinen Schülern viel bewunderter Lehrer. Kein Wunder, brachte er doch durch seine Zeit am Kaiserhof, wo er ein ausgelassenes Leben genossen hatte, viel vom Glanz der Welt mit. Er war voller Verständnis für die jungen, oft adeligen Mönche. Auf seine Art war er eigenwillig, nüchtern, unbeirrbar und nicht gerade brillant als Stilist. Vielleicht wäre er irgendwann Abt geworden, wenn nicht... Noch nicht einmal fünfzig Jahre alt, erkrankte Wetti. Er konnte nicht mehr essen und auch nicht schlafen. Da erlebte er in der Nacht eine überwältigende Vision. Der Historiker Arno Borst fasst anschaulich zusammen, was Wetti geschah:

> *»Plötzlich erschien ihm ein Geistlicher mit augenlosem Gesicht, Marterwerkzeuge in Händen, und verkündete voll grimmiger Freude: ‚Morgen wirst du gefoltert und ganz nach Verdienst wirst du bezahlt!' Eine schwarze Schar stand im Zimmer, um Wetti einzumauern. Schnell kamen würdige Benediktiner, verscheuchten die Teufel und verhießen Wetti weiteres Leben. Der Schutzengel erschien, das kündigte den baldigen Tod an. Wetti erwachte schweißgebadet und zitternd. Zwei Mitmönche beteten mit ihm die Bußpsalmen, lasen mit ihm im Buch Gregors des Großen über das Schicksal der Seele nach dem Tod und legten sich neben ihm schlafen... Da kam der weiße Engel wieder und nahm Wetti zu einem feurigen Fluss. In dessen Wellen sah er alte Bekannte, Priester vor allem, die gequält und gegeißelt wurden. Der Engel erläuterte, sie hätten nach irdischem Ansehen gestrebt, am Kaiserhof Belohnungen gesucht, sich vornehm gekleidet und üppig gespeist. Dann führte der Weg an einem Mönch vorbei, der in einen Bleisarg eingezwängt lag; er hatte privaten Grundbesitz behalten und darüber das gemeinsame Gut, die Armut Christi, verraten. Weiter oben am himmelhohen Berg der Läuterung stand der Abt von Reichenau: kein anderer als Waldo, Heitos Vorgän-*

ger und Wettis Verwandter. In Sturm und Regen sollte er den Schmutz abwaschen, den er unbedacht auf sich geladen hatte. Da stand auch ein Bischof Adelhelm, der dem Abt nach dessen Tod durch geistliche Werke zu helfen versprochen, das heißt, eine Gebetsverbrüderung geschlossen hatte. Der Bischof hatte sein Versprechen trotz einer warnenden Vision in den Wind geschlagen und die Nächstenliebe vernachlässigt. Dann traf Wetti den verstorbenen Kaiser selbst, Karl den Großen, strahlenden Leibes ansonsten, doch an den Geschlechtsteilen von einem Tier benagt, ein Beschützer der Mönche, ein frommer Herrscher in seinen Befehlen, nicht in seinem sittlichen Verhalten... Der Engel zeigt ihm den Weg zu den Wohnungen der Seligen und erweist ihm selbstlose Liebe. Um den sündigen Wetti vor der Hölle zu bewahren, bittet er die Scharen der Heiligen um Vermittlung. Sie ist schwierig, weil Wetti keinen vertrauten Fürsprecher findet, dessen Gebeine in seinem Kloster lägen.« (Arno Borst, S. 69 ff.*)«*

Wettis Jenseitsvision eingehender zu verfolgen, würde hier zu weit führen. Selbst Heito wiederholt in seiner Aufzeichnung mehrmals, dass er vieles nicht aufgeschrieben habe. Nachdem also Wetti allerhand geschaut hat, wird er von seinem Engel angehalten, seine Vergehen und auch seine Unterlassungen seinen Schuldnern gegenüber zu bekennen. Dann solle er diese um Vergebung bitten und dafür sorgen, dass seine falschen Lehren nicht weiterverbreitet, sondern vielmehr korrigiert würden. Schließlich erwacht Wetti und lässt, weil er fühlt, dass sein Ende unmittelbar bevorsteht, sofort alles auf Wachstafeln niederschreiben.

Alt-Abt Heito hielt später geistesgegenwärtig die Vision auf Pergament fest. Ihn hatte vor allen Dingen beunruhigt, zu hören, dass die versprochenen Gebete für den verstorbenen Waldo offensichtlich vernachlässigt worden waren, und dass deswegen Waldos Seele den Gewalten der Elemente, dem Wind und der Hitze dermaßen ausgesetzt war, dass er qualvoll Kälte und Wärme im Wechsel erlitt. Hier musste gehandelt werden. Die Gebetsverbrüderung als rein spirituelles Netz reichte, obwohl sie vertraglich festgelegt war und Namenslisten existierten, offensichtlich nicht aus. Sie musste irdisch fixiert werden. So entstand das oben beschriebene Reichenauer Verbrüderungsbuch.

Um Wettis Vision besser einzuschätzen, erscheint es sinnvoll, den Blick zunächst einmal auf seine Person zu richten. Philipp Heber hatte, wie wir gesehen haben, ein feines Gespür für das Gralschristentum und machte in seiner Arbeit über Waldo regen Gebrauch davon. Seiner Intuition folgend, stellte er auch Waldos Sankt Galler Lehrer Otmar in diesen Zusammenhang.[192] Dabei stützte er sich auf die in ihrer Einseitigkeit offenbar immer noch genügend Raum lassende Vita des Otmar. Denn die *Vita Otmari* betont in fast schon übertriebener Weise seine benediktinischen Tugenden. Ihr Verfasser ist der Reichenauer Walahfrid Strabo, der eine etwas frühere Version aus der Feder Wettis im Umfang beinahe verdoppelt und in die heute verbindliche Fassung gebracht hat. Wetti war ausersehen worden, Otmars Vita, die in Sankt Gallen deutlich weniger umfangreich bereits schriftlich vorlag, in eine sprachlich verbesserte Form zu bringen.[193] Für den Reichenauer Wetti hatte man sich deshalb entschieden, weil man den Verdacht einer Parteinahme zu Gunsten von Sankt Gallen vermeiden wollte. Mit ihm als Autor konnte man überdies sicher sein, dass das Ergebnis ganz im Sinne der benediktinischen Tradition ausfallen würde. Wetti erfüllte also alle Voraussetzungen. Es gibt für uns gute Gründe, Wettis Otmar-Vita als das zu nehmen, was sie ist: eine Laudatio auf einen klugen Abt, zum Lob des Benediktiner-Ordens.

Kommen wir zurück zu Wettis Visionen und zu Waldo. Wenn schon Aufzeichnungen von Heiligenleben durch Auftraggeber und Autor gefärbt sind, so muss damit gerechnet werden, dass auch Visionen nicht unbedingt ganz den Tatsachen entsprechen. Was Wetti in seiner Schau insbesondere über Karl den Großen erfährt, klingt in der Tat durchaus plausibel, und macht geneigt, Wetti alles zu glauben. Doch es ist durch die damals herrschende politische Ansicht gefärbt. So gibt es aus dieser Zeit nicht wenige Visionstexte, die gezielt bearbeitet wurden, um auf die kirchliche Politik einzuwirken. Der damalige Herrscher, Karls Sohn Ludwig der Fromme, vertrat bekanntermaßen eine asketische Einstellung. Es lässt sich also schwer beurteilen, wie objektiv Wetti Karl den Großen wahrgenommen hat. Und selbst wenn es tatsächlich so war, ist damit nicht gesagt, dass auch Wettis Wahrnehmung von Waldos Seele objektiv war und nicht persönlich gefärbt. Hat Wetti im Spiegel Waldos vielleicht sein eigenes Leben hineinspielen sehen? Oder kann man aus seiner Schilderung schließen, dass seine innere Wahrnehmung Waldos wie auch Karls zumindest einen wahren Kern hat? Hatte sich Waldo

[192] Bedauerlicherweise gibt Heber hierzu keinen Literaturverweis an.

[193] Zum Vergleich der Fassungen siehe Walter Berschin, *Biographie und Epochenstil im lateinischen Mittelalter*, Bd. III, *Karolingische Biographie, 750-920 n. Chr.*, Stuttgart 1991, S. 282 ff.

wirklich manchmal zu stark vom weltlichen Luxus am Hofe beeindrucken lassen? Aber wer beurteilt das? War Waldo vielleicht in Basel in mancher Hinsicht einfach zu großzügig gewesen und den weltlichen Genüssen zu tolerant begegnet? Waren die Baseler so schwer zu lenken? Oder hatten die Baseler Verhältnisse Waldo schlichtweg überfordert? Denn lediglich um Waldos Versagen in Basel ging es in Wettis Traumgesicht. Ein hartes Urteil, das da der Nachwelt vermittelt wird. – Es ist jedoch sehr gut möglich, dass in Basel unter Waldo einfach nur freiere Regeln herrschten, ähnlich der irisch-römischen Mischregel, wie sie auch im Kloster Reichenau galt. Das war gar nichts Ungewöhnliches, denn eigentlich war schon die Reform des Bonifatius in weiten Teilen lediglich ein normativer Akt gewesen, dessen praktische Umsetzung sehr unterschiedlich ausfiel. »Die in den Klöstern des Frankenreiches mehr oder weniger bekannte *Regula S. Benedicti* [war] zur Zeit Karls des Großen in vielen Fällen nicht mehr als eine Metapher, die durchaus die verschiedensten monastischen Traditionen bezeichnen und umgreifen konnten.«[194] Allerdings hatten sich inzwischen, also zum Zeitpunkt der Vision Wettis, die Maßstäbe zugunsten der wesentlich strengeren Regel des Benedikt verschoben.

Heito selbst lag, wie wir wissen, zumindest im späteren Alter die reine benediktinische Regel am Herzen. Nicht umsonst hatte er sich bereits durch seine Teilnahme an der 817 durch Kaiser Ludwig den Frommen einberufenen und von dessen Lehrer aus Kindertagen – Benedikt von Aniane – geleiteteten Reformsynode in Aachen dafür eingesetzt, dass die Benediktsregel im gesamten Reich verbindlich eingeführt wurde. Er unterstützte das politische Ziel Ludwigs des Frommen, Einheitlichkeit *(unitas)* dort herzustellen, wo das Leben durch die unterschiedlichsten Traditionen disparat geworden war *(diversitas)*. Deshalb verfocht er die strenge benediktinische Ordo anstelle von gewachsenen Traditionen, wie sie unter Waldo geherrscht hatten. Den ihm als Abt und Bischof obliegenden Hofdienst hatte er durch das Niederlegen seiner Ämter beenden können und war jetzt als Mönch frei, sich den Belangen der *fraternitas* zu widmen. So konnte er Waldos Werk für die Brüdergemeinschaft fortsetzen.

---

[194] Joseph Semmler verweist hier auf Einzelforschungen. Joseph Semmler, „Karl der Große und das fränkische Mönchtum“, in: Bernhard Bischoff (Hrsg.), *Karl der Große. Lebenswerk und Nachleben*, Bd. II, *Das geistige Leben*, Düsseldorf 3/1967, S. 264 ff.

Bereits zu den Zeiten, als Waldo Abt von Reichenau war und häufig in Karls Diensten unterwegs sein musste, sei es am Hof, sei es in Italien, hatte er sich als „Magister Heito“ um die Belange des Inselklosters gekümmert. Wie auch immer Heito Waldos Taten bewertete, blieb er doch stets sein loyaler Nachfolger. Und was wirklich in Basel geschehen ist, als Waldo dort Abt war, wird man wahrscheinlich nie mehr erfahren.

Waldo – Erzieher des Königssohns Pippin im Langobardenreich

Während Waldo seine Kräfte im kleinen geographischen Rahmen von Sankt Gallen, Reichenau und Basel eingesetzt hatte und von dort aus die Benediktiner im Gebet miteinander verbrüderte, dehnte sein König das Reich immer weiter aus, eroberte, schloss weltliche Bündnisse und taktierte. Ob Regent, Papst oder Familienmitglied – alle hatten sie ihm zu dienen. Aller Schicksale hingen irgendwie mit Karl dem Großen zusammen. Auch Waldo sollte dies bald verstärkt zu spüren bekommen.

Doppelämter waren unter Karl nicht selten. Seine Methode war es, politische Bindungen über die Kirche zu verstärken. Auf die Bitte von Papst Hadrian I. war Karl in Norditalien gegen den Langobardenkönig Desiderius gezogen und hatte diesen nach neunmonatiger Belagerung der Hauptstadt Pavia im Juni 774 bezwungen, bevor er das Langobardenreich seinem großen Frankenreich als selbstständiges Königreich eingliederte. In der Basilica San Michele Maggiore ließ sich Karl im Jahr 774 zum Langobardenkönig krönen.

Portal der Basilica San Michele Maggiore, Pavia

In der Vorgängerkirche aus der langobardischen Periode wurde Karl der Große 774 zum Langobardenkönig gekrönt. Der untere Teil des Glockenturms stammt noch aus dieser Zeit.

Karls Herrschaft blieb einige Jahre lang nicht sonderlich gefestigt, sodass Papst Hadrian I. auf sich selbst gestellt war. Um hier eine Konsolidierung herbeizuführen und auch um seine eigene Nachfolge frühzeitig vorzubereiten, ließ Karl am Karsamstag 781 seinen gerade mal vierjährigen Sohn Karlmann von Hadrian symbolträchtig auf den Namen Pippin taufen. Am Ostermontag wurden dann „Karlmann-Pippin" und sein wenige Jahre älterer Bruder Ludwig zu Königen gesalbt und gekrönt. Karl gab damit die Langobardenkrone an seinen zweitgeborenen Sohn weiter, der also jetzt Pippin hieß, genau wie sein erstgeborener Sohn, den er wegen seiner körperlichen Missbildung ausgeschaltet hatte. Ludwig wurde König von Aquitanien. Dass die beiden Buben noch kleine Kinder waren, störte keineswegs, war vielmehr günstig. Ein solches Nebenkönigtum diente Karl zur eigenen Herrschaftssicherung, ja es steigerte noch seine Machtrolle. Karl machte sich damit zum kaisergleichen Herrscher. Er war gerade 33 Jahre alt.

Offiziell übernahm Pippin mit vierzehn Jahren – da galt er als volljährig – die Macht in Italien. Wirklich die Regierungsgeschäfte führen konnte er da natürlich immer noch nicht. Dies wäre auch gar nicht im Sinne Karls gewesen. Das Reich war groß, Karl selbst war zu jener Zeit überwiegend mit der Unterwerfung der Sachsen beschäftigt. Um den jungen Pippin samt seinen Ratgebern zu unterstützen, hatte man deshalb schon frühzeitig einen klugen Kopf finden müssen, der Karl gegenüber uneingeschränkt loyal war. Die Wahl war auf Waldo gefallen. Mag sein, dass bei der Vermittlung auch Karls Schwager, der fränkische Graf Gerold eine vermittelnde Rolle gespielt hat. Als Bruder von Karls Gattin Hildegard aus schwäbisch-rheinfränkischem Geschlecht und als herausragender militärischer Führer in Karls Feldzügen stand er dem König sehr nahe. Und er war vor allem sehr gut bekannt, ja, wahrscheinlich auch befreundet, mit dem Reichenauer Abt Waldo, gehörte er doch zu dessen Gelehrtenkreis im Kloster. Gerold hielt sich oft in seinem geliebten Kloster Reichenau auf und ließ ihm auch großzügige Schenkungen zukommen. Seine Einschätzung war wohl begründet. Es bot sich geradezu an, dass er den geschickten und gebildeten Reichenauer Abt zum Erzieher seines Neffen im Langobardenreich, der Pippin als Sohn Hildegards schließlich war, empfahl.

Waldo wird schon bald nachdem er in Reichenau Abt wurde, mehrere Male zu Pippin nach Pavia gereist sein. Er hatte bereits über Jahre hinweg für Karl Botendienste besorgt und staatskirchliche Angelegenheiten erledigt. Dies hält Karl selbst einmal in einem Brief an Papst Hadrian lobend fest.[195] Tatsächlich war Waldo nicht der einzige *Baiolus* des jungen Pippin, auch Adalhard, der Abt des Klosters Corbie, bekleidete dieses Amt des Erziehers und Beraters. Adalhard von Corbie stammt ebenfalls aus der Königsfamilie, er war ein (illegitimer) Sohn Karl Martells und damit Onkel Karls des Großen, seine Mutter war höchstwahrscheinlich eine Enkelin der Adela von Pfalzel und Nichte der Heiligen Odilia.[196]

Lebensbrunnen aus dem *Godescalc-Evangelistar,* Hofschule Karls des Großen, 781/783

Weihnachten 780 feierte Karl der Große in Pavia. Zu Ostern weilte er in Rom, wo Pippin getauft und die beiden Kinder Pippin und Ludwig gekrönt wurden. Das Godescalc-Evangelistar mit den Evangelienlesungen für die Jahre 781 bis 783 hatte er gemeinsam mit seiner Gemahlin Hildegard anlässlich dieser Reise, insbesondere anlässlich der Taufe Pippins in Auftrag gegeben. Aus dem Widmungsschreiben geht hervor, dass der Schreiber der Prachthandschrift diese Italienreise begleitete. Das Dach des Lebensbrunnens, von dem Christus den Seligen der Endzeit zu trinken geben wird, wird von acht Säulen getragen und von einem Kreuz bekrönt. Der Lebensbrunnen in Gestalt eines kleinen Rundtempels ist von Tieren und Pflanzen umgeben. Unauffällig, jedoch genau in der Mitte der Darstellung, befindet sich ein Kelch.

Waldo könnte durchaus einer der beiden historisch verbürgten Kapellane gewesen sein, die im Auftrag von Pippin im Jahr 787 den langobardischen Klöstern eine Visite abgestattet haben, um dort Lebensweise, Wohnungsverhältnisse und Vermögensstand zu überprüfen. In Oberitalien herrschten damals recht freizügige Zustände zwischen Staat und Kirche. Grafen und Unterbeamte störten Rechte und Ansehen der Bischöfe. So setzten

---

195 Emmanuel Munding (Hrsg.), *Königsbrief Karls des Großen an Papst Hadrian über Abt-Bischof Waldo von Reichenau-Pavia.* Palimpsesturkunde aus Codex latinus Monacensis N. 6333, Beuron 1920. Vgl. Munding, S. 111.

196 Ich verdanke diesen Hinweis Gerhard Wendl, Owingen. E-Mail vom 11.1.2022.

sie etwa Priester ohne Erlaubnis der Bischöfe ein. Karls Einfluss aus der Ferne reichte nicht, um diese Verhältnisse zu beenden. Es bedurfte der starken Hand eines Bischofs vor Ort.

Es gab demnach vielfältige Gründe, warum Karl Waldo nach Pavia beorderte. Nicht nur benötigte der junge Pippin einen fähigen Erzieher und Berater an seiner Seite, Karl selbst musste sich in seiner Italienpolitik auf diesen Mann stützen können, bis Pippin alt genug sein würde, die Herrschaft aktiv zu übernehmen. Und auch dann noch benötigte Pippin offenbar hin und wieder das offene Wort eines Hirten, wie aus einem Brief Alkuins an Pippin zu schließen ist: »Erfreue dich mit dem Weibe deiner Jugend und lass nicht Fremde an dir teilhaben, auf dass der von Gott verliehene Segen deiner Enkel dauerndes Glück begründe.«[197]? Pippin heiratete 796 Theodrada, eine jüngere Schwester seiner beiden Onkel und Erzieher – Abt Adalhard von Corbie und dessen Halbbruder Pfalzgraf Wala. Diese Theodrada war eine junge Cousine Karls des Großen, sie galt als gebildet und hatte sechs Kinder mit Pippin. Alkuins Segenswunsch sollte sich also zumindest in dieser Hinsicht erfüllen. Der älteste Sohn, Bernhard, wurde, wie schon sein Vater, von Adalhard und Wala erzogen, begleitet und unterstützt, bevor er später das Königreich Italien erbte.

Nicht zuletzt brauchten die Langobarden auch einen weitblickenden Bischof. So hatte jedenfalls Karl entschieden. Selbst wenn Waldo anders gewollt hätte, er hatte keine Wahl, er musste diese Aufgabe annehmen. Seiner Natur entsprach es auch nicht, zu hadern. So nahm er Abschied von seiner Welt auf der beschaulichen Bodensee-Insel, nahm Abschied von den Büchern seiner Bibliothek und auch von seinen gelehrten Freunden. Von Basel musste er sich noch nicht trennen, dieses Bistum – man darf wohl auch sagen, diese Last – blieb ihm. Was er sicherlich nicht vermissen würde, waren die tief hängenden grauen Wolken, die ihm so oft die Sicht auf die Berge verdeckten. Auch nicht den Nebel und die feuchte Kälte, die seinen Gelenken wahrscheinlich sehr zusetzten und seine Glieder schmerzen ließen.

[197] Zit. n. Munding, S. 113. Vgl. Fried, S. 576.

Waldo in Pavia

Waldo hatte, von der Reichenau kommend, sicher die schon in der Römerzeit übliche Route, die Straße von Bregenz nach Mailand, die über den Septimer Pass führte, gewählt. Als Abt reiste er sehr wahrscheinlich zu Pferd. Bei all den Gefahren und Unannehmlichkeiten, die eine solche Reise mit sich brachte, dürfte er froh gewesen sein, unterwegs immer wieder Bekannte zu treffen. Eine Zollstation nahe Chur, die die Zentralalpen kontrollierte und damit den Julier und Septimer Pass, war dem Bischof von Chur unterstellt. Dem Kloster Saint-Denis bei Paris gehörte das gesamte Veltlin. Kurz: Waldo reiste eigentlich in heimatlichen Gefilden. Wo sich gerade kein Kloster befand, hatte der kaiserlich-fränkische Fiskus im Abstand der üblichen Wegetappen Tavernen eingerichtet, wo man verschnaufen konnte.[198] Auch sprachlich konnte es keine Schwierigkeiten geben, denn jeder verstand und sprach lateinisch.

Obwohl Waldo das Reisen gewohnt war – er pendelte ja seit geraumer Zeit zwischen seinen Einsatzgebieten, zumal er auch an diversen Synoden teilnahm – blieb ihm das Unterwegs-Sein doch beschwerlich.

Weder die Umstände der Reise noch die der Ankunft Waldos in Pavia sind überliefert. Wahrscheinlich begrüßte er nach einem tiefen Schlaf der Erschöpfung tags darauf ausgeruht und zuversichtlich den jungen Morgen. Vielleicht ließ er in der Morgenfrische noch einmal seinen Blick in die Ferne schweifen und entdeckte dabei, wie ihm seine geliebten Alpen von frischem Schnee bedeckt jetzt von Norden her leuchteten. Ein seltenes Naturschauspiel! Für Waldo war es Abschied und Neubeginn zugleich. Jetzt war er endgültig in Pavia angekommen. Wieder hatte ein neuer Lebensabschnitt begonnen. Niemand konnte ahnen, wohin die Entwicklungen führen würden.

Karl wollte Waldo für seine treuen und wertvollen Dienste mit der Leitung des Bistums Pavia belohnen und hatte ihn deshalb zum Bischof ernannt, was tatsächlich sein Recht als König war. Das ist die eine Seite. Doch die Verwaltung des Bistums wäre für Waldo in Wirklichkeit nur eine Last und keine Ehre gewesen, zumal die Einsetzung ohne die kanonisch geforderte Wahl durch Klerus und Volk erfolgt war. Aus die-

---

[198] Michael McCormick, *Origins of the European Economy: Communications and Commerce, A.D. 300-900*, Cambridge 2001.

sem Grunde bat Karl in jenem Königsbrief an Papst Hadrian, Waldo als ordnungsgemäßen Hirten und Bischof kanonisch einzusetzen, ihn also persönlich zum Bischof zu weihen.[199] Für Waldo wäre dies eine hohe Auszeichnung und Karl konnte damit auch sein anderes Anliegen besser verfolgen. Er suchte ja überall im Reiche die Bildung und das Geistesleben zu heben, und dazu benötigte er Klöster mit Schulen. Die begabtesten Männer, die sich als loyal erwiesen hatten, mussten deshalb die Bischofsstühle besetzen. Dies gehörte zu seinem Regierungsprogramm und war Teil seiner Politik.

Basilica San Michele Maggiore, Pavia

Pavia liegt etwa 35 km südlich von Mailand und somit im Ausstrahlungsfeld jenes Ortes, wo einst Ambrosius (340-397) als Bischof gewirkt hatte, und wo im Jahr 386 Augustinus sein gewaltiges Bekehrungserlebnis hatte. Pavia selbst erlebte gerade eine tiefgreifende innere Stärkung, denn der Langobardenkönig Luitprand hatte die Gebeine des Augustinus dorthin gebracht, um sie vor dem Zugriff der Sarazenen zu schützen. Für Pavia also hatte Karl den Reichenauer Abt Waldo vorgesehen. Seinen Bittbrief an Papst Hadrian schrieb er 791; Waldos Weihe zum Bischof dürfte nicht lange danach erfolgt sein.

Über Waldos Tätigkeit als Oberhirte in Pavia ist eigentümlich wenig bekannt. Bischof von Pavia – das war wohl in erster Linie als Amt zu verstehen, das Waldo einen äußeren Rahmen schuf, um fortan dem König Karl als Staatsmann zu dienen. Karl brauchte ihn, es gab keinen anderen mit solchen Fähigkeiten. Die jüngeren Reichenauer Jahrbücher halten fest, dass Karl Waldo wegen seiner Klugheit, Lehrweisheit, seiner vielfältigen Sprachkenntnisse und seiner besonderen Tugenden, die er bereits in Basel

[199] Emmanuel Munding (Hrsg.), *Königsbrief Karls des Großen an Papst Hadrian über Abt-Bischof Waldo von Reichenau-Pavia.* Palimpsesturkunde aus Codex latinus Monacensis N. 6333, Beuron 1920.

Autorenbild aus dem *Egino-Codex* (Staatsbibliothek Preußischer Kulturbesitz Berlin)

Ambrosius schreibt in einem Codex, während ihm ein Kleriker über die Schulter blickt. Oben erscheint Christus in der für die frühe karolingische Hofkunst charakteristischen jugendlichen Gestalt. Über dem Pult steht in goldener Unzialschrift *DOMNUS (DN) AMBROSIUS EPISCOPUS.*

gezeigt hatte, zum Bischof bestellt habe.[200] Tatsächlich hatte Waldo jetzt also neben dem Kloster Reichenau noch zwei Bistümer zu versorgen und zu verwalten. In einer Handschrift aus Donaueschingen heißt es: »Regiert die bischtum Pavei und Basel«[201]. Über Waldo konnte Karl bis 801/802 den fränkischen Einfluss in Italien vertiefen, und obendrein hatte er in ihm einen ebenso würdigen wie geschickten Berater für seinen Sohn. Pippin und auch seine junge Gemahlin, die Waldo neben anderen kostbaren Büchern ein besonders schönes römisches Antiphonar für seine Reichenauer Bibliothek geschenkt hatte, schätzten Waldo.

Als Bischof von Pavia war Waldo zur „rechten Hand“ Karls geworden. Für die Kirche wirkte er offiziell, für die Politik unsichtbar. Faktisch war Waldo von 790 bis 801 Regent dieses neuen Reichsteils. Die gesamte zivile Verwaltung des Langobardenreiches lag in seinen Händen, während Pippin viel unterwegs war und bald Kriege an der Ostgrenze der neuen Provinz führte. Waldos Beziehung zum Herrscher war jetzt also selbst auf die größere räumliche Entfernung sehr eng geworden.

Egino – Bischof von Verona und Stifter in Reichenau

Aus Waldos Wirkungsfeld in Basel kennen wir keine bedeutende Persönlichkeit, zu der er Beziehungen pflegte. Ganz anderes gilt indessen für seine Zeit in Pavia. Die geistigen Mittelpunkte des Langobardenreiches bildeten die beiden Städte Verona und Pavia. Verona war die hauptsächliche Residenz des Königs Pippin. Und hier treffen wir auf einen anderen wichtigen Mann aus dem Umfeld Waldos, dessen Wirken die Kultur der

[200] Zit. n. Munding, S. 74.
[201] Zit. n. Munding, S. 84.

Reichenau viel zu verdanken haben wird. Es ist der Bischof Egino (um 730-802), dessen Leben überhaupt nur im Zusammenhang mit Waldo zu verstehen ist.[202] In Verona wirkten nacheinander Egino und Ratold (um 770-847) als Bischöfe, beide waren vornehme Alemannen und mit Karl verwandt. Und beide hatten schon früh enge Beziehungen zum Kloster Reichenau und sollten aus ähnlichen Gründen ihr Leben am Bodensee beschließen. So kehrte der ehemalige Reichenauer Klosterschüler Ratold über den Umweg seines Episkopats in Verona wieder zurück in seine Heimat. Auf Waldos Geheiß gründete er am Bodensee-Ufer nahe der Reichenau eine eigene Zelle: *Ratoltescella*. Auf diese geht der Bodensee-Ort Radolfzell zurück.

Der wesentlich ältere Egino war bereits um 774 erster alemannischer Bischof von Verona geworden. Als jetzt fränkischer Reichsbischof in Pippins Residenz nahm er im ehemaligen Reich der Langobarden einen hohen Rang ein, was ihm als Repräsentanten der fränkischen Herrschaft

Egino im Kreise seiner Schüler, Autorenbild aus dem *Egino-Codex* (Staatsbibliothek Preuß. Kulturbesitz Berlin)

In Verona hat sich Egino selbst im Bild des Augustinus als Lehrer im Kreise seiner Schüler und Schreiber abbilden lassen. Er sitzt in einem von zwei Säulen begrenzten Raum, um die zurückgezogene Vorhänge geschlungen sind. Die Säulen sind durch einen grünen, mit Kranichen geschmückten Bogen miteinander verbunden. In der Mitte des Bogenfeldes befand sich ursprünglich ein kreisförmiges Medaillon, das von einem Handschriftenräuber herausgeschnitten wurde; man sieht also auf das darunter liegende Blatt. Der Bischof sitzt auf einem Kissen auf einer Thronbank, auf dem linken Knie das aufgeschlagene Buch mit dem Beginn des lateinischen Johannes-Evangeliums: Augustinus, dargestellt als karolingischer Lehrer. Zwei der überaus wachen Schüler sind Schreiber. Das Buch auf dem Pult des rechten Schreibers ist, gemäß dem *Incipit*, der *Egino-Codex*. Somit ist der lehrende Bischof in Wirklichkeit Egino selbst und das gesamte Bild zeigt die Domschule von Verona.

[202] Alfons Zettler, „Egino von Verona – Stifter von St. Peter und Paul in Reichenau-Niederzell“, in: Walter Berschin / Alfons Zettler, *Egino von Verona. Der Gründer von Reichenau-Nierderzell*, Stuttgart 1999, S. 44.

gewiss keine Sympathien eingebracht haben dürfte. Mit der Zeit scheint er auf so starke Widerstände gestoßen zu sein, dass er sich schließlich genötigt sah, Italien wieder zu verlassen. Seine Stadt war durch innere Konflikte aufgewühlt. Die Awaren hatten auch in Verona geplündert und das Kloster San Zeno zerstört. Pippin hatte sich in den 90er Jahren zum geschickten Kriegsherrn entwickelt, und Egino drohte in den politischen Auseinandersetzungen zerrieben zu werden. Auch für Waldo hatte sich jetzt das Blatt gewendet. Sein Einfluss am italienischen Hof nahm kontinuierlich ab.[203]

Bei allen Schwierigkeiten war es Egino an der Schreibschule von Verona dennoch gelungen, zahlreiche Handschriften in Auftrag zu geben. Einer der berühmtesten Codices der Karolinger-Zeit, damals ein veritables Standardwerk der Theologie, heißt nach ihm: Egino-Codex (Ms. Phill. 1676, Staatsbibliothek Preußischer Kulturbesitz Berlin). Es ist eine durch gleich vier Autorenbilder eingeleitete Predigtsammlung mit feinen Miniaturen und Initialschmuck. Bedeutsam ist die Veränderung der Schrift. Egino gab nämlich in seinem Veroneser Skriptorium die spätantike Majuskelschrift zugunsten der frühmittelalterlichen Minuskel auf. Jetzt wurde auch in Verona die karolingische Minuskel, die bekanntlich zum Urbild unserer heutigen Antiqua wurde, gepflegt. Als Egino Verona verließ, nahm er mehrere Codices mit. Er ging nicht freiwillig von Verona weg, doch wählte er seine neue Heimat frei. Er bat nämlich Abt Waldo, sich auf der Reichenau niederlassen zu dürfen, um dort seinen Lebensabend zu verbringen. Auf der Insel wollte er eine kleine Klosterzelle für sich anlegen, was ihm Waldo, gemäß einer Legende für die Gründung Niederzells aus dem 10. Jahrhundert, »keineswegs abschlagen konnte«.[204]

Für die Reichenau war Egino ein Gewinn. Durch seinen Einfluss entwickelte sich die Reichenauer Kultur ungleich schneller, was der Vergleich mit dem benachbarten und ewigen Konkurrenten Sankt Gallen recht deutlich zeigt.[205] Egino brachte neben der erwähnten Sammlung

---

[203] Alfons Zettler, „Egino von Verona – Stifter von St. Peter und Paul in Reichenau-Niederzell“, S. 55.

[204] *Miracula S. Marci C.3.* Siehe Walter Berschin / Theodor Klüppel, *Der Evangelist Markus auf der Reichenau.* Sigmaringen 1994, S. 39.

[205] Walter Berschin, „Egino von Verona – Ein Bischof der Karolingischen Renaissance“, in: Walter Berschin / Alfons Zettler, *Egino von Verona. Der Gründer von Reichenau-Nierderzell*, S. 38; vgl. Walter Berschin, *Eremus und Insula.*

Eginos Stiftskirche Sankt Peter und Paul in Reichenau-Niederzell

von Predigten zum Jahreslauf, die dem Kloster Reichenau viele neue Anregungen lieferte, noch etliche andere Bücher, u.a. *Moralia in Iob* (HS Aug. 2-4 Karlsruhe) sowie liturgische Gewänder und auch Schmuck mit auf die Insel. Dazu schenkte er weiteren Reichtum in Form von Gütern im Inneren von Schwaben. Vor allem aber brachte er den Impuls mit, eine neue Kirche zu bauen, die für ihn als ehemaligen Bischof standesgemäß sein sollte. Im Jahr 799 war es so weit. Seine neue Wirkungsstätte am nördlichen Ende der Insel (heute Niederzell) wurde keineswegs eine einfache Klosterzelle, sondern vielmehr eine kleinere Saalkirche von 25 m Länge und 10 m Breite und mit einer halbkreisförmigen Apsis versehen. Er ließ sie dem Apostel Petrus weihen. Im Westen der Kirche befand sich eine nach drei Seiten hin offene Vorhalle. Im Norden und Süden schlossen sich an das Langhaus zwei ummauerte Innenhöfe an. Weiter nach Norden folgten zweigeschossige Wohnbauten als Konventsgebäude. An der Südflanke des Kirchensaals wurde eine eigene Taufkapelle nach frühchristlichen Vorbildern aus Italien angefügt. Egino ließ seine Kirche reich mit figürlichen biblischen Szenen im lombardischen Stil ausmalen. Die Chorschranken waren mit Flechtbandwerk verziert, das ebenfalls Oberitalien zugeordnet wird: dreisträhnige Bänder verwoben zu großen Ornamenten von Kreis, Schrägkreuz und auf der Spitze stehendem Quadrat, dazu pflanzliche Formen als stilisierte Lilien, Rosetten, Blätter, eingerollte Knospen und Palmetten. Gefertigt wurden sie aus Rorschacher Sandstein, und zwar, wie man annimmt, von heimischen und vielleicht auch von langobardischen Künstlern.

Chorschrankenplatte im italienisch-mediterranen Stil aus dem Gründungsbau St. Peter und Paul von 799, Reichenau-Niederzell

Zwei dieser Chorschrankenplatten sind noch erhalten. Sie bedeuten uns deshalb so viel, weil es aus der Karolinger Zeit nördlich der Alpen nur wenige erhaltene Überreste aus der ortsfesten Kirchenausstattung, wie Blockaltäre oder Chorschranken, gibt. Letztere sind meist nur dann vorhanden, wenn sie ausgebrochen wurden. Ursprünglich dienten sie als Schrankenplatten oder als Pfostenkonstruktion. So muss man es sich auch für Eginos Kirche vorstellen. Zwei Eigenschaften fallen an den erhaltenen Chorschrankenplatten besonders auf. Zum einen erscheinen sie besonders fein ziseliert und erinnern so an die feinen Initialen des *Egino-Codex*. Somit bekräftigen sie in gewisser Weise einen einheitlichen und eleganten italienisch-mediterranen Stil, auf den es Egino offensichtlich sehr ankam. Egino schuf in seiner Reichenauer Kirchenstiftung allenthalben über den Weg der künstlerischen Gestaltung eine Anbindung an die römische Kirchenwelt, die er, offenbar im Gegensatz zu Waldo, sehr bewusst suchte.

Fragment einer Chorschrankenplatte aus dem Gründungsbau der Stiftskirche St. Peter und Paul von 799, Reichenau-Niederzell

Dramatische Ereignisse im Reiche Karls

Bevor wir uns Waldos letzter Wegetappe zuwenden, müssen wir die politischen Verhältnisse und Entwicklungen, in denen er sich bewegte, genauer betrachten. In der Zeit, als Waldo Bischof in Pavia war, geschahen einschneidende Ereignisse im Reiche Karls, die eine eigene Dramatik entwickelten. Im Dezember 795 starb Papst Hadrian I. und wurde in nur einem Tag von Papst Leo III. abgelöst. Dieser nun wurde vom römischen Adel angefeindet, im April 799 abgesetzt und zur Flucht aus Rom gezwungen. Jetzt musste Karl eingreifen. Nur durch seine Hilfe konnte der Papst auf den Heiligen Stuhl zurückkehren. In der Folge krönte Papst Leo III. in einem angeblichen Überraschungsakt den fränkischen König Karl zum Kaiser des Reiches – und ordnete diesem damit sich und sein Amt unter. Es war der Weihnachtstag des Jahres 800. »Dem von Gott gekrönten Kaiser Carolus Augustus Heil, Leben und Sieg!«, jubelte das Volk. Die Abhängigkeit zwischen Kaiser und Papst war wechselseitig. Karl hatte fortan sein Wollen und Tun als den Willen des Papstes hinzustellen, und der Papst fasste die Kaiserkrönung Karls als eine Erneuerung des weströmischen Kaisertums auf. Was Karl von der Krönung hielt, ist uns leider nicht überliefert. Dafür gerät sein neuer Herrschertitel umso ausführlicher: „Karl – durchlauchtigster Augustus, von Gott gekrönter großer und Frieden stiftender Kaiser, das römische Imperium lenkend, der auch durch Gottes Barmherzigkeit König der Franken und Langobarden ist." *(Karolus serenissimus augustus a deo coronatus magnus et pacificus imperator Romanum gubernans imperium qui et per misericordiam dei rex Francorum et Langobardorum).*

Der Jahreswechsel 800/801 markierte im frühmittelalterlichen Denken einen außerordentlich wichtigen Wendepunkt. Nicht nur begann ein neues Jahrhundert, vielmehr begann nach der damaligen Zeitrechnung mit den ihr eigenen Zählmodellen das siebte Jahrtausend der Weltgeschichte. Nach den Angaben des Eusebius (um 263-339/340) und seines Übersetzers Hieronymus (347-419/420) soll Christus im Weltjahr 5199 oder 5200 geboren worden sein. Nach Augustinus' Ausführungen in seinem *Gottesstaat* glaubte man aber, dass die Welt mit dem sechsten Weltalter an ihr Ende kommen würde. Ein Weltalter entsprach einem Jahrtausend. Das Weltende stand also zu Weihnachten 800 vor der Tür. Und just an diesem Tag war in Rom der Frankenkönig Karl zum Kaiser gekrönt worden – nach byzantinischem Ritual! Zum ersten Mal seit über 300 Jahren gab es nun im Westen wieder einen Kaiser, während in Byzanz der Kaiserthron gerade verwaist war. Zumindest in den Augen des Westens. Tatsächlich befand sich das östliche Kaisertum schon seit geraumer Zeit in einer Krise: Kaiserin Eirene hatte drei Jahre zuvor ihren eigenen Sohn Konstantin VI. blenden lassen, um selbst zu regieren, was sie nach seinem infolge der Blendung eingetretenen Tod auch tat.

Triclinium-Mosaik (Lateranpalast, Rom)

Petrus überreicht dem Papst Leo III. und Karl dem Großen die Herrschaftssymbole. Der Papst sitzt zur Rechten des Apostels und erweckt damit den Eindruck, dass Karl das Kaisertum von ihm verliehen worden sei – als Belohnung für Karls Gehorsam gegenüber Rom.

Mit der Krönung Karls zum Kaiser war ein neues Problem entstanden. Karl ahnte wahrscheinlich, dass er durch die Annahme der Krone Ostrom beleidigt hatte. Schon 801 strebte Kaiserin Eirene Friedensverhandlungen an, doch alle Bemühungen blieben erfolglos. Stattdessen folgten lange konfliktreiche Jahre. Byzanz war bald von verschiedensten Gegnerschaften heimgesucht – Usurpationsversuche im Innern, Bulgaren im Norden, Muslime aus dem Süden, Franken aus dem Westen. Byzanz benötigte endlich Frieden. Das wollte auch Karl. Im Jahr 811 sandte der Kaiser seinen Vertrauten, den elsässischen Grafen Hugo von Tours, gemeinsam mit Waldos Nachfolger in Basel und der Reichenau, dem Abt-Bischof Heito, nach Konstantinopel. Sie sollten nicht nur eine Versöhnung herbeiführen, sondern auch den byzantinischen Kaiser zur Anerkennung von Karls Krönung zum weströmischen Kaiser bewegen. Das war keine leichte Mission. Doch was kaum jemand für möglich hielt, geschah. Nachdem der byzantinische Kaiser Nikephoros in einer Schlacht gegen die Bulgaren gefallen war, war ihm sein Schwiegersohn Michael ins Amt gefolgt. Der empfing die Gesandten Kaiser Karls in Konstantinopel, entließ sie aber gleich wieder, um seine eigenen Männer nach Aachen zu schicken und den bereits eingeleiteten Frieden zu bestätigen. Dies ist in den *Annales regni Francorum*, den Jahrbüchern des Frankenreiches, zum Jahr 812 festgehalten. Dass die Angelegenheit vor allem von der menschlichen Seite her viel komplizierter war, lässt die Lebensbeschreibung Karls des Großen *(Gesta Karoli)* aus der Feder des Notker Balbulus von Sankt Gallen, der freilich stets Historisches mit Anekdotischem vermischt, erahnen. Der Reichenauer Abt-Bischof Heito und der Herzog Hugo von Tours »wurden sehr lange hingehalten, endlich dem König vorgestellt, aber unwürdig behandelt und auf sehr abgelegene Orte verteilt...«[206]

[206] Notkeri [Balbulus], *Gesta Karoli Magni Imperatoris*, ed. Hans F. Haefele, MGH SS rer. Germ. NS XII, Berlin 1959, ND Berlin 1962.

Als Michaels Gesandte später in Aachen ankamen, »traf es sich zufällig, dass sich damals dieser Bischof [Heito] mit dem erwähnten Herzog [Hugo] beim Kaiser befand… Nun wurden von Seiten des Kaisers Leute abgeschickt, um sie ehrenvoll einzuführen. Da stand nun der ruhmreiche Karl an einem hellen Fenster, strahlend wie die Sonne beim Aufgang, geschmückt mit Gold und Edelsteinen, gestützt auf Heito, so hieß der Bischof, den er einst nach Konstantinopel geschickt hatte… Da wurden die Gesandten der Griechen bestürzt und … ohne Sprache und Leben fielen sie zu Boden. Der gütige Kaiser aber hob sie auf und versuchte, ihnen (…) Mut zu machen (…) Als sie nun den einst verachteten und verstoßenen Heitto in solcher Ehre sahen, entsetzten sie sich von neuem und blieben so lange am Boden liegen, bis ihnen der Kaiser (…) schwor, er werde ihnen in keiner Weise ein Leid antun.«[207] Die Fränkischen Jahrbücher halten lediglich das Ergebnis des Besuches fest: »Dann wie sie nach Aachen vor den Kaiser kamen, nahmen sie die Vertragsurkunde von ihm in der Kirche entgegen, sprachen ihm nach ihrer Art, nämlich in griechischer Sprache, den Lobgesang, und nannten ihn Kaiser und Basileus.« Das ist der Titel für einen Kaiser von Byzanz. Ein Ausgleich auf der Basis des Doppelkaisertums konnte tatsächlich gefunden werden. Dass dieses Doppelkaisertum die Spaltung der Christenheit vertiefen musste, ist ein anderes Thema.

Hugo – ein Gralsdiener und Bruder im Geiste

Wir haben eingangs den Grafen Hugo von Tours (um 780-837) im Zusammenhang mit dem Heiligen Blut bereits erwähnt. Auch er gehörte zum nahen Umkreis des Kaisers. Mit Karl dem Großen entfernt verwandt, dürfte er ein Ururenkel des Herzogs Eticho von Elsaß gewesen sein. Nachweisbar ist seine Verwandtschaft mit Adalrich, dem Vater der Heiligen Odilie. Über die Vermählung seiner Tochter Irmingard im Jahr 821 mit Karls Enkel, dem späteren Kaiser Lothar I., war schließlich noch eine unmittelbare familiäre Verknüpfung Hugos mit Karl hergestellt.

Hugo war kein Haudegen und erhielt später sogar einmal den Beinamen „der Ängstliche“. Das dürfte eine starke Übertreibung, wahrscheinlich gar eine Schmähung durch Neider, von denen es am Hofe genügend gab,

[207] Ebd., II, 6.

gewesen sein. Hugo von Tours war klug, still und nachdenklich. Und er hatte eine schicksalsmäßige Verbindung zum Osten. Wahrscheinlich schien er deshalb für diese schwierige diplomatische Mission der geeignete Mann zu sein. Hugo ist, wie Walter Johannes Stein betont, ebenfalls der Gralsströmung zuzurechnen. Äußerlich am wenigsten beachtet, jedoch für das Wesensbild Hugos entscheidend ist, dass nämlich auch er im Rahmen seiner Byzanz-Mission Heiliges Blut heimbrachte, was durch mehr als eine umfangreiche Legende belegt ist.[208] Noch heute künden Bildwerke mit dem Hugo-Kreuz, das er als Reliquiar für das Heilige Blut schaffen ließ und das auf abenteuerliche Weise nach Niedermünster nahe dem Odilienberg im Elsass gelangte, von diesem Auftrag. Der Verfasser der Reichenauer *Translatio sanguinis Domini* hat also nicht ohne Grund Hugo von Tours und Waldo in seinem einleitenden Kapitel miteinander verwoben. Sollte dies für jene, die es verstehen konnten, ein Hinweis auf eine Gralsströmung am Hofe Karls des Großen sein? Walter Johannes Stein zeigt sogar noch weitere Verbindungen, die auf ein besonderes Schicksalsgeflecht einzelner Adelsfamilien über mehrere Generationen hinweg hindeuten, und die das Elsass, insbesondere die Region Odilienberg, mit der Bodensee-Region verknüpfen. Solche wie zufällig erscheinenden Zusammenhänge sind nicht zu unterschätzen, denn Verwandtschaft hatte damals bekanntlich eine wesentlich höhere Bedeutung als wir uns dies heute vorstellen können. Zum Bild verdichtet, würde dies einen „Überlieferungsstrom“ über die Blutslinien der Familien sichtbar machen, der ganz bestimmte Impulse trägt und bewahrt, gewissermaßen eine mystische Strömung.

Karls Nachfolge

Nach Karls Krönung zum Kaiser hatte es noch ganze zwölf Jahre gedauert, bis der Friede mit Konstantinopel gelang. Karl fühlte sein Ende nahen und hatte alles für eine geordnete Übergabe des gewaltigen Reiches an seine Söhne vorbereitet. Es war höchste Zeit, denn die Eliten in Italien, Aquitanien und den anderen Regionen wollten wissen, wem sie bald dienen sollten. Karl regelte deshalb in einem Testament die Teilung seines Reiches und die Thronfolge, äußerte sich jedoch nicht zur Kaiserwürde. Dieses Testament brachte Einhard zur Unterschrift zum

[208] Siehe die Hugo-Legende bei Walter Johannes Stein, S. 36 ff.

Papst nach Rom. Unterdessen nun starben die beiden Söhne Karls, die er für das Herrscheramt ausersehen hatte, und nur Pippin in Italien hatte einen Sohn als Stammhalter hinterlassen. Ihm, seinem Enkel, der noch ein Kind war, wollte Karl jetzt das Langobardenreich übertragen. Für die Nachfolge im Kaisertum und im Gesamtreich plante Karl indessen, seinen Sohn König Ludwig von Aquitanien noch zu Lebzeiten zum Mitkaiser zu erheben.

Für das 9. Jahrhundert erscheint dieses Vorgehen befremdlich, bestenfalls außergewöhnlich, passt es doch eher zu den Großgrundbesitzertraditionen der Merowinger-Dynastie. Aber Karl hatte seine Entscheidung keineswegs im Alleingang getroffen, sondern sie in einer Versammlung in Aachen im Sommer 813 beraten lassen. Wieder war Einhard involviert gewesen; er hatte sich für Ludwig eingesetzt. Die Krönung in der Aachener Marienkirche nahm, wie es die Reichsannalen überliefern, Karl selbst vor und ließ Ludwig vom Volk als *Imperator et Augustus* akklamieren.[209] Ein Papst war nicht zugegen. Zum ersten Mal gab ein Herrscher seine Macht ohne Mitwirkung der Kirche weiter. Auch das überrascht. Am 11. September 813 vollzog der Herrscher Westeuropas, indem er seinen Sohn Ludwig in einem feierlichen Akt zum Kaiser krönte, eine Handlung, die man aus der Distanz von heute und vielleicht auch schon damals zumindest gefühlsmäßig nicht ganz als stimmig auffassen kann – auch wenn man dies *de jure* vielleicht anders sehen wird, alldieweil eine wirklich verbindliche Ordnung noch nicht dezidiert festgelegt worden war.[210] Eine Krönung kann aber im 9. Jahrhundert in einem Reich, das als Theokratie konzipiert ist, nicht mehr uneingeschränkt durchgeführt oder gar „improvisiert" werden wie noch zur merowingischen Zeit, als durchweg fränkische Gepflogenheiten herrschten. Eine Krönung hätte zumindest durch eine päpstliche Salbung legitimiert sein müssen. Hierfür war ja durch Karls eigene Krönung – vollzogen durch den Papst – gerade der Präzedenzfall geschaffen worden. Oder hatte Karl gar nicht bemerkt, dass er selbst es war, der, indem er sich mit Rom verband, gewissermaßen eine Rechtstradition begründet hatte? Kaum vorstellbar. In ihrer Form entsprach die Krönung Ludwigs also eigentlich nicht den Erfordernissen. Am 11. September 813 handelte Karl inkonsequent, indem er ei-

[209] *Annales regni Francorum, a. 813*, S. 138.

[210] Vgl. Wolfgang Wendling, „Die Erhebung Ludwigs des Frommen zum Mitkaiser im Jahr 813 und ihre Bedeutung für die Verfassungsgeschichte des Frankenreiches", in: *Frühmittelalterliche Studien 19*, 1985, S. 201-238.

gene Willkür, basierend auf germanische Rechtsvorstellungen, über die christlich-römische Ordnung, wie sie immerhin unter seiner Mitwirkung entstanden war, stellte. Er schaffte einen Widerspruch zu seiner eigenen Vorstellung von einem christlichen Reich, das von dem engen Bündnis mit dem Papst lebt. Mit der Krönung Ludwigs zum Herrscher über das Frankenreich, über das christliche Europa, war also eine innere Unwahrheit in die Welt gebracht. Es macht die Sache auch nicht wirklich besser, dass sich Ludwig drei Jahre nach Karls Tod von Papst Stephan IV. (816-817) in Reims eine zweite Kaiserkrönung – sozusagen als nachträgliche Legitimation – spenden ließ. Hatte doch Karl selbst nicht zuletzt durch mehrmalige symbolträchtige Rombesuche und ähnliche Taten seine Herrschaft über das Frankenreich aufs Engste mit Rom verbunden. Erstaunlicherweise wiederholte Ludwig dieses Modell nur wenige Jahre später mit seinem Sohn Lothar († 855). Lothar wurde auf Anordnung seines kaiserlichen Vaters 817 in Aachen gekrönt und ließ sich 823 ein weiteres Mal vom Papst in Rom zum Kaiser krönen. Obgleich es sich um eine so wichtige Sache handelte, war offensichtlich über drei Generationen hinweg nicht verbindlich festgelegt, ob ein Papst oder der kaiserliche Vater die Krönung zu vollziehen hatte, und ob diese in Rom, Aachen oder Reims geschehen sollte.

Damals hatte der alternde Kaiser Karl um diese Entscheidung gerungen. Er hatte sich auf einer Versammlung beraten lassen und war der Empfehlung seines Vertrauten Einhard gefolgt. Mag sein, dass Einhards Rat gut war, auch wenn er aus Eigennutz gegeben wurde, denn Einhard fühlte, dass er unter Ludwig als Kaiser arbeiten können würde, und er wollte um jeden Preis am Hofe bleiben. Unbeantwortet bleibt indes weiterhin die Frage, warum der Kaiser seinen Sohn ohne päpstliche Beteiligung gekrönt hat. Was bezweckte Karl? Was war seine Motivation? War es eine innere Loslösung von der Kirche? War es eine Machtdemonstration? War es ein erstes äußeres Schwächezeichen? Bröckelte etwa sein Imperium bereits? Wollte sich Karl vielleicht wieder vom römischen Einfluss befreien oder doch zumindest von ihm entfernen? Oder war es ein Kompromiss in einer allzu kniffligen Situation, für den es geistige Gründe gab? Alles Fragen, denen wir hier nicht nachgehen können. Gleichwohl lässt es uns nicht los.

Karl hätte eigentlich wissen müssen, wie wichtig Aufrichtigkeit ist, wie wichtig korrekte Formen vor allem dann sind, wenn Gutes daraus entstehen soll. Der Fortbestand des Reiches lag ihm ja am Herzen. Stattdessen übertrug er die Macht an den Sohn und enthielt ihm zugleich die vollständige Legitimation vor.

Nur wenige Monate nach dieser Handlung verstarb er und das Unheil nahm seinen Lauf. Jetzt zog Ludwig mitsamt seinem Hofstaat aus Aquitanien nach Aachen, um den Vater abzulösen. Doch Ludwig hatte kein Glück mit seinem neuen Amt als Kaiser. Er entpuppte sich als skrupelloser Moralfanatiker. Seine Schwestern zwang er ins Kloster. Besonnene Ratgeber Karls, die sogar aus der eigenen Familie stammten, verbannte er ebenfalls in Klöster. Kurz: Er entledigte sich der gesamten Nachkommenschaft seines Großonkels, immerhin allesamt Enkel des gemeinsamen Urgroßvaters Karl Martell.[211] Nicht einmal mit seinen eigenen Leuten gelang es Ludwig, die Macht zu halten. Karls Großreich sollte bald nach Ludwigs Krönung aus den Fugen geraten. Viel ist über die Gründe geschrieben worden, angefangen mit Einhard, der Ludwig die Schuld dafür zuweist. Wie auch immer diese Gründe gewesen sein mögen, man wird, wenn man die entstandenen Probleme zurückverfolgt, stets wieder auf Ludwigs Krönung am 11. September 813 stoßen.

Deutlich ist, dass Karls Sohn Ludwig das Riesenreich seines Vaters, das zum ersten Mal in der politischen Geschichte die Idee eines christlichen Europas mit einer gemeinsamen Kultur in sich barg, nicht weiterführen konnte. Eigentlich war es von vorneherein ein unerreichbares Ziel. Karl hatte bestimmte Aufgaben zu erfüllen gehabt, Ludwigs Aufgaben waren andere. Nach Karls Ansicht sollte ein Herrscher, wie einst die alttestamentlichen Könige und Propheten, das Volk Gottes führen. Es ging ihm gar nicht in erster Linie um persönliche Macht, er wollte vielmehr das Volk zu Gott führen. Alles sollte in die göttliche Ordnung eingefügt werden, insofern bedeutete Herrschen für ihn einen geistlichen Dienst. Dazu war nach seiner Auffassung auch Gewalt erlaubt. Oft ist hierzu aus einem Brief Karls an den Papst zitiert worden: »Uns obliegt es, mit Gottes Hilfe die heilige Kirche Christi nach außen durch die Waffen überall gegen die Einfälle der Heiden und die Verwüstungen der Ungläubigen zu verteidigen, nach innen sie durch Erkenntnis des wahren Glaubens zu festigen.« So hatte Karl über einen langen Zeitraum hinweg Westeuropa, und das bedeutet große Teile des Kontinents, weitgehend mit Gewalt dem römi-

[211] Vgl. Johannes Fried, *Karl der Große*.

schen Christentum unterworfen. Ein stabiler Zustand war dabei aber nie wirklich erreicht worden. Am meisten blieb ihm die arabische Welt, so fasziniert er auch von ihrer Kultur war, eine Bedrohung. Das Verhältnis zwischen Christentum und Islam zu gestalten war Karls größte Aufgabe und Herausforderung. Doch an ihr ist er kläglich gescheitert.[212] Karl hatte sich für das Schwert entschieden und sich ganz auf die Niederschlagung der Araber konzentriert. Aber alle seine Bemühungen, die Araber in Spanien zu besiegen, endeten in sinnlosem Blutvergießen und gipfelten in seiner „unrühmlichen Niederlage“ – so nennt es die Geschichte – in Roncesvalles im Jahr 778. Es war ein traumatisches Ereignis, das tiefe Spuren hinterließ. Bezeichnenderweise wußte übrigens ausgerechnet Einhard dieses Kapitel in seiner lobsingenden Karlsbiographie großzügig zu bagatellisieren.

Das tragische Ende von Karls Reich

Hinter den knappen und nüchternen Worten der historischen Überlieferung ahnt man nicht, wie brutal Karl vorgegangen ist. Bei all der Schönheit, die uns heute noch erhalten ist, bei all den Kulturimpulsen, von denen wir bis heute zehren, waren es eben auch blutige Jahrhunderte. Wie tragisch ging doch Karls über Jahrzehnte hinweg aufstrebendes Reich zu Ende. Trotz angestrengter Bemühungen um eine effiziente Verwaltung seines Großreiches, das er durch die Kraft seiner eigenen Person und den Einsatz seiner Krieger und Geistlichen beherrschen konnte, das also irgendwie noch vom Pferd aus regierbar war, wusste Karl auch um die Schwächen seines noch unfertigen Systems. Nicht zuletzt spielte die komplizierte fränkische Erbfolge weiterhin eine wichtige Rolle. Karl kannte durchaus auch die menschlichen Unzulänglichkeiten in seiner nächsten Umgebung und sorgte sich um den Frieden innerhalb des Reiches. Deshalb hatte er eine Reichsteilung mit Friedenskonstitution für alle Reichsteile verfügt, von der er sich erhoffte, dass sie mit »göttlicher Milde« gesegnet sein würde.[213] Die Teilungsmaßnahme innerhalb der Familie sollte die göttliche Milde herbeiführen. Karl hatte recht genaue Vorstellungen, wie die Beziehungen zwischen seinen Söhnen, Töchtern und sogar Enkeln auszusehen hatten: »Keiner seiner drei kronentragen-

---

[212] Vgl. Sophia-Janet Aleemi, *Karl der Große in der Kathedrale von Chartres.*

[213] Der Titel lautet programmatisch: *Imperator Caesar Karolus rex Francorum invictissimus et Romani rector imperii pius felix victor ac triumphator semper augustus.*

den Söhne solle einen von ihnen – unter welchem Vorwand auch immer verklagt – ohne eindringliche und korrekte Prüfung hinrichten, verstümmeln, blenden oder zum Mönch scheren lassen.«[214] Karl sprach aus eigener Erfahrung, doch er konnte es nicht verhindern: Ludwig ließ »die Schwestern zwangsweise ins Kloster abschieben, ihre Geliebten töten, den Sohn seines Bruders Pippin [Thronfolger im Langobardenreich] allen Eiden zum Trotz blenden und zum Tod befördern, und seine jüngsten Brüder zwangsweise zu Mönchen und Klerikern scheren.« Der Historiker Johannes Fried fasst in seiner Karlsbiographie treffend zusammen, wie Ludwig, der erst später den Beinamen „der Fromme" erhielt, »die Franken, diese Gesamtheit der vereidigten Freien und Großen, wie sich nur allzu bald zeigen sollte, zu kollektivem Eidbruch führte und das Reich Karls des Großen (...) ins Chaos, in Verrat, Bruderkriege, Auflösung und Untergang stürzte.«[215]

Waldo – Reichsabt und Hausbischof von Saint-Denis

Mit seiner eigenen Krönung zum Kaiser durch den Papst im Jahr 800 hatte sich Karl endgültig mit der geistigen Strömung, die wir die römisch-lateinische genannt haben, verbunden. Ob dies für Waldo zwiespältig war? Wir wissen nicht, wie er dazu stand. Er erfüllte seine Pflichten, und es gelang ihm dabei, dem Kaiser und sich selbst die Treue zu halten. Seine Aufgabe in Pavia war bald nach der Kaiserkrönung, nämlich um 801, spätestens 802 abgeschlossen, denn weder Pippin noch Karl brauchten ihn dort noch, ganz zu schweigen von den erwähnten anderen Schwierigkeiten. Auch seine Arbeit in Basel war wahrscheinlich weitgehend beendet, zumindest erforderte sie offenbar nicht seine ständige Anwesenheit. So kehrte er auf die Reichenau zurück. Eine Erholungspause von ein paar wenigen Jahren schien ihm vergönnt, entsprechend sieht es jedenfalls nach außen hin aus, denn erst für das Jahr 806 erscheint er wieder in den Dokumenten. Es gibt also eine Lücke in seinem Lebenslauf. Untätig wird Waldo gleichwohl nicht gewesen sein. Man hat den Eindruck, dass hier in Wirklichkeit abermals etwas verschleiert wird. Genau in diesen Zeitraum nämlich fällt auch seine mysteriöse Reise als „Gralsdiener", die in der *Translatio sanguinis Domini in augiam* beschrieben ist. Waldo ist da kein

[214] Johannes Fried, S. 549.
[215] Johannes Fried, S. 550.

junger Mann mehr, kein Abenteurer, der sich die Sporen verdienen muss. Er hat die sechzig überschritten und ist für die damalige Zeit eigentlich ein Greis. Eine Reise wie die beschriebene erscheint in diesem Alter, selbst bei guter Kondition, wenig realistisch. Eigenartigerweise wird sein auffällig hohes Alter nirgends in dem Bericht auch nur angedeutet, vielmehr entsteht der Eindruck, er sei ohne Alter – gewissermaßen zeitlos-ewig. Und das passt wiederum gut zu der spirituellen Ebene der Reise. Es würde sich daraus auch der längere Zeitraum erklären lassen, in welchem er von der öffentlichen Bildfläche verschwindet. Eine wie auch immer geartete spirituelle Reise kommt ja bestimmt nicht durch eine kurze Meditationsübung zustande.

Die Reichenauer Legende endet nach der Schilderung des eigentlich gar nicht Beschreibbaren mit einer überraschend klaren Aussage über Waldos Beförderung zum Reichsabt und seine Entsendung ins Kloster Saint-Denis. Das sind endlich biographische Daten, wie sie der Historiker sucht. Sie beziehen sich auf das Jahr 806. Waldo ist etwa 66 Jahre alt. Auf diese kurze Information stützt sich Emmanuel Munding in seinem Bemühen, den Inhalt der Legende im wörtlichen Sinne einzuordnen und die Legende als gleichwertig mit all den anderen ihm zugänglichen Dokumenten, also als historisch aufzufassen, um damit eine widerspruchsfreie Vita Waldos herzustellen. So würde Waldos Leben von der Außenseite her begreifbar.

Im Jahr 806 also erhob Kaiser Karl der Große den Reichenauer Waldo zum Reichsabt und Hausbischof der Benediktiner-Abtei von Saint-Denis nördlich von Paris, wo schon sein Vater Pippin erzogen worden war und die bereits sein eigenes ganzes Leben lang als Königsresidenz diente. Einem geschichtsträchtigen Ort also, mit langer Tradition, die für Waldo auch ganz persönlich nicht uninteressant war. Zu des alten Pippins Zeiten hatte nämlich in Saint-Denis ein gewisser Pirmin gewirkt, den man auch „Apostel der Alemannen" nannte. Ein außergewöhnlicher Mensch, dem das Umherwandern wichtiger war als ein festes, gar lebenslanges Amt in einem Kloster. Pirmin war von der südgallischen Klosterkultur geprägt, man spricht ihm außerdem deutlich spanische Einflüsse zu. Er hatte nach irischer Weise die Bischofsweihe empfangen und vertrat die Regel des Heiligen Benedikt. Wir erinnern uns daran, dass Pirmin 724 im Auftrag und unter Mithilfe Karl Martells, Karls Großvater, das Kloster Reichenau gegründet hatte – Waldos Heimatkloster. Über Pirmin in Saint-Denis schließt sich im Schicksal Waldos also ein weiterer Kreis.

Saint-Denis liegt an einer Römerstraße, die das damals neun Kilometer entfernte Paris mit Rouen verband. Im Mittelalter war es ein Kreuzungspunkt wichtiger Straßen in dieser Provinz, die sich gerade anschickte, durch viel Fleiß einen wirtschaftlichen Aufschwung herbeizuführen. Die Abteikirche hatte eine herausragende Stellung unter allen fränkischen Kirchen, denn in ihr ruhen die Gebeine des Märtyrers Sankt Dionysius, des ersten Pariser Bischofs. Im Jahr 250 war er vom Papst zur Mission nach Gallien gesandt worden und hatte als Bischof von Paris den Märtyrertod erlitten. Im Frühmittelalter wurde er der wichtigste Nationalheilige des Frankenreichs und gehört zu den Vierzehn Nothelfern der katholischen Kirche.

Das Kloster von Saint-Denis geht auf den Merowingerkönig Dagobert I. zurück, den ersten Frankenherrscher, der dort bestattet ist. Dagobert ließ in seiner Regierungszeit (628-639) die Kirche zu einer 60 Meter langen dreischiffigen Kirche erweitern und zur Grablege der Merowinger umbauen. Ein großer Teil des Innenraumes sollte Gräber aufnehmen. Darüber hinaus beschenkte er das Kloster großzügig. Die Mönche sollten dafür Tag und Nacht für das Seelenheil der Königsfamilie beten. Im Jahr 741 machte Karl Martell Saint-Denis zum Pfalzort, also zur Residenz für den König. Nach seinem Tod ließen seine Enkel, Karl der Große und sein Bruder Karlmann, dort eine neue Kirche nach dem Vorbild Alt-Sankt-Peters in Rom bauen. An das 80 Meter lange und 35 Meter breite dreischiffige Säulenlanghaus schlossen sich im Osten ein durchlaufendes Querhaus und eine halbkreisförmige Apsis mit Ringkrypta entlang der Apsisaußenwand an, im Westen wurde ein großes Querhaus mit Portalbau gebaut. Hier fand Karl Martells Sohn Pippin seine letzte Ruhestätte. Die Basilika wurde 775 geweiht. Es gibt dazu eine zeitgenössische Beschreibung aus dem Jahr 799, die in einem Buch aus dem Kloster Reichenau erhalten ist. Da werden nicht nur die genauen Maße genannt, sondern es wird auch von 101 Fenstern gesprochen, von 90 Säulen in der Kirche und 130 Säulen in den Säulengängen außen. »In der Kirche sind 1250 Lampen angebracht; man gießt in diese Lampen acht Maß Öl, und zwar dreimal an jedem Festtag des Jahres. Die Kirche hat auch zwei große Türen, gefertigt aus Gold und Silber. Zwei weitere große Portale sind aus Elfenbein und Silber gearbeitet; dazu kommt eine große Tür aus Elfenbein und Silber (...) Die Dionysiuskirche besaß 45 große Bögen und weitere kleine Bögen. Außerdem verfügen die anderen Kirchen im Kloster über 79 Säulen, so dass sich im Kloster des hl. Dionysius summa summarum 245 Marmorsäulen befinden. Im 31. Jahr der Regierung Karls.«[216] In Saint-Denis war 798/99 eigens ein Manuskript für das Kloster Reichenau zusammengestellt worden, das diesen Text enthielt. Das geschah noch, bevor Waldo dort Reichsabt wurde. Im Rahmen des regen Austauschs von Büchern und Schriften zwischen den beiden Reichsabteien gelangte es zwischen 822 und 831 in das Inselkloster am Bodensee.

Schrankenplatte von Saint-Denis. Im Zentrum befindet sich, gesäumt von mit Wein umschlungenen Palmen als Symbole des Lebensbaumes, ein „Gralskelch" mit Kreuz.

In Saint-Denis, wo bereits 751 Karls Vater Pippin von den fränkischen Bischöfen zum König gesalbt wurde, nachdem er und seine Gemahlin Bertrada gemäß fränkischer Sitte in Soisson durch Akklamation zu König und Königin erhoben worden waren, hatte bald darauf Karl selbst eine ähnliche Handlung erlebt – nur fiel diese im Jahr 754 wesentlich bombastischer aus. Es war der Epiphaniastag. Diesmal war Papst Stephan II. eigens aus Rom angereist, um die Salbung zu vollziehen. Dem ging ein überwältigendes Ritual nach dem Vorbild des römischen Kaiser-Zeremoniells voraus, das dem kleinen, gerade mal sieben Jahre alten Königssohn nachhaltig die unvergleichliche Macht und Erhabenheit des Papstes als „Nachfolger Petri, des Himmelswächters" vermittelte. Von diesem „Heiligen Apostelfürsten" wurde er gemeinsam mit seinem jüngeren Bruder Karlmann und mit seinem Vater Pippin in der Königsabtei Saint-Denis

[216] Vgl. Alfons Zettler, „Eine Beschreibung von Saint-Denis aus dem Jahre 799", in: Reiss-Museum Mannheim (Hrsg.), *Die Franken. Wegbereiter Europas. Vor 1500 Jahren: König Chlodwig und seine Erben* (Ausstellungskatalog Mannheim 1996), S. 435 ff. Handschrift Badische Landesbibliothek Karlsruhe, Aug. CCXXXVIII 159v-160r.

zum König gesalbt. Er würde es niemals vergessen! Es war die Geburtsstunde der Karolinger als Herrscher über das Frankenreich, und dieses Recht war erblich.

Als sein Tod nahte, hatte Pippin bewusst Saint-Denis als Sterbeort gewählt – nicht nur, weil er hier erzogen und zum König gesalbt worden war, und weil es lange Zeit das Winterquartier seiner Familie war, der Ort, wo er auch seine eigenen Kinder hatte aufwachsen sehen. Pippin suchte den Anschluss an seine Ahnen. Deshalb ließ er sich, wie schon sein Vater, der Merowinger Karl Martell, sowie andere Könige des Merowinger-Hauses, gerade hier begraben. Als letzte Stätte hatte er einen Platz am Eingang der Kirche für sich gewählt.

Mit der Zeit aber war es stiller geworden um Saint-Denis. Vielleicht lag dies auch daran, dass es dort einfach keine herausragenden Persönlichkeiten mehr gegeben hatte. Es heißt, dass im Klosterleben Verwahrlosung herrschte. Die Reichenauer Legende berichtet, dass die meisten Mönche die Klosterregel missachteten und mehr dem weltlichen Leben als dem geistlichen zugeneigt waren. So versuchte Waldo, »von großem Eifer der göttlichen Leidenschaft entbrannt, die Abtrünnigen zum rechten Handeln zu bekehren. Und das so sehr, dass er sogar bewaffnete Soldaten mit sich führte, als er, wie es heißt, sich Zugang zu ihrem Kapitel verschaffte, um die Frechheit der Unruhestifter gleichsam in einem Kampf zu bändigen.« (Kap. XIV)

Die schiere Größe der Klostergebäude strahlte allein schon eine eigene Erhabenheit aus. Doch war Saint-Denis, zugespitzt ausgedrückt, eine Toteninsel. Obwohl Grablege der fränkischen Herrscher, war seine Bedeutung unter Karl dem Großen hinter den Rang von Aachen als Herrschersitz gerückt. Aber dennoch behielt Saint-Denis seine tief spirituelle Kraft – und so kam Waldo im Jahr 806 sicherlich an den ihm gemäßen Ort.

Rein äußerlich betrachtet war Waldo in Saint-Denis auf dem Zenit seiner Karriere angekommen, denn Abt in der Königsresidenz und Reichsabtei Saint-Denis zu sein, war durch kein anderes geistliches Amt im Frankenreich zu überbieten. Es sei hier nochmals daran erinnert, dass Karl ja nicht ausschließlich in Aachen residierte, sondern auch in Saint-Denis, wenn er sich nicht gerade in einer weiteren Pfalz aufhielt oder in anderen Angelegenheiten unterwegs war. Der Abt von Saint-Denis war der Hüter der Königsgräber, und er war verantwortlich für die seelsorgerliche Betreuung des Königs und seiner Familie, will heißen, er hatte für nahezu ununterbrochenes Fürbitte-Gebet zu sorgen. Daneben oblagen ihm höchste staatskirchliche Aufgaben.

Aus dem Mönch vom Bodensee war ja längst ein im Hintergrund tätiger Staatsmann geworden, der maßgeblich an der christlichen Konsolidierung Europas mitwirkte. Wie niemals vorher brachte ihn jetzt sein Schicksal in die räumliche und innere Nähe Kaiser Karls des Großen. Niemand konnte unmittelbarer auf ihn einwirken als er. »Vom Kaiser wurde er deshalb ausgewählt, weil er wegen seiner spirituellen Kraft (wörtlich: *sua religiositate*) bei diesem eine höchst vertraute und vertrauensvolle Stellung (wörtlich: *familiaris*) erlangt hatte.« (Kap. XIV) Der Reichenauer Schreiber betont in diesem Zusammenhang das Vertrauensverhältnis, wobei in diesem Wort auch die Bedeutung von „zuverlässig" mitschwingt. Und er erinnert daran, dass er dies bereits an einer früheren Stelle seines Berichtes zum Ausdruck gebracht hatte – er meint das V. Kapitel. Dort hatte er Waldo in die Erzählhandlung eingeführt: »Er [Waldo] leuchtete nämlich durch seine Fähigkeiten und war mit dem König sehr vertraut, so sehr, dass dieser ihn zu seinem Beichtvater erwählt hatte« (wörtlich: *ut illum suum fieri confessorem eligeret*) (Kap. V). An dieser Stelle wird klar gemacht, dass Waldo längst Beichtvater war, als Karl noch König war. Schon damals hatte Waldo einen so nahen Umgang mit ihm, dass er sogar beim König eintreten durfte, wenn dieser noch der Ruhe pflegte (Kap. VII).[217]

Karl war immer schon beeindruckt gewesen von der stupenden Bildung Waldos. Er hatte das Bedürfnis, die Weltzusammenhänge zu verstehen, und dabei ließ er sich auch durch Waldo belehren. Überliefert ist etwa, wie Karl durch Waldo den irischen Gelehrten Dungal aus Saint-Denis, dessen Beschützer und Gönner Waldo offenbar war, nach einer Erklärung der doppelten Sonnenfinsternis am 5. Juli und am 30. November des Jahres 810 fragen ließ.[218] Die Zeichen am Himmel nämlich empfand man als höchst besorgniserregend, und Karl wollte sie unbedingt verstehen. Aber jetzt nicht in einem allegorischen Sinn, solche Antworten kannte er

[217] Nach den Quellen, die Munding überprüft hat, gibt es mehrere Dokumente, die Waldo als Beichtvater Karls benennen. Vgl. Munding, S. 114 ff.

[218] *Epistulae Karolinae II.* 570-578, zit. n. Munding, S. 103. Die Reichsannalen erwähnen für das Jahr 810 zwei Sonnenfinsternisse, am 7. Juni und am 30. November. *Annales regni francorum, 810,* zit. n. Fried, S. 558 und S. 700.

zur Genüge. Karl wollte »nackte Sprache, nackte Wissenschaft, nackte Bedeutung«.[219] Er wollte wissen, was „Nichts" und was „Finsternis" sei und hatte sich dazu offenbar auch bei anderen Gelehrten erkundigt.[220] In einem langen Brief, in welchem Dungal, der Einsiedler von Saint-Denis, seinen Abt Waldo als »getreuen Diener Gottes und Karls« lobte, gab er die von Karl gewünschte Erklärung.[221] Waldo überbrachte sie persönlich an Karl. Dabei wird sicher auch ein anregendes Gespräch zwischen den beiden stattgefunden haben.

Nicht nur geistliche Zeitgenossen und Chronisten, auch Karl selbst schildert Waldo »als einen untadeligen und allen Lobes werten Charakter ohne ehrgeiziges Streben nach Ämtern und Würden«.[222] Waldo war nicht eitel, er machte kein Aufhebens um seine Person, sondern hielt sich still zurück. Von Einhard etwa, der ja dem König auch nahestand, kennt man da ganz anderes.[223] Und gerade in diesem Kontrast kann man Waldos Persönlichkeit erspüren.

Wie erlebten nun die Mönche von Saint-Denis Waldo? »Um ihretwillen ergriff er, im Vertrauen auf die göttliche Gnade, schließlich solche Maßnahmen für ihr Heil, dass er sie nicht nur durch das Zeugnis unablässiger Ermahnung, sondern auch dadurch, dass er in der Lebensführung mit gutem Beispiel voranging, zu der den Regeln angemessenen Disziplin, die sie verlassen hatten, zurückrief. Und so wandelte er die lasterhaften Brüder zu treuen Anhängern des Gehorsams.« (Kap. XIV) Nachdem Waldo die anfänglichen Schwierigkeiten in Saint-Denis überwunden und die Ordnung wiederhergestellt hatte, wurde er dort von allen außerordentlich geschätzt und verehrt. Man nahm sein leuchtendes Wesen wahr, wenn man es auch wahrscheinlich nicht als Gralsdiener-Wesen erkannte. So heißt es wörtlich, *Erat enim virtutibus clarus*. Im Mittellateinischen bedeutet virtus, wie wir bereits gesehen haben, mehr als „Tugend", nämlich Macht, Autorität, Einfluss oder manchmal auch Gottesfurcht. All dies erschien bei Waldo als rein und hell.

---

219 Vgl. Fried, S. 558 ff.

220 Ebd.

221 *Epistulae Karolinae II.* 578. 3, zit. n. Munding, S. 115.

222 Emmanuel Munding, *Königsbrief Karls des Großen*, S. 4.; vgl. Munding, *Abtbischof-Waldo*, S. 115.

223 Vgl. Steffen Patzold, *Ich und Karl der Große. Das Leben des Höflings Einhard.*

Waldo stirbt am 28. oder 29. März 814 in Saint-Denis – nur zwei Monate nachdem am 28. Januar 814 Karl der Große in Aachen gestorben ist. Aufs Engste erscheint Waldos Lebensschicksal mit dem Karls des Großen verknüpft. Sie werden in kurzem zeitlichem Abstand zueinander geboren, sind sogar miteinander verwandt und sterben sehr rasch nacheinander. Schon dies ist eine auffällige Signatur. Deutlicher wird es, wenn man Karls und Waldos Schicksalsbilder nebeneinanderstellt. Äußerlich übernimmt Waldo stets die schwierigsten und wichtigsten Arbeiten für Karl. Bestimmte seelisch-geistige Aufgaben, die eigentlich Karls Obliegenheiten sind, die dieser jedoch in seinem nach außen gerichteten Leben nicht leisten kann, nimmt ihm Waldo ebenfalls ab. Stets steht er ihm zur Seite, bewegt sich in seinem Schatten und ergänzt, was notwendig ist. Nach den Reichenauer Jahrbüchern soll Waldo »das Herz des Kaisers« genannt worden sein.[224] Karl der Große hatte eine eigene Gralsaufgabe, die er nur teilweise gelöst hat. Ich habe dies bereits in einer anderen Arbeit näher ausgearbeitet und dargelegt.[225] In einer zutiefst christlich-brüderlichen Art trägt Waldo die Last des Königs und ergänzt ihn, als sei er eine Art inneres Doppel Karls, eben im besten christlichen Sinne sein Bruder. In Saint-Denis, wo nach der Tradition eigentlich Karl als Herrscher hätte begraben werden müssen, wird Waldo begraben.

Waldo ist als Abt von Saint-Denis außerordentlich beliebt geworden. »Mit solcher Leidenschaft hatten sie ihn geliebt und dem liebenswerten Vater eine so große Ehre zum Andenken erwiesen, dass sie nach seinem Tode unablässig ein Licht an seinem Grab in einer Apsis der Kirche brennen ließen«, auf dass er niemals vergessen werde. (Kap. XIV) So bezeugt es der Reichenauer Schreiber der *Translatio sanguinis Domini* sogar noch für seine eigenen Tage.

Alles Weitere untersucht Philipp Heber ausführlich und bezieht auch die Quellen aus Saint-Denis ein. Er kommt zu dem Schluss: »Die vorliegenden Klosterurkunden beweisen uns aber, wie man im Gegenteil sein Gedächtnis vom 12. Jahrhundert an beseitigte und den Ruhm seines Namens in der Welt unter den Scheffel zu bringen wusste.«[226] In der Tat wurde das Licht Waldos im Jahr 1144 ausgelöscht und seine Gebeine wurden entfernt. Bedenkt man, welche Rolle die Gebeine eines verstor-

---

224 Zit. n. Munding, S. 110.

225 Vgl. Sophia-Janet Aleemi, *Karl der Große in der Kathedrale von Chartres.*

226 Heber, S. 328.

benen großen Geistes in der Kirche spielen, ist es eine Ungeheuerlichkeit, wenn diese einfach verschwinden. Die näheren Umstände wird man wohl nie mehr erfahren. Nach dem von Abt Suger veranlassten Umbau zur gotischen Kathedrale, die mit ihrem neuartigen Chor und den großartigen farbigen Glasfenstern erklärtermaßen eine architektonische Umsetzung der Lichtmetaphysik des Dionysius Areopagita verkörpern sollte, wurde zwar zum Gedenken an Karl den Großen ein großes Glasfenster geschaffen, und auch das Portrait, das Einhard von sich selbst auf der von ihm angefertigten Bronzetür geschaffen hatte, erhielt seinen Ort. Doch für die Gebeine Waldos war kein Platz mehr vorgesehen. Allein es kam noch schlimmer: »Ja, um die Vergessenheit ganz über ihn zu bringen, wird auch in den von nun an aufgestellten Abtverzeichnissen sein Name ausgelassen, ohne dass die Zahlenfolge unterbrochen erscheint.«[227] Unser „Kronzeuge" Philipp Heber hat dies glaubhaft überprüft und belegt.

Man kann die Empörung über das absichtliche Vergessenwerden Waldos, die Philipp Heber umtreibt, nachvollziehen. Rufen wir uns noch einmal Waldos Tätigkeit als Bischof in Basel in Erinnerung. Auch hier wird sein Wirken noch heute, wie oben gezeigt, aus Mangel an umfangreicheren Dokumenten kleingeredet und für unbedeutend deklariert. So drängt sich durchaus die Frage auf, ob für Basel nicht vielmehr eine Parallele zu seinem Vergessenwerden in Saint-Denis vorliegt, zumal dies nun gleich zweimal in seinem Leben geschehen ist, was die Sache deutlich unterstreicht.

Eine Zukunftsaufgabe im Dienste der Gralsströmung

Wenden wir uns ein letztes Mal Waldos Wirken in Saint-Denis zu. Saint-Denis ist ja kein beliebiger Ort und Waldo nicht irgendeine Persönlichkeit.

Hat es noch eine weitere Mission für Waldo gegeben, die nicht so deutlich in Erscheinung tritt? Man kann, aus heutiger Sicht zurückblickend, durchaus den Eindruck gewinnen, als habe Waldo in Saint-Denis, wie schon auf der Reichenau, den Boden geistig vorbereitet, damit sich nach seinem Tode einmal ein besonderes Ereignis dort würde realisieren kön-

[227] Heber, S. 329, S. 347. Heber zitiert dazu aus dem *Trésor sacré … de l'Abbaye Royale St. Denis* von Millet, Paris 1636.

nen. Es traf sich nämlich, dass im Jahr 827 in Konstantinopel Kaiser Michael II., genannt Michael der Stammler, dem Ersuchen Kaiser Ludwigs des Frommen nachkam und diesem die Schriften des Dionysius Areopagita schickte.[228] Schon 758 hatte der Papst eine Abschrift davon Karls Vater, dem in Saint-Denis erzogenen König Pippin, geschenkt. Aus welchen Gründen auch immer kam nun das zweite Exemplar nach Saint-Denis und wurde Waldos Nachfolger, dem Abt Hilduin, übergeben.

Abt Hilduin war so tief beeindruckt von diesen griechischen Manuskripten, dass er sie bereits im Jahr 835 im Auftrag Ludwigs vollständig, wenn auch mehr schlecht als recht, ins Lateinische übersetzte. Ludwig der Fromme beauftragte Hilduin auch mit einer Zusammenstellung anderer Werke des Dionysius sowie dessen lateinischer Vita. Dafür standen Hilduin vielfältige, aber durchaus auch zweifelhafte Quellen zur Verfügung. So setzte Hilduin in seiner *Passio S. Dionysii*[229] einen folgenreichen neuen Mythos über den Urheber der dionysischen Schriften in die Welt – oder tolerierte ihn zumindest. Durch die Namensgleichheit ihres syrischen Autors mit dem frühchristlichen Pariser Klostergründer, dem Märtyrer Sankt Dionysius, ließ sich nämlich allzu leicht eine Verschmelzung der beiden Personen herbeiführen. Sie bot sich geradezu an, zumal die Menschen in den Schriften, ähnlich wie in Reliquien, noch die Realpräsenz ihres Autors fühlen konnten. Und da nun der syrische Dionysius bereits verschmolzen war mit jenem Schüler des Paulus, der aus der Apostelgeschichte durch die Rede am Athener Areopag (Apg 17,34) bekannt ist – eben dem Dionysius Areopagita –, sind hier in einem Namen gleich drei Männer vereinigt. In Saint-Denis mündet also alles in einen Strom. Spätestens jetzt wird die Abtei von Saint-Denis zum irdisch-spirituellen Zentrum des Dionysius Areopagita.

Durch Waldos ordnende Kraft war die Abtei zu einem würdigen Gefäß geworden. Nun konnte daraus Großes erwachsen. In den Schriften des *Pseudo-Dionysius* – so nennt man ihn heute – wird die Lehre des Pau-

---

[228] Codex Paris. gr. 337.

[229] Hilduin von Saint Denis, P*assio (II) S. Dionysii* (Inc. *Post beatam et gloriosam*), Acta Sanctores Oct, t. 4, 1780, p. 792-794; *Passio (III) S. Dionysii* (Inc. *Post beatam ac salutiferam*), Migne, *Patrologia latinae*, t. 106, col. 22-50. W. Berschin bemerkt zur Arbeit Hilduins, "Indem er viele Auszüge aus der Übersetzung in seine Passio integriert, schafft er eine Biographie, die nicht nur als phantastische Märtyrergeschichte, sondern auch als Schriftstellervita und Einführung in das Werk des bedeutendsten frühbyzantinischen Theologen zu lesen ist." W. Berschin, *Biographie und Epochenstil*, Bd. 3, S. 237.

lus-Schülers aus Athen, in welcher er die geistige Hierarchienlehre der himmlischen Welt beschreibt, übermittelt.[230] Sie gehört zu den wichtigsten Zeugnissen des johanneischen Christentums und wird wenig später durch Johannes Scotus Eriugena (um 810-877) erneut übersetzt werden. Als Kenner der griechischen Kirchenväter ist er dazu prädestiniert, eine Brücke zwischen der östlichen und westlichen Geistigkeit zu bauen.

Um nun nicht im Abstrakten haften zu bleiben, sondern wenigstens ansatzweise einen Eindruck davon zu gewinnen, wollen wir einen Blick auf den Grundgedanken dieser Schriften werfen: Die *Theologia mystica* des Dionysius beschreibt das Universum als ein Gebäude, das die Hierarchie der Schöpfung verkörpert. Dabei ist diese Hierarchie eine zweifache, und so heißt die Schrift auch *Über die himmlische Hierarchie. Über die kirchliche Hierarchie.* Die zentrale Aussage des Dionysius lautet, Gott ist Licht. Dieses Licht ist ursprünglich unerschaffen und doch zugleich schöpferisch. Jede Kreatur nimmt teil an ihm. Je nach seinen Fähigkeiten, das heißt je nach seinem Platz in der Hierarchie der Wesen, und je nach dem Platz, den der Gedanke Gottes ihm in der Stufenleiter zugewiesen hat, empfängt und übermittelt jeder Schöpfer die göttliche Erleuchtung. Das Universum ist strömendes Licht, das in Kaskaden herabstürzt. Es geht vom höchsten Wesen aus und bestimmt jeder Kreatur ihren eigenen Platz. Und doch vereinigt es sie alle in einem Band der Liebe, das Sichtbare und das Unsichtbare. Es teilt jedem seinen Platz im großen Ganzen zu. Weil nun jedes Ding das Licht mehr oder weniger reflektiert, entsteht durch die unendlichen Reflexe der Strahlen des Lichtes eine entgegengesetzte Bewegung und kehrt zum Kern der Ausstrahlung zurück. Dadurch schafft der Schöpfungsakt des Lichtes durch sich selbst einen Wiederaufstieg zu seinem eigenen Urquell. Da das Geschaffene das Licht widerspiegelt, führt es durch eine Stufenleiter von Übereinstimmungen zum Ungeschaffenen zurück. Diese Übereinstimmungen nun sollen erhellt werden, um Gott zu erkennen. Gott erscheint in jeder Kreatur mehr oder weniger verschleiert, je nachdem, ob sie sich seiner Erleuchtung hingibt oder sich ihr widersetzt. Je nach ihren Fähigkeiten entschleiert ihn jede Kreatur, denn sie befreit den Teil des Lichtes, den es verbirgt, für den, der den Vorgang mit Liebe betrachtet.[231]

---

230 Pseudo-Dionysius Areopagita, *Über die himmlische Hierarchie. Über die kirchliche Hierarchie.* Eingeleitet, übersetzt und mit Anmerkungen von Günter Heil, *Bibliothek der griechischen Literatur*, Bd. 22, Stuttgart 1986.

231 Vgl. Georges Duby, *Das Europa der Kathedralen. 1140-1280*, Genf 1985, S. 14.

Die Lehre des Dionysius Areopagita widerspricht der inzwischen zur Doktrin gewordenen Anschauung des Augustinus in seinem Buch über die Einteilung der Natur, De divisione naturae, wonach die Erkenntnismöglichkeit des Menschen begrenzt sei. Vielmehr hat nach Dionysius der Mensch durch seinen Leib teil an der ihn umgebenden Natur. Auf der anderen Seite aber nimmt er am Leben der göttlichen Wesenheiten teil, die ihm für seinen Geist ein höheres Bewusstsein schenken können. Der Mensch steht am Schnittpunkt der geistigen und der sinnlichen Welt, in seiner Seele können sich beide begegnen.

In Saint-Denis und dann auch in Chartres erlebt Dionysius Areopagita nun eine regelrechte Renaissance, eine Wiedergeburt. Von Saint-Denis ausgehend, werden seine Schriften mehrfach ins Lateinische übersetzt und strahlen in ihrer Wirkung weit in die christliche Welt aus. Der Neuplatonismus, die Lehre von den Engeln und die mystische Theologie prägen von Saint-Denis aus als zentrale Lehre des esoterischen Christentums das gesamte europäische Mittelalter. Es ist Waldo, der dafür die Grundlage geschaffen hat, zu verdanken, dass sich auch hier ein Kreis schließen konnte.

Ein letzter Blick auf Karl den Großen und Waldo

Einst hatte Waldo sein Wirken als Schreiber begonnen und es gewissermaßen als „Seefahrer" fortgesetzt. In der Tat haben sich die Schreiber oft mit Seemännern draußen auf dem Meer verglichen und dies am Ende ihrer Texte in Worte gefasst. So auch der Reichenauer Walahfrid Strabo in einem Schreibvers:

Wie der Seemann, von seinen Strapazen erschöpft, sich freut,
wenn er endlich die lang vertraute Küste erblickt,
nicht anders jauchzt der Schreiber auf, wenn das ersehnte Ende
des Buches in Sicht ist, müde wahrhaftig auch er.[232]

Schon als Schreiber hatte Waldo Großes geleistet, erst recht als „Seefahrer" – und dabei war er ja gar kein Seemann gewesen. Er hatte lediglich eine ungewöhnliche Mission für seinen König erfüllen müssen, was ja schließlich zu seinen Aufgaben als Reichsabt gehörte. Dennoch war Waldo sicher keine mittelalterliche Rittergestalt. Er war auch kein Parzival, der seine Aufgabe verdorben hatte, weil er seine Unterweisungen wortwörtlich befolgt hatte und deshalb versäumte, die richtige Frage zu stellen – einer, der erst lernen musste, sie dem Geiste nach zu erkennen. Waldo erkannte, was notwendig war, und blieb als Handelnder ein Dienender. Darin entwickelte er eine geradezu königliche Würde, und so offenbart er sich in der Grundgeste seines Lebens und seines Wesens als ein Träger hoher geistiger Impulse.

Waldo war – dies konnte hier anhand der Quellen und der Zusammenhänge veranschaulicht werden – weder ein Heiliger noch ein Märtyrer, sondern vielmehr ein ehrenhafter und einflussreicher Vertreter der Gralsströmung am Hofe Karls des Großen, und er hat seine Schicksalsaufgabe seit seinem ersten beurkundeten Auftauchen in der Welt mit 30 Jahren unablässig bis zuletzt erfüllt. Beinahe erscheint es folgerichtig, dass es in seinem Leben noch so viele Rätsel gibt, die ja bis heute nicht gelöst sind und wohl nie gelöst werden. Was war wirklich in Basel geschehen? Und was in Saint-Denis? Warum wurde Waldos Name aus den Abtsverzeichnissen gelöscht? Warum wurde sein Gedenkort in Saint-Denis aufgege-

[232] Walahfridus Strabo, *Poetae latini aevi Carolini*, 2, Ernst Dümmler (Hrsg.), MGH Poetae, 2, Berlin 1884, S. 402; übers. Martin Steinmann, *Handschriften im Mittelalter*, S. 158.

ben? Warum wird seiner auf der Reichenau nicht wirklich gedacht?[233] Warum ist uns seine Biographie nicht überliefert?

Genauer betrachtet ist es kein Wunder, dass Waldo bis heute unterschätzt wird, alldieweil dies ein häufiges Schicksal von Trägern hoher geistiger Impulse ist. Wäre da nicht die Reichenauer Legende, man hätte ihn gewiss vollständig vergessen. Doch durch sie erhält das Lebensbild Waldos und auch sein Wesensbild überhaupt erst einen Sinn. Der große Mediaevist Wolfram von den Steinen lehrt uns, dass »die Kunst der Interpretation oder vielmehr der Dialog mit den Früheren Besinnung und Abstand von den Vordergründen des Daseins verlangt, der eigne Ernst des mittelalterlichen Christentums ein entschlossenes Hinausschreiten über die begrenzten Frömmigkeitsbegriffe der Neuzeit fordert.«[234] Auch in diesem Sinne haben wir die Bilder und Motive der Legende aus sich selbst sprechen lassen und neben allen anderen Quellen vor allem auf ihren spirituellen Gehalt geachtet. Gerade in der Reichenauer Legende findet man den Zugang, um Waldos Wesen zu verstehen. So fremd uns solche Heiligenerzählungen mit all ihren fromm-phantastischen Ausschmückungen und Übertreibungen sind, und so gern wir sie auf ihren historischen Kern und eventuelle Vorlagen reduzieren, so haben wir doch gesehen, dass es sich lohnt, sich ihnen in Offenheit zuzuwenden. Dabei hat es sich gezeigt, wie ungemein sinnvoll und fruchtbar es ist, den Begriff der „Legende" in seiner Grundbedeutung aufzufassen und, angeregt durch die hermeneutische Methode des dreifachen Schriftsinns, eine geistige Ebene der Bilder zu suchen. Naturgemäß ist dies eine persönliche Angelegenheit, die den Leser alsdann mit dem Fremden, das hier zu entdecken ist, bereichern kann. So schenkt sich ein geradezu goldener Schlüssel, es öffnen sich neue Räume des Verstehens, vielleicht auch der Erkenntnis, und eine neue und geheime Geschichte hinter der äußeren Geschichte wird offenbar. Die Bilder haben zu sprechen begonnen, und es ist deutlich geworden, dass eine gute Geschichte mehr zu vermitteln vermag als eine dürre und nur scheinbar objektive Chronik oder ein dokumentarisches Beweisstück.

Wir wollen an diesem Punkt unsere Betrachtung zu Abt Waldo beenden, ohne dabei allerdings seinen Dienstherrn aus dem Auge zu verlieren.

---

233 Seit einiger Zeit gibt es im Museum der Reichenau einen „Abt-Waldo-Saal". Dort jedoch wird eine Dauerausstellung zu Abt Heito präsentiert (Stand 2018).

234 Peter von Moos (Hrsg.), Wolfram von den Steinen, *Menschen im Mittelalter*, Bern 1967, S. 4.

Karl der Große (Klosterkirche St. Johann, Müstair/ Graubünden)

Der Legende nach gründete Karl der Große 774 das Kloster St. Johann in Müstair, Churrätien, wo damals viele Handelswege zusammenliefen. Noch heute wird er dort als Heiliger gefeiert. Das Standbild zeigt eine lebensgroße Figur (Höhe 187 cm), die aus Stuck gefertigt wurde und ursprünglich bemalt war. In der Nische, in der sie aufgestellt war, befand sich eine Inschrift mit der Jahreszahl 801, in der Karl als der erste abendländische Kaiser verehrt wurde. Möglicherweise wurde das Standbild aufgestellt, als Karl von Ravenna nach Aachen zurückkehrte und sein Weg über Müstair führte.

Nicht zuletzt wirft Waldos Geschichte mit den ihr eigenen Fragen ja ein neues und völlig anderes Licht auf Karl den Großen. In keinem Dokument und an keiner Stelle in Karls Biographie kommt, soweit ich dies beurteilen kann, so klar zum Ausdruck, was man als Karls Schicksalsaufgabe bezeichnen könnte. Das zentrale Bild in der Reichenauer Legende zeigt uns als vielleicht wertvollste Gabe eine tiefe und noch immer aktuelle Wahrheit über Karl den Großen.

Karl zwischen Orient und Okzident

In der jüngeren Zeit wurde Karls Beziehung zum Orient immer wieder untersucht und auch in mehreren opulenten Ausstellungen vermittelt.

Präsentation der Reliquien im Karlsfenster (Notre-Dame de Chartres)

Zum ersten Mal jedoch hat wahrscheinlich die Kathedrale von Chartres dieses Thema ausführlich behandelt. Schon um 1220 wurde dort ein hohes farbiges Glasfenster geschaffen, das Karls vielfältige Beziehung zum Orient differenziert schildert. Auch in diesem Lanzettfenster geht es um Reliquien aus Jerusalem – und darüber hinaus um Karls „Ostpolitik" sowie natürlich um theologische Fragen.

Karl stand, wie schon sein Vater Pippin und sein Großvater Karl Martell, jeder auf seine Art, in einem besonderen Verhältnis zum Osten, das über die drei Generationen hinweg immer spannungsreicher geworden war und wiederholt zu viel Blutvergießen geführt hatte. Ohne die Niederwerfung der Sarazenen bei Tours und Poitiers 732 durch Karl Martell wäre Europa möglicherweise islamisch geworden. Dies ist nicht geschehen, und der Westen konnte seinen geistigen Weg weiter beschreiten, jedoch nicht isoliert. Arabische Denkart prägt seither das Denken in Europa. Vielleicht hatte bereits Karl Martells Sohn Pippin geahnt, dass sich der Westen nur sinnvoll entwickeln können würde, wenn er an seine eigenen kulturellen Wurzeln, die im Abendland schon verloren, aber im Orient noch lebendig waren, anknüpfte. So mag er wohl noch mehr als nur politische Gründe im Sinn gehabt haben, als er seine Gesandten im Jahr 765 zu dem Kalifen Abu Gafar al-Mansur nach Bagdad schickte. Die Hoffnung, in dem Kalifen einen Verbündeten gegen die in Spanien gelandeten Araber zu finden, war, wie es aussieht, nur ein Anlass gewesen. Al-Mansur stand gewissermaßen noch im alten persischen Geistesstrom und wurde von den Franken sogar als König der Perser *(rex Persarum)* betrachtet. Er hatte 762 an der Grenze zwischen arabischem und persischem Gebiet eine neue, kreisrunde und symbolisch hoch aufgeladene Stadt gegründet, die er *Madinet as-Salam* (Stadt des Friedens) nannte. Sie hatte sich rasch in alle Richtungen erweitert und wieder ihren alten persischen Namen *Baghdad* (Geschenk des Herrn) erhalten. Unter diesem Namen blühte sie rapide auf. Bagdad wurde zu einem Handelsknotenpunkt, der Beziehungen bis nach China und Zentralasien pflegte und dazu ein weitreichendes Kreditwesen hervorbrachte. Noch vor dem Jahr 800 stellten die Bagdader Papiermühlen in größerem Stil Schreibpapier her, eine wichtige Voraussetzung für die kulturelle Entwicklung. In der Stadt und in ihrer Umgebung befanden sich etliche christliche Kirchen und Klöster, deren Gelehrte ausgezeichnete Übersetzer waren. Die reiche Kultur Bagdads hatte aus Byzanz, wo das geistige und künstlerische Erbe der Antike bewahrt wurde, alte östliche Weisheit und wissenschaftliche Werke der Antike geholt, die im Westen längst verloren waren. Sie wurden ins Arabische übersetzt und dadurch aufbewahrt, bis sie später in Europa verwandelt wieder auflebten.[235]

Auf Pippins Gesandtschaft nach Bagdad, über die man, obwohl sie doch drei Jahre gedauert hatte, so wenig weiß, folgte 768 eine Gegengesandtschaft von Moslems ins Frankenreich. Und wieder sind hierzu kaum Einzelheiten festgehalten. Eigenartigerweise wird überhaupt kein politisches Anliegen genannt, was vermuten lässt, dass es tatsächlich auch keine zu erörternden Probleme gab.[236] Sollte die Gesandtschaft etwa allein der wohlwollenden Pflege des gegenseitigen Verhältnisses gedient haben?

Doch Harmonie ist selten ein länger währender Zustand. Innerhalb der christlichen Kirche selbst herrschten Konflikte und Spannungen, die immer mehr Gegensätze zwischen Ost und West zeigten und mit der Zeit zu erheblichen Problemen, ja, schließlich zur Kirchenspaltung führen sollten. Rom und Konstantinopel waren durch den Bilderstreit getrennt; gleichwohl spielten die antiken Formen des Kaiserkults noch in die christliche Welt hinein. Parallel stritt man sich insbesondere in Spanien schon sehr lange um das Sohnesverhältnis Jesu Christi zum Vatergott. Durch das Zusammenleben mit den Moslems hatte diese Frage eine besondere Brisanz erhalten, denn im Islam war die Vorstellung eines menschlichen Gottessohnes, also eines „Gott-Menschen", unerträglich. Deshalb milderte und änderte Elipandus, Erzbischof von Toledo, die christliche Lehre dahingehend, dass er den Sohn Gottes als Adoptivsohn Gottes *(filius adoptivus)* deklarierte. Doch nicht einmal innerhalb Spaniens war man sich in der Frage des sogenannten Adoptianismus einig. Da nun die karolingische Christus-Vorstellung den Schwerpunkt auf seine göttliche Natur als Mensch gewordener Gott (Gottessohn) legte, konnten die Franken die spanische Interpretation auf keinen Fall akzeptieren, umso mehr, als die strittigen Fragen allenthalben mittels sehr mäßiger lateinischer Übersetzungen diskutiert wurden. Im Kern war es also stets um die Trinitätslehre gegangen, auch wenn man sie offenbar nicht nur auf der sprachlichen, sondern auch auf der inhaltlichen Ebene immer weniger ver-

---

[235] Zum Leben in Bagdad siehe Thomas Leisten, „Bagdad um 800. Streiflichter auf das Leben in Palästen und Hütten", in: Wolfgang Dreßen / Georg Minkenberg / Adam C. Oellers, *Ex Oriente. Isaak und der weiße Elefant. Bagdad-Jerusalem-Aachen*, Bd. 1, *Die Reise des Isaak*. Aachen 2003.

[236] Michael Borgolte, S. 40 ff.

stand. Was später mit „Filioque-Streit" bezeichnet werden sollte, nahm hier seinen Anfang.

Das wichtigste bewusstseinsgeschichtliche Problem: Die Frage nach der Trinität

Wir erinnern uns daran, dass einleitend angedeutet wurde, wie die Frage nach dem Gral letztendlich auf die Frage nach der Trinität abzielt. Jetzt lässt sich nicht mehr vermeiden, hier weiter auszuholen, damit diese zentrale Frage des 8./9. Jahrhunderts kein Abstraktum bleibt, sondern gedanklich nachvollziehbar wird. Schon in viel früheren Jahrhunderten war den Christen das unmittelbar gefühlsmäßige Erfassen der Trinität verloren gegangen, und sie rangen um ein begriffliches Verständnis dessen, was sie glaubten. So war in mehreren Schritten ein Taufbekenntnis (*Nicaeno-Constantinopolitanum* von 381) erarbeitet worden, das sich zu Gott als die Einheit dreier „Personen", nämlich Vater, Sohn und Heiliger Geist bekannte. Im lateinischen Westen gab es über die Natur des Sohnes allenthalben unterschiedliche Anschauungen. Anhänger des Arius (um 260-336) erlebten Christus innerlich so nah und geradezu wie menschlich, gewissermaßen als „Bruder" Christus, dass sie ihn als mit dem Vatergott wesensähnlich *(homoi-oúsios)* erklärten. Dagegen wandte sich die Auffassung des Athanasius (um 295-373), die den Sohn als „Gott gleich" *(homo-oúsios)* betrachtete. Sie setzte sich nach dem Sieg über die Arianer als offizielle Lehrmeinung durch. Ähnlich wie die Vandalen und Langobarden blieben die Germanen und Westgoten, obwohl es als ketzerisch galt, sogar bis ins 7. Jahrhundert dennoch bei der Anschauung des Arius. Weil man in der lateinischen Westkirche ein neues Aufflammen der als häretisch erklärten Arianer fürchtete, betonte man dort die Wesensidentität von Gott-Vater und Gott-Sohn umso mehr und wollte dies auch im Bekenntnis festhalten.

Inzwischen hatte man auch die zwei Seiten oder Naturen des Gottessohnes hervorgehoben und sie als Definition festgelegt: »Derselbe ist wahrhaft Gott und wahrhaft Mensch (…) der Gottheit nach dem Vater wesensgleich, und der Menschheit nach uns wesensgleich«.[237] Das Menschenbild war so ebenfalls in eine Formel gebracht. Es wurde deutlich

[237] Glaubensbekenntnis von Chalcedon 451.

gemacht, dass man den Sohn Gottes als dem Menschen innewohnend und in ihm wirkend auffasste. Damit wurde auch der Gott im Innern des Menschen gesehen.

Über die Göttlichkeit des Heiligen Geistes war in dem alten Taufbekenntnis (*Symbolum* bzw. *Credo*) noch nichts ausgesagt. Dies holte man jetzt nach. Als logische Folge der Wesensgleichheit von Vater und Sohn musste das dritte Wesen der Trinität – der Heilige Geist – seinen Ausgang vom Vater und vom Sohne nehmen; deshalb änderte man die lateinische Fassung des feierlichen Taufbekenntnisses in *Credo in unum Deum* (…) *et in Spiritum Sanctum* (…) *qui ex Patre Filioque procedit* (Deutsch: Ich glaube an einen Gott (…) und an den Heiligen Geist, (…) der aus dem Vater **und** dem Sohne hervorgeht.). Diese Formulierung des „*filioque*" war in Wirklichkeit keine Neuerfindung der Franken. Sie tauchte erstmals sporadisch bei Ambrosius von Mailand auf und wurde in den Akten der 3. Synode von Toledo 589 ergänzend festgehalten, als der Westgotenkönig Reccared vom Arianertum zur römischen Kirche übertrat. Wörtlich heißt es *Spiritus aeque Sanctus confitendus a nobis et praedicandus est a Patre et a Filio procedere* (Deutsch: In gleicher Weise müssen wir bekennen und verkünden, dass der Heilige Geist vom Vater und vom Sohne hervorgeht).[238] Seither wurde diese Anschauung in den Synoden von Toledo mehrfach wiederholt und betont.[239] Toledo liegt weit im Westen des christlichen Europa. Ausgerechnet dort haben sich bestimmte Traditionen des frühen

[238] Zu den Formulierungen der Synoden und Konzilien siehe Heinrich Denzinger / Peter Hünermann, *Kompendium der Glaubensbekenntnisse und kirchlichen Lehrentscheidungen*, Freiburg u.a. 37/1991.

[239] So in der 4. Synode von Toledo 633 und in der 6. Synode 638 (*Spiritum vero Sanctum neque genitum neque creatum, sed de Patre Filioque procedentem utriusque esse Spiritum* – Der Heilige Geist aber ist weder gezeugt noch geschaffen, sondern der aus Vater und Sohn hervorgehende Geist von beiden). Dann in der 11. Synode 672-676 (*Nec enim de Patre procedit in Filium, vel de Filio procedit ad sanctificandam creaturam, sed simul ab utrisque processisse monstratur* – Denn weder geht er vom Vater aus in den Sohn, noch geht er vom Sohn aus, (…) sondern es wird erwiesen, dass er zugleich von beiden hervorgegangen ist), und daran anknüpfend in der 16. Synode 693 über die göttliche Dreifaltigkeit (*Credimus et confitemur (…) Spiritum vero Sanctum ex Patre Filioque absque aliquot initio procedentem* – Wir glauben und bekennen (…) den Heiligen Geist, der aus dem Vater und dem Sohn ohne irgendeinen Anfang hervorgeht). Hier erfolgt auch eine Begründung: „Denn ein anderer ist der Vater, der sich auf den Sohn bezieht, ein anderer der Sohn, der sich auf den Vater bezieht, ein anderer der Heilige Geist, der sich deswegen, weil er aus dem Vater und Sohne hervorgeht, auf den Vater und den Sohn bezieht" (Wörtlich: *quoniam alius est Pater qui refertur ad Filium, alius Filius qui refertur ad Patrem, alius Spiritus Sanctus qui pro eo quod de Patre Filioique procedit, ad Patrem Filiumque refertur*).

östlichen Christentums gehalten und sich bisweilen unter dem Einfluss der Araber weiterentwickelt (z.B. der Adoptianismus). Viele alte Liturgien aus dem 5. Jahrhundert wurden von den Mozarabern – den arabischen Christen – gepflegt und widersetzten sich noch jahrhundertelang allen Bestrebungen, sie der römischen Liturgie anzugleichen. Die Erzbischöfe von Toledo leugneten den Primat Roms und behaupteten sich selbst als Bewahrer direkter, alter apostolischer Überlieferung. Vor allem die mit dem Blutmysterium verbundenen Handlungen unterschieden sich von der Liturgie Roms und auch Konstantinopels. Schon allein, wenn man dies in Betracht zieht, wundert man sich nicht mehr, dass Wolfram von Eschenbachs Kyot ausgerechnet in Toledo das Ursprungsbuch des Grals findet. Und dann ahnt man auch, welche Geistgedanken einst Pirmin aus Spanien, also wahrscheinlich aus Toledo, denn das war die geistliche Metropole, auf die Reichenau gebracht hatte.

Von Toledo aus also hatte das „*filioque*" bereits zu Pippins Zeiten Eingang in das Frankenreich gefunden. Nachdem es sich dort eingebürgert hatte, verlangte dann Karl der Große, dass das Symbolum mit dem Zusatz des „*filioque*" als Credo in die Liturgie der Messe aufgenommen würde. Doch nicht nur in den westlichen christlichen Kirchen erklang das Glaubensbekenntnis mit dem „*filioque*". Auch in den lateinischen Klöstern Palästinas war diese Version schon länger geläufig. Nachdem es in dieser Sache zu immer heftigeren Streitigkeiten und sogar zu gewalttätigen Ausschreitungen gekommen war, berief Karl, anknüpfend an seine denkwürdige Frankfurter Reichssynode von 794, im Jahr 809 eine Synode in Aachen ein, wo er das „*filioque*" offiziell forderte, und es sowohl gegen den Willen Roms, das die alte Tradition nicht verletzen wollte, als auch gegen die Ablehnung der Griechen für rechtgläubig erklären ließ. Papst Leo III., übrigens ein aus Sizilien stammender Grieche, konnte sich kaum wehren und schon gar nicht durchsetzen. Er rettete sich vorübergehend aus dem Dilemma, indem er für seine Kirche eine diplomatische Kompromiss-Lösung ersann, die die Situation zumindest in Rom etwas erträglicher machte. Er ließ in der Peterskirche zwei silberne Tafeln in lateinischer und in griechischer Sprache mit dem alten Wortlaut des *Symbolum*, also ohne „*filioque*", anbringen.

Über den Heiligen Geist heißt es im nicaeno-konstantinopolitanischen Glaubensbekenntnis des griechischen Byzanz immer schon: »Wir glauben an den Heiligen Geist (…) der aus dem Vater hervorgeht.« Die neue

Formulierung »und vom Sohn« deutete in den Augen der Orthodoxie auf ein doppeltes schöpferisches Prinzip hin, weshalb man das „*filioque*" auf keinen Fall akzeptieren konnte, denn für die Byzantiner wirkt der Heilige Geist vom Vater durch den Sohn, alldieweil die drei Personen oder Seinsweisen einander durchdringen. Allenfalls hätten sie mit der Formulierung »durch den Sohn« *(per filium)* leben können. Die Ostkirche sieht im Vatergott den ewigen Urgrund alles Seins, er ist Schöpfer und Erhalter des Universums und zeugt den Sohn *(logos)* von Ewigkeit her. Auch der Heilige Geist hat seinen Ursprung im Vatergott. Damit legt Byzanz den Schwerpunkt auf das Erleben des göttlichen Vaters, der sich insbesondere in seiner Schöpfung offenbart, während der Westen mit dem „*filioque*" das Wirken des göttlichen Sohnes unterstreicht, das sich im Menschlichen, in den menschlichen Taten, auslebt. Weil für die Ostkirche der Vatergott den Sohn von Ewigkeit her zeugt und auch den Heiligen Geist umfängt, hielt und hält sie daran fest, dass der Heilige Geist ausschließlich »aus dem Vater hervorgeht«. Alles andere empfanden damals die orthodoxen Byzantiner und ihr das Wort führende Patriarch Photios als Verrat an der christlichen Wahrheit.

Derartige Überlegungen zur Auffassung der Trinität mögen uns heute allzu kompliziert und wohl auch zu spitzfindig erscheinen, als ein Spezialgebiet für Theologen. Doch einst wurden sie existenziell erlebt und in Byzanz sogar auf der Straße oder beim Barbier diskutiert.[240] Das im Mittelalter so beliebte und weit verbreitete altfranzösische Rolandslied schildert eindrucksvoll, wie sich in Spanien Karls christliche Ritter nach dem Kampf mit ihren arabischen Gegnern über die Trinität austauschen. Bei den Franken verstanden die Laien in der Regel nichts von sakralen Fragen. Dafür engagierten sich die Theologen hier besonders eifrig, emotional und polemisch. Was Waldo betrifft, so ist festzuhalten, dass er sich in die Problematik nicht persönlich einbrachte; gleichwohl war er an Abschriften der großen Kirchenlehrer zu diesem Thema beteiligt. So sind im *Codex Sangallensis 125* Auszüge der Kirchenlehrer Fulgentius, Cassiodor, Isidor, Prosper, Boethius, Ferrandus und Hieronymus… über die Trinität und das Glaubensbekenntnis zusammengestellt. Hier erkennen auf den letzten Seiten – S. 265-273 – alle Forscher übereinstimmend die Handschrift Waldos.

[240] Während die Fragen zum „*filioque*" in der lateinischen Laien-Christenheit längst keine Rolle mehr spielen und schon gar nicht mehr diskutiert werden, gehört dieses Thema in Griechenland noch heute zum Stoff des Religionsunterrichts der Schulen.

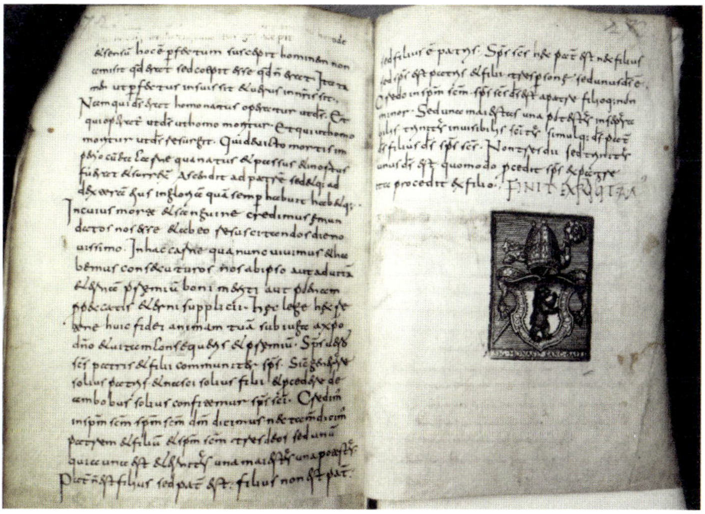

Handschrift Waldos aus dem Codex 125, *Exzerpte über die Trinität und das Glaubensbekenntnis von Fulgentius, Cassiodor, Isidor, Prosper, Boethius, Ferrandus und Hieronymus…* (Stiftsbibliothek Sankt Gallen)

Der Codex Sangallensis ist ein Buch, das von mehreren Schreibern abgefasst wurde, dennoch wirken die Seiten sehr harmonisch. Die Handschrift erscheint einheitlich gestaltet, auch die Schriftgröße ist bei allen Schreibern gleich. Man nimmt an, dass das Manuskript von einem Hauptschreiber und -verzierer geleitet wurde, der an den wichtigen Stellen die Titel sowie die ersten Zeilen der Traktate schrieb. Auch die dazugehörigen gezeichneten Initialen stammen wahrscheinlich aus seiner Feder. Erst dann übernahm ein anderer Schreiber den Text. Auch hier sind die Initialen, obwohl von verschiedenen Schreibern, im Stil einheitlich, zeigen aber genau wie die Schrift ihre individuelle Form. [241]

[241] Weitere Abb. in: Anton von Euw, *Die St. Galler Buchkunst vom 8. Bis zum Ende des 11. Jahrhunderts.* Band I: Textband, Sankt Gallen 2008, S. 37f.; Johannes Duft / Anton Gössi / Werner Vogler, *Die Abtei St. Gallen. Abriss der Geschichte. Kurzbiographien der Äbte. Das stift-sanktgallische Offizialat,* Sankt Gallen 1986, S. 100f.; Albert Bruckner / Beat Matthias von Scarpatetti (Hrsg.), *Scriptoria medii aevi helvetica. Denkmäler schweizerischer Schreibkunst des Mittelalters,* Band III, Genf 1936 und 1938, S. 127 ff.; Beat von Scarpatetti, „Schreiber-Zuweisungen in St. Galler Handschriften des achten und neunten Jahrhunderts", in: Peter Ochsenbein / Ernst Ziegler (Hrsg.), *Codices Sangallenses. Festschrift für Johannes Duft zum 80. Geburtstag,* Sigmaringen 1995, S. 31-37; Michael Borgolte / Dieter Geuenich / Karl Schmid, *Subsidia Sangallensia I, Materialien und Untersuchungen zu den Verbrüderungsbüchern und zu den älteren Urkunden des Stiftsarchivs St. Gallen,* Sankt Gallen 1986, S. 341-348.

Für die Theologen hängt die Frage nach dem Heiligen Geist unmittelbar mit der Institution ihrer Kirche zusammen. Während die Orthodoxie im Heiligen Geist *(pneuma)* die lebendige Kraft sieht, die jede Gemeinde erfüllt, betrachtet sich die römische Kirche selbst als vom Sohne Gottes geschaffen und vom „Stellvertreter" Gottes geleitet. Wenn nun nach lateinischer Auffassung der Heilige Geist als vom Sohne und vom Vater ausgehend aufgefasst wird, so lässt sich der Geist, was die Kirchenorganisation betrifft, dieser leicht eingliedern und verwalten. Das drückt sich vollendet in der künstlerischen Darstellung der Kreuzigung Christi mit der Person der Ekklesia, die das Heilige Blut Christi in einem Kelch auffängt, aus. Ein Bildthema, das insbesondere in der Elfenbeinkunst Verwendung findet, um damit Bucheinbände von Evangelientexten zu schmücken, wie etwa das bereits erwähnte, auf der Reichenau gefertigte *Perikopenbuch Heinrichs II.* Dieser Bildtypus ist Folge und Spiegelung der theologischen Auseinandersetzungen um die Trinität.

Die höchste Instanz der Franken war auch in geistlichen Fragen ihr König. Als Karl der Große in die Dogmatik der Kirche eingriff, wurde sachlich und auf formaler Ebene ein vorläufiges, doch folgenreiches Ende der Auseinandersetzung erreicht. Es führte dazu, dass sechzig Jahre später, als man die neue Anschauung bezüglich des „filioque" im Glaubensbekenntnis längst verinnerlicht hatte, die Beschlüsse des Konzils von Konstantinopel 869 weit mehr als nur das große Schisma der Kirche einleiteten. Die damalige Welt stand in kirchlicher, in politischer und auch in sprachlicher und kultureller Hinsicht vor einer unheilvollen Spaltung. Mit dem Konzilsbeschluss von 869 wurde dann sogar das Menschenbild einschneidend verändert.[242] Einerseits anerkannte man also den Vatergott und den Sohnesgott als „Gottheiten" nebeneinander und betrachtete den Geist als Folgeerscheinung. Gleichzeitig erklärte man, dass der dreigegliederte Mensch aus Leib, niederer Seele und höherer Seele bestehe, jedoch ohne eigentlichen Geist. Tragischerweise hatte Karl durch sein Handeln die Grundlagen für diese bedeutsamsten weltgeschichtlichen Ereignisse geschaffen.

[242] Ausführlich zum „*filioque*" und den Folgen siehe: u.a. Renate Riemeck, *Glaube. Dogma. Macht. Geschichte der Konzilien.* Stuttgart 1985.

Dreierlei Gaben für den König

Die Wechselbeziehungen zwischen Westen und Osten hatten zunächst im Austausch von Gesandten und Geschenken bestanden und wurden dann durch Karl den Großen auf eine Ebene ausgeweitet, welche die gesamte Lebenswirklichkeit der damaligen Zeit durchdrang. Im Jahre 797 hatte Karl erstmals Gesandte zu politischen und kirchenpolitischen Zwecken gen Osten geschickt. Zwar entwickelte Karl in seinem westlichen Reich immer stärker ein eigenes Profil, doch war er den Einflüssen des Ostens keineswegs verschlossen. Vor allem Güterhandel, auch Raubgut, dazu ganze Schiffsladungen voller Geschenke, die aus dem Orient nach Aachen transportiert wurden, bereicherten alle Felder der Kultur des Westens ungemein und inspirierten sie zu neuen Blüten. Was waren das für Schätze! Während man sich im Frankenreich eben noch in kratzige Wolle und rauhes Leinen kleidete, lernte man plötzlich Samt und Seide kennen. Silber, Gold, Edelsteine, Schmuck, Glas, Elfenbein, Textilien, Purpur, Gewürze, Salben, Messingleuchter – und natürlich Bücher. Bei einem solchen Luxus musste den Franken die Augen übergehen. Und dann waren da noch jene faszinierenden technischen Geräte, etwa eine Orgel mit mechanischem Blasebalg oder eine raffinierte Wasseruhr aus Messing, welche die Stunden durch ein Automatentheater mit aus zwölf Fenstern heraustretenden Figuren anzeigte und außerdem noch die Bewegung der Himmelskörper darstellte.[243] Ein Wunderwerk für Karls Lieblingsdisziplin, die Komputistik! All diese Gaben eröffneten neue Horizonte, eine neue Welt der Faszination. Und doch fehlte etwas – ein Element der Mitte, ein Element, das in der Lage wäre, die beiden Pole von Schillerndem und Technik im Gleichgewicht zu halten. Es ist ja bekannt: Was nicht glitzert und nicht klirrt, wird nur allzu leicht übersehen. Hatte Karl wirklich den großen Schatz – die alte Weisheit aus dem Orient – entgegengenommen, damit die abendländische Entwicklung geistig daran anknüpfen konnte? Oder waren es letztendlich Äußerlichkeiten, war es nur Luxus und Technik? Was bedeutet es schließlich in diesem Zusammenhang, dass Karl ein leidenschaftlicher Sammler von Reliquien war? Verschiedene Legenden über die im Grunde immer gleichen Reliquien, die ihm aus dem Osten gebracht wurden, sind überlie-

[243] Ulrich Alertz, „Das Horologium des Harun al-Raschid für Karl den Großen“, in: Wolfgang Dreßen / Georg Minkenberg / Adam C. Oellers, *Ex Oriente. Isaak und der weiße Elefant. Bagdad-Jerusalem-Aachen. Eine Reise durch drei Kulturen um 800 und heute*, Bd. 1: *Die Reise des Isaak*. Bagdad, Aachen 2003.

fert und literarisch ausgestaltet. Allein darin liegt eine starke Aussage und wohl auch eine Aufforderung.

Genau in dem Augenblick, als der christliche Westen durch seine Glaubensentwicklung auf eine Abspaltung von der Kirche des Ostens zusteuerte und diese Gefahr vielleicht nicht einmal wirklich bemerkte, da setzt das Bild der Reichenauer Legende ein. Wie einen Geistesruf lässt sie aus dem Orient die Stimme »eines gewissen Azans« ertönen, der Karl an seine Schicksalsaufgabe erinnert. Jetzt wird die Bildsprache der Legende endlich ganz deutlich. Azans Geschenke – das Heilige Blut des Herrn und die Kreuzreliquien – verkörpern genau dieses mittlere Element, das Karl fehlt. In ihm liegt die Heilkraft, um alle Polaritäten zu überbrücken. Als Inbegriff des Gralsmysteriums muss dies jedoch in seiner Bedeutung verstanden werden, und der Erkenntnis muss eine Tat folgen. Wer den Gral haben will, muss im anderen Menschen den Bruder sehen – so, wie Parzival in Feirefis den Bruder fand. Karl, der König und Kaiser des Abendlandes, müsste sich in Bewegung setzen und die Hand, die sich ihm aus dem Osten entgegenstreckt, ergreifen. Aber er versagt. Stattdessen schickt er seinen Diener und demütigt damit den fremden König. Der kann das eigentlich nur als große Beleidigung auffassen, doch abermals reagiert er als König des Morgenlandes außerordentlich großherzig und überreicht stellvertretend den Boten die heilenden Gaben. Die Tragik, die hier entstanden ist, bleibt unaufgelöst, denn am Ende wird der Schatz nicht wirklich gehoben und bleibt in seinem tiefsten Wesen und in seiner Aufgabe als Träger des Gralsmysteriums unerkannt.

An dieser Stelle zeigt sich noch einmal deutlich, warum es Waldo zugefallen war, die Gralsbotenrolle einzunehmen. Den Aufruf zur Brüderlichkeit – Waldo hat ihn sehr wohl vernommen, spiegelte er doch seinen eigenen Hauptwesenszug wider, der sich bereits früh so eindrucksvoll durch die Einrichtung der Gebetsverbrüderungen gezeigt hat.

Weil Karl als Herrscher versäumt hat, das Geistgeschenk des Ostens angemessen aufzunehmen und in die kulturelle Entwicklung seines Reiches zu integrieren, konnte das mittlere Element seine heilende Kraft dort nicht in der notwendigen, die Not wendenden Form entfalten. Damit stehen wir vor einem höchst erschütternden geistigen Bild, das Karl als Repräsentanten des Westens zeigt. Die Frage lautet fortan, wann das *imperium Europae* die Weisheit, die ihm aus diesem Geschenk zugekommen ist, erkennen wird; ferner, ob Europa, denn darum geht es inzwischen, mit dieser Gabe etwas schaffen kann, das die entstandenen Polaritäten in Harmonie bringt, und schließlich, wie Europa daraus seine Rolle und Aufgabe zwischen Osten und Westen finden wird. Darin läge die Chance, durch eine geistige Gegengabe, verbunden mit einem inneren Entwicklungsschritt, auch das Versäumnis Karls auszugleichen.

Literatur

Paul AEBISCHER, *Le voyage de Charlemagne à Jérusalem et à Constantinople.* Texte publié avec une introduction, des notes et un glossaire, Genève 1965.

ALBRECHT von Scharfenberg, *Jüngerer Titurel,* hrsg. von Werner WOLF / Kurt NYHOLM, Berlin 1955, 1992.

Sophia-Janet ALEEMI, *Maria Magdalena in der Kathedrale von Chartres,* Stuttgart 2011.

Sophia-Janet ALEEMI, *Karl der Große in der Kathedrale von Chartres,* Stuttgart 2014.

Arnold ANGENENDT, *Das Frühmittelalter.* Die abendländische Christenheit von 400-900, Stuttgart/Berlin/Köln 1990.

Annales regni Francorum, Hrsg. von Friedrich KURZE (MGH SS rer. Germ. [6]), Hannover 1895.

Richard ANTONI, *Leben und Taten des Bischofs* Pirmin, Stuttgart 2/2005.

Johanne AUTENRIETH / Dieter GEUENICH / Karl SCHMID (Hrsg.), *Das Verbrüderungsbuch der Abtei Reichenau (Liber confraternitatum Augiensis),* (MGH. Libri Memoriales et Necrologia. Nova Series. Vol. I), Hannover 1979.

Gertrud BECK, *Trojasummen.* Das „Elsässische Trojabuch" und die gedruckten Trojakompilationen, Wiesbaden 2015.

Walter BERSCHIN, *Eremus und Insula, St. Gallen und die Reichenau im Mittelalter – Modell einer lateinischen Literaturlandschaft,* Wiesbaden 1987.

Walter BERSCHIN / Theodor KLÜPPEL, *Die Legende vom Reichenauer Kana-Krug.* Die Lebensbeschreibung des Griechen Symeon, Sigmaringen 1992.

Walter BERSCHIN / Theodor KLÜPPEL, *Der Evangelist Markus auf der Reichenau,* Sigmaringen 1994.

Walter BERSCHIN / Alfons ZETTLER, *Egino von Verona. Der Gründer von Reichenau-Niederzell,* Stuttgart 1999.

Walter BERSCHIN, *Biographie und Epochenstil im lateinischen Mittelalter, Bd. III, Karolingische Biographie, 750-920 n. Chr.,* Stuttgart 1991.

Walter BERSCHIN, *Biographie und Epochenstil im lateinischen Mittelalter, Bd. IV/1, Ottonische Biographie. Das Hohe Mittelalter 920-1070 n. Chr.,* Stuttgart 1999.

Walter BERSCHIN / Theodor KLÜPPEL, *Die Reichenauer Heiligblut-Reliquie,* Heidelberg 3/2015.

Walter BERSCHIN / Ulrich KUDER, *Reichenauer Buchmalerei 850-1070,* Wiesbaden 2015.

Werner BESCH / Oskar REICHMANN / Stefan SONDEREGGER (Hrsg.), *Sprachgeschichte. Ein Handbuch zur Geschichte der deutschen Sprache und ihrer Erforschung.* 1. und 2. Halbband, Berlin/New York 1984/85.

Konrad BEYERLE (Hrsg.), *Die Kultur der Abtei Reichenau. Erinnerungsschrift zur 1200.*

Wiederkehr des Gründungsjahres des Inselklosters 724-1924, 2 Bände, München 1925 (Nachdruck München 1970).

Ludwig BIELER, *Irland. Wegbereiter des Mittelalters*, Olten/Lausanne/Freiburg 1961.

Biographisch-Bibliographisches Kirchenlexikon (BBKL), Bd. 21, Nordhausen 2003.

Berhard BISCHOFF (Hrsg.), *Karl der Große. Lebenswerk und Nachleben*, Bd. II, *Das geistige Leben*, Düsseldorf 3/1967.

Friedrich BLUHME (Hrsg.), *Leges Burgundionum*, Mon. Germ. Leg. III, Hannover 1863.

Michael BORGOLTE, *Der Gesandtenaustausch der Karolinger mit den Abbasiden und mit den Patriarchen von Jerusalem*, München, 1976.

Michael BORGOLTE, *Geschichte der Grafschaften Alemanniens in fränkischer Zeit*, 1984.

Michael BORGOLTE / Dieter GEUENICH / Karl SCHMID (Hrsg.), *Subsidia Sangallensia I. Materialien und Untersuchungen zu den Verbrüderungsbüchern und zu den älteren Urkunden des Stiftsarchivs St. Gallen*, St. Gallen 1986.

Arno BORST (Hrsg.), *Mönchtum, Episkopat und Adel zur Gründungszeit des Klosters Reichenau*, Bd. XX, Vorträge und Forschungen, hrsg. vom Konstanzer Arbeitskreis für mittelalterliche Geschichte, Sigmaringen 1974.

Arno BORST, *Mönche am Bodensee*. 610-1525, Berlin 1998.

Giuseppe BOVINI, *Ravenna. Kunst und Geschichte*, Ravenna 1991/2003.

Karl BRANDI, *Die Chronik des Gallus Oehem, Quellen und Forschungen zur Geschichte der Abtei Reichenau*, Bd. II, Heidelberg 1893.

Peter van den BRINK et. al. / Stadt Aachen (Hrsg.), *Karl der Große. Karls Kunst.* Ausstellungskatalog Aachen 2014, 3 Bände, Dresden 2014.

Albert BRUCKNER / Beat Matthias von SCARPATETTI (Hrsg.), *Scriptoria medii aevi helvetica. Denkmäler schweizerischer Schreibkunst des Mittelalters*, 2. und 3. Band, Genf 1936 und 1938.

Horst BRUNNER (Hrsg.), *Die deutsche Trojaliteratur des Mittelalters und der Frühen Neuzeit.* Materialien und Untersuchungen, Wiesbaden 1990.

Konrad BURDACH, *Der Gral*, Stuttgart 1938 (Nachdruck Darmstadt 1974).

CASSIODORUS Senator, *Institutiones*, I, 30, 1, ed. R.A.B. MYNORS, Oxford 1937.

E. CAU, *Scrittura e cultura a Novara*, secoli *VIII-X*, *Ricerche medievali, 6-9*, Pavia 1971-1974.

CHRESTIEN de Troyes, *Perceval oder die Geschichte vom Gral.* Aus dem Altfranzösischen übersetzt und kommentiert von Konrad SANDKÜHLER, Stuttgart 1957, Dornach 7/1991.

CHRÉTIEN de Troyes, *Le Roman de Perceval, ou Le Conte du Graal*, (Afr. / Dt.), übers. und hrsg. von F. OLEFF-KRAFFT, Stuttgart 1991.

CHRÉTIEN de Troyes, *Li contes de Graal.* Der Percevalroman von Christian von Troyes. Nach allen bekannten Handschriften hrsg. mit Einleitung, Berichtigungen und Anmerkungen unter Benutzung des von Gottfried Baist nachgelassenen hs. Materials. Hrsg. von Alfons HILKA, Halle 1932.

Otto P. CLAVADETSCHER / Paul STAERKLE, *Die Dorsualnotizen der ältesten Sankt Galler Urkunden*, Faksimile Ausgabe (=Urkundenbuch der Abtei St. Gallen, 2. Ergänzungsheft), St. Gallen 1970.

Yann CODON (Ed.), *Lérins, une Ile sainte de l'Antiquité au Moyen Age*, Turnhout: Brepols 2009.

Heinrich DENZINGER / Peter HÜNERMANN, *Kompendium der Glaubensbekenntnisse und kirchlichen Lehrentscheidungen*, Freiburg u.a. 37/1991.

Wolfgang DRESSEN / Georg MINKENBERG / Adam C. OELLERS, *Ex Oriente. Isaak und der weiße Elefant. Bagdad-Jerusalem-Aachen. Eine Reise durch drei Kulturen um 800 und heute*, Bd. 1: *Die Reise des Isaak. Bagdad*, Aachen 2003.

Wolfram DREWS / Bruno QUAST (Hrsg.), *Frühmittelalterliche Studien*, 17/1983, Berlin 1983 (2010).

Georges DUBY, *Das Europa der Kathedralen. Die Kunst des Mittelalters 1140-1280*, Genf/ Stuttgart 1985.

Ernst DÜMMLER (Hrsg.), *Heitonis Visio Wettini*, MGH, Poetae Latini II, 1884.

Ernst DÜMMLER / Hermann WARTMANN (Hrsg.), *St. Galler Todtenbuch und Verbrüderungen* (Mittheilungen zur Vaterländischen Geschichte St. Gallen 19, NF 9), Sankt Gallen 1884.

Johannes DUFT / Anton GÖSSI / Werner VOGLER, *Die Abtei St. Gallen. Abriss der Geschichte. Kurzbiographien der Äbte. Das stift-sanktgallische Offizialat*, Sankt Gallen 1986.

Johannes DUFT, *Die Lebensgeschichten der Heiligen Gallus und Otmar.* Aus den lateinischen Viten übers. und hrsg. von J. Duft, Sankt Gallen 1988.

Johannes DUFT, *Die Abtei St. Gallen.* Beiträge zur Erforschung ihrer Manuskripte, 3 Bände, Sigmaringen 1990-1991.

Adalbert EBNER, *Die klösterlichen Gebetsverbrüderungen bis zum Ausgange des karolingischen Zeitalters.* Eine kirchengeschichtliche Studie, Regensburg u.a. 1890.

EINHARD, *Vita Karoli Magni. Das Leben Karls des Großen.* Hrsg. v. Evelyn Scherabon FIRCHOW. Lateinisch/Deutsch, Stuttgart 4/2013.

EKKEHARDUS IV, *Casus sancti Galli.*

Ursmar ENGELMANN, *Die Reichenauer Buchmalerei. Initialen aus einem Lektionar des frühen 10. Jahrhunderts*, Freiburg 1971.

Wolfgang ERDMANN, *Die Reichenau im Bodensee. Geschichte und Kunst*, Königstein 10/1993.

Franz-Reiner ERKENS (Hrsg.), *Karl der Große und das Erbe der Kulturen:* Akten des 8. Symposiums des Mediävistenverbandes Leipzig 15.-18. März 1999, Berlin 2001.

ERZDIÖZESE FREIBURG Freiburg (Hrsg.), *Die Kirchen der Reichenau*, München 8/1957.

Anton von EUW, *Die St. Galler Buchkunst vom 8. bis zum Ende des 11. Jahrhunderts.* Band I, Textband, Sankt Gallen 2008.

Marc FEHLMANN / Michael MATZKE / Sabine SÖLL-TAUCHERT (Hrsg.), *Gold und Ruhm. Kunst und Macht unter Kaiser Heinrich II.* Ausstellungskatalog Historisches Museum Basel, Basel 2019.

Festschrift Abtei Reichenau, Sigmaringen 1974.

Festschrift Johannes Duft zum 75. Geburtstag, Band 1, Sigmaringen 1990.

Festschrift Johannes Duft zum 75. Geburtstag, Band 2, Sigmaringen 1991.

Festschrift Johannes Duft zum 80. Geburtstag, Sigmaringen 1995.

Freiburger Diözesan-Archiv 108, 1988.

Michael FRENSCH, *Die Wiederkunft Christi. Meditative Betrachtungen zum Bewusstseinswandel in der Gegenwart*, 2 Bände, Quern-Neukirchen 2011.

Johannes FRIED, *Karl der Große. Gewalt und Glaube.* Eine Biographie, München 4/2014.

Frühmittelalterliche Studien 19.

Francesco GABRIELI et al., *Mohammed und Karl der Große.* Die Geburt des Abendlandes, Stuttgart 1993.

Johann Wolfgang GOETHE, *Goethes Werke*, Weimarer Ausgabe, Weimar 1890.

Werner GREUB, *Wolfram von Eschenbach und die Wirklichkeit des Grals*, Dornach 1974.

Annette GROSSBONGARDT / Johannes SALTZWEDEL (Hrsg.), *Leben im Mittelalter.* Der Alltag von Rittern, Mönchen, Bauern und Kaufleuten, München 2/2014.

Hans F. HAEFELE (Hrsg.), *Ekkehard IV. St. Galler Klostergeschichten. Ausgewählte Quellen zur deutschen Geschichte des Mittelalters*, Bd. 10, Darmstadt 1980.

Handbuch der Kirchengeschichte. Hrsg. v. Herbert JEDIN. Bd. III: Die mittelalterliche Kirche. 1: Vom Frühmittelalter bis zur gregorianischen Reform. Freiburg 1985.

Karl HAUCK (Hrsg.), *Frühmittelalterliche Studien*, Bd. 17, Berlin 1983.

Zahi HAWASS (Hrsg.), *Auf den Spuren Tutanchamuns* (Ausstellungskatalog Paris 2019), Stuttgart 2019.

Heitonis Visio Wettini, E. DÜMMLER (Hrsg.), MGH, Poetae Latini II, 1884.

HESIOD, *Theogonie* (griech.-dt.), München 2002.

Carla HEUSSLER / Sigrid GENSICHEN (Hrsg.), *Das Kreuz. Darstellung und Verehrung in der Frühen Neuzeit*, Regensburger Studien zur Kunstgeschichte, Bd. 16, Regensburg 2013.

HILDUIN von Saint Denis, *Passio (II) S. Dionysii (Inc. Post beatam et gloriosam)*, Acta Sanctores Oct, t. 4, 1780, col. 792-794.

HILDUIN von Saint Denis; *Passio (III) S. Dionysii (Inc. Post beatam ac salutiferam)*, Migne, Patrologia latinae, t. 106., col. 22-50.

Alfons HILKA (Hrsg.), *Chrétien de Troyes, Li contes de Graal.* Der Percevalroman von Christian von Troyes. Nach allen bekannten Handschriften hrsg. mit Einleitung, Berichtigungen und Anmerkungen unter Benutzung des von Gottfried Baist nachgelassenen handschriftlichen Materials, Halle 1932.

Werner HILLER-KÖNIG / Carla Th. MÜLLER, *Die Schatzkammer im Reichenauer Münster*, Königstein 2003.

Eduard HLAWITSCHKA, *Franken, Alemannen, Bayern und Burgunder in Oberitalien 774-962*, 1960.

Wilhelm HOERNER, *Zeit und Rhythmus. Die Ordnungsgesetze der Erde und des Menschen*, Stuttgart 3/1993.

Alfred HOLDER, *Die Reichenauer Handschriften*, Band II, Die Papierhandschriften, Fragmenta, Nachträge, Leipzig/Berlin 1914.

Alfred HOLDER, *Die Reichenauer Handschriften*, Bd. III, Leipzig/Berlin 1918.

HOMER, *Ilias*, *Odyssee*, München 2002.

Karl HUBLOW, *Die tausendjährigen Fresken von Oberzell auf der Insel Reichenau. Versuch einer Deutung und Würdigung*, Konstanz 1969.

Karl HUBLOW, *Die Insel Reichenau und ihre tausendjährigen Fresken*, Konstanz 1972.

Karl HUBLOW / Joachim KRUMBHOLZ, *Heilung und Auferweckung. Die Bildsprache der Wandmalerei von St. Georg auf der Reichenau*, Stuttgart 1997.

Eugène HUCHER, *Le Saint Graal ou Joseph d'Arimathie*, Tome Ier (d'après un manuscrit du milieu du XIIIè siècle, Bibliothèque de la ville de Mans), Le Mans 1875, Genève 1967.

Zbigniew IZYDORCYK (Hrsg.), *The Medieval Gospel of Nicodemus: Texts, Intertexts and Contexts in Western Europe*, Tempe 1997.

Jahresbericht der Historisch-Antiquarischen Gesellschaft von Graubünden, 99/1969.

Timo JOHN, *Die Klosterinsel Reichenau im Bodensee. Wiege der abendländischen Kultur*, Beuron 2/2013.

Karl KERENYI, *Die Mythologie der Griechen*, 2 Bände, München 1966.

Adalbert von KEYSERLINGK, *Und sie erstarrten in Stein. Frühe Mysterien in Korsika als Keime unserer Zeit*, Basel 1983.

Der Kleine Pauly, Stuttgart 1967.

Ehrenfried KLUCKERT, *Mythen und Sagen*, Köln 2006.

Hermann KNITTEL (Hrsg.), *Walafrid Strabo, Visio Wettini*, Sigmaringen 1986.

Albert KNOEPFLI, *Kunstgeschichte des Bodenseeraumes, Bd. 1, Von der Karolingerzeit bis zur Mitte des 14. Jahrhunderts*, Konstanz 1961.

Eduard KOSCHWITZ (Hrsg.), *Karls des Großen Reise nach Jerusalem und Constantinopel. Ein altfranzösisches Heldengedicht*, Leipzig 5/1907.

Norbert KRUSE / Hans Ulrich RUDOLF, *900 Jahre Heilig-Blut-Verehrung in Weingarten 1094-1994*. Festschrift zum Heilig-Blut-Jubiläum am 12. März 1994, Sigmaringen 1994.

Wolfgang KULLMANN, *Die Quellen der Ilias*, Wiesbaden 1960.

Friedrich KURZE (Hrsg.) *Annales regni Francorum*, (MGH SS rer. Germ. [6]), Hannover 1895.

LANDESAMT FÜR DENKMALPFLEGE Stuttgart (Hrsg.), *UNESCO-Welterbe Klosterinsel Reichenau in Baden-Württemberg*, Stuttgart 2013.

Langenscheidtsche Bibliothek sämtlicher griechischer und römischer Klassiker, Bd. 52, Strabo I, München 1855-1907.

Marianne LANGEWIESCHE, *Ravenna Stadt der Völkerwanderung*, Reinbek/Hamburg 1964.

Heinz LÖWE (Hrsg.), *Die Iren und Europa im frühen Mittelalter*, 2 Bände, Stuttgart 1982.

Helmut MAURER (Hrsg.), *Die Abtei Reichenau. Neue Beiträge zur Geschichte und Kultur des Inselklosters*, Sigmaringen 1974.

Michael MCCORMICK, *Origins of the European Economy: Communications and Commerce, A.D. 300-900*, Cambridge 2001.

Francisque MICHEL (Ed.), *Charlemagne. An Anglo-Norman Poem of the Twelfth Century* with an introduction and a glossarial index, London 1836.

Jacques-Paul MIGNE, *Patrologia Latinae*, vol. 77, Paris 1844.

Jacques-Paul MIGNE, *Patrologia Latinae*, vol. 212, Paris 1844.

Mittheilungen zur Vaterländischen Geschichte, Bd. 13, Sankt Gallen 1872.

Franz Joseph MONE, *Quellensammlung der badischen Landesgeschichte I*, Karlsruhe 1848.

Henri MORIS, *L'Abbaya de Lérins. Histoire et monuments*, Paris 1909.

Emmanuel MUNDING, *Abt-Bischof Waldo. Begründer des Goldenen Zeitalters der Reichenau*, Beuron 1924.

Emmanuel MUNDING (Hrsg.), *Königsbrief Karls des Großen an Papst Hadrian über Abt-Bischof Waldo von Reichenau-Pavia.* Palimpsesturkunde aus Codex latinus Monacensis N. 6333, Beuron 1920.

NOTKERI *Balbuli, Gesta Karoli Magni Imperatoris*, ed. Hans F. HAEFELE, MGH SS rer. Germ. NF XII, Berlin 1959, ND Berlin 1962.

Peter OCHSENBEIN / Ernst ZIEGLER (Hrsg.), *Die Abtei St. Gallen. Beiträge zur Erforschung ihrer Manuskripte*, Bd. 1, Festschrift für Johannes Duft zum 75. Geburtstag, Sigmaringen 1990.

Peter OCHSENBEIN / Ernst ZIEGLER (Hrsg.), *Die Abtei St. Gallen, Beiträge zur Kenntnis ihrer Persönlichkeiten*, Bd. 2, Festschrift für Johannes Duft zum 75. Geburtstag, Sigmaringen 1991.

Peter OCHSENBEIN / Ernst ZIEGLER (Hrsg.), *Codices Sangallenses.* Festschrift für Johannes Duft zum 80. Geburtstag, Sigmaringen 1995.

F. OLEFF-KRAFFT (Hrsg.), Chrétien de Troyes, *Le Roman de Perceval, ou Le Conte du Graal*, (Afr. / Dt.), Stuttgart 1991.

Oxford English Dictionary.

Bernhard PABST, *Prosimetrum. Tradition und Wandel einer Literaturform zwischen Spätantike und Spätmittelalter*, Dissertation Erlangen 1991, Köln/Weimar 1994.

Steffen PATZOLD, *Ich und Karl der Große. Das Leben des Höflings Einhard*, Stuttgart 2013.

Rose J. PEEBLES, *The Legend of Longinus in Ecclesiastical Tradition and in English Literature, and its connection with the Grail*, Baltimore 1911.

Bernhard PEZ, *Thesaurus anecdotorum novissimus* I, 3, Aug. Vindel. et Graec. 1721.

Karl PREISENDANZ, *Zeugnisse zur Bibliotheksgeschichte.* Register mit 8 Tafeln, Leipzig/ Berlin 1918.

PSEUDO-DIONYSIUS AREOPAGITA, *Über die himmlische Hierarchie. Über die kirchliche Hierarchie.* Eingeleitet, übersetzt und mit Anmerkungen von Günter HEIL, Bibliothek der griechischen Literatur, Bd. 22, Stuttgart 1986.

Roland RAPPMANN / Alfons ZETTLER, Die *Reichenauer Mönchsgemeinschaft und ihr Totengedenken im frühen Mittelalter. Archäologie und Geschichte*, Bd. 5, (Dissertation Roland Rappmann, Freiburg 1984) Sigmaringen 1998.

Wilhelm RATH, *Das Buch vom Gral.* Aus dem Altfranzösischen übertragen mit einem Vorwort und einem Kommentar, Stuttgart 1968.

Christine RATKOWITSCH, *Karolus Magnus – alter Aeneas, alter Martinus, alter Iustinus*, Wien 1997.

RATPERTUS, *Casus sancti Galli.* Hannes STEINER (Hrsg.), *Ratpert, St. Galler Klostergschichten (Casus sancti Galli)*, MGH Script. rer. Germ., 75, Hannover 2002.

Reinhold RAU (Hrsg.), *Annales regni Francorum*, dt. Übers., Darmstadt 1968.

Roger Jean REBMANN, *Waldo*, Bischof von Basel und Pavia, www.altbasel.ch, 2008.

Johannes REIL, *Die frühchristlichen Darstellungen der Kreuzigung Christi*, Leipzig 1904.

Johannes REIL, *Christus am Kreuz in der Bildkunst der Karolingerzeit*, Leipzig 1930.

Adolf REINLE (Hrsg.), *Die heilige Verena von Zurzach*, Basel 1948.

REISS-MUSEUM MANNHEIM (Hrsg.), *Die Franken. Wegbereiter Europas. Vor 1500 Jahren: König Chlodwig und seine Erben.* Ausstellungskatalog Mannheim 1996.

Pierre RICHÉ, *Die Karolinger. Eine Familie formt Europa*, München 2/1992.

Renate RIEMECK, *Glaube. Dogma. Macht. Geschichte der Konzilien*, Stuttgart 1985.

ROBERT de Boron, *Le Saint Graal ou le Joseph d'Arimathie*, Ed. Eugène HUCHER, Le Mans 1875-1878.

ROBERT de Boron, *Le Roman du Saint Graal*, Ed. Francisque MICHEL, Bordeaux 1841.

ROBERT de Boron, *Le Roman du Saint-Graal.* (Afr./Dt.), übers. und eingel. von Monica SCHÖLER-BEINHAUER, München 1981.

ROBERT de Boron, *Lestoire de Saint Graal;* Robert de Boron: Die Geschichte des Heiligen Gral, aus dem Altfr. übers. und kommentiert von Konrad SANDKÜHLER, Stuttgart 1958, Dornach 4/1998.

Déodat ROCHÉ, *Cahiers d'Etudes Kathares*, 11/1961.

Konrad SANDKÜHLER, Robert de Boron, *Die Geschichte des Heiligen Gral*, aus dem Altfranzösischen übers. und kommentiert, Stuttgart 1958, Dornach 4/1998.

Bernhard SCHIMMELPFENNIG, *Das Papsttum. Von der Antike bis zur Renaissance*, Darmstadt 6/2009.

Franziska SCHNOOR / Karl SCHMUKI / Ernst TREMP / Peter ERHART / Jakob KURATLI HÜEBLIN (Hrsg.), *Gallus und seine Zeit. Leben, Wirken, Nachleben*. Monasterium Sancti Galli 7, Sankt Gallen 2015.

Monica SCHÖLER-BEINHAUER, *Robert de Boron, Le Roman du Saint-Graal.* (Altfranzösisch/Deutsch), München 1981.

Heinrich Ottmar SCHÖNHUTH, *Chronik des ehemaligen Klosters Reichenau*, Freiburg 1836.

Harald SCHWAETZER (Hrsg.), *Gideon Spicker. Am Wendepunkt der christlichen Weltperiode: Philosophische Bekenntnisse eines ehemaligen Kapuziners*, Heidelberg 1998.

Harald SCHWAETZER (Hrsg.), *Gideon Spicker. Vom Kloster ins akademische Lehramt. Schicksale eines ehemaligen Kapuziners*, Regensburg 1999.

SIMPOSIO SIMONE ASSEMANI SULLA MONETAZIONE ISLAMICA (Tagungsakten Padua 2003), Padova 2005.

H. Oskar SOMMER, *The Vulgate Version of the Arthurian Romances* edited from manuscripts in the British Museum, Vol. I, *Lestoire del Saint Graal*, Washington 1909 (Nachdruck New York 1979).

H. Oskar SOMMER, *The Vulgate Version of the Arthurian Romances* edited from manuscripts in the British Museum, Vol. VII Supplement: *Le Livre d'Artus*, Washington 1913.

Stefan SONDEREGGER, *Althochdeutsche Sprache und Literatur*, Berlin 3/2003.

Walter Johannes STEIN, *Weltgeschichte im Lichte des Heiligen Gral. Das neunte Jahrhundert*, Stuttgart 1928 (Nachdruck 4/1986).

H. STEINER (Hrsg.), *Ratpert, St. Galler Klostergschichten (Casus sancti Galli)*, MGH Script. rer. Germ., 75, Hannover 2002.

Rudolf STEINER, *Mysterienwahrheiten und Weihnachtsimpulse. Alte Mythen und ihre Bedeutung*, GA 180, Dornach 1980.

Martin STEINMANN, *Handschriften im Mittelalter.* Eine Quellensammlung, Basel 2013.

STIFTUNG DEUTSCHES HISTORISCHES MUSEUM (Hrsg.), *Kaiser und Kalifen, Karl der Große und die Mächte am Mittelmeer um 800*, Darmstadt 2014.

Walahfrid STRABO, *Liber de exordiis et incrementis quarundam in observationibus, ecclesiasticis rerum.*

Ida STÜMCKE / Gerard KLOCKENBRING, *Der Impuls von Lérins. Spuren eines johanneischen Christentums im vierten Jahrhundert*, Stuttgart 1977.

VERGIL, *Aeneis*, München 1979.

Nicholas VINCENT, *The Holy Blood. King Henry III and the Westminster Blood Relic*, Cambridge 2001.

Wolfram VON DEN STEINEN, *Der Kosmos des Mittelalters. Von Karl dem Großen zu Bernhard von Clairveaux*, Bern 1959.

Wolfram VON DEN STEINEN, *Der karolingische Neubeginn. Karl der Große, Lebenswerk und Nachleben* Bd. II, *Das geistige Leben*, Düsseldorf 1965.

Wolfram VON DEN STEINEN, *Menschen im Mittelalter.* Gesammelte Forschungen, Betrachtungen, Bilder, Hrsg. Peter VON MOOS, Bern 1967.

Anton VON EUW (Hrsg.), *Die St. Galler Buchkunst vom 8. bis zum Ende des 11. Jahrhunderts*, Bd. 1: Textband, St. Gallen 2008.

WALAHFRID STRABO, *Versus de vita et fine Mammae monachi* (Passio S. Mammae), MGH Poetae tom. 2.

Der Wahre Protestant, Bd. VI, 4 und 5, Basel 1857.

Visio Wettini. Einführung lateinisch-deutsche Ausgabe und Erläuterungen von Hermann KNITTEL. 3. erw. Aufl. Mit einem Geleitwort von Walter BERSCHIN, Heideberg 2009.

Heinfried WISCHERMANN, *Romanik in Baden-Württemberg*, Stuttgart 1987.

Werner WOLF / Kurt NYHOLM (Hrsg.), *Albrecht von Scharfenberg, Jüngerer Titurel*, Berlin 1955.

WOLFRAM von Eschenbach, *Parzival.* Mittelhochdeutsch/Neuhochdeutsch. Übersetzung und Nachwort Wolfgang SPIEWOK, 2 Bde., Stuttgart 1981.

Zeitschrift für die Geschichte des Oberrheins 24, 1872.

Alfons ZETTLER, *Die frühmittelalterlichen Klosterbauten der Reichenau. Archäologie, Schriftquellen, St. Galler Klosterplan*, (Dissertation Freiburg 1984), Sigmaringen 1988.

Alfons ZETTLER, *Die St. Galler Mönche im frühen Mittelalter. Studien zum Professbuch und den Mönchslisten*, Konstanz 1999.

Giuseppe ZUCCHETTI (Hrsg.), *Il Chronicon di Benedetto Monaco di S. Andrea del Soratte*, 1920.

Dank

Zu Waldos Zeit hat ein Mönch aus Sankt Gallen am Ende eines von ihm gefertigten Manuskripts eine Randbemerkung hinterlassen: *chumo kiscreib filo chumor kipeit* – „Mühsam habe ich dies zu Ende geschrieben, noch viel mühsamer habe ich es [diese Fertigstellung] erwartet." Ähnlich wie Waldo selbst, musste auch dieses Buch weite und nicht immer einfache Wege zurücklegen. Ein Projekt wie das vorliegende Buch ist ein großes Wagnis. Mein tiefer Dank gilt allen, die diese Wege oder auch einzelne Wegabschnitte so lange wohlwollend und helfend begleitet haben. Ulrich Engel hat sich von meiner Begeisterung für die Gestalt Waldos anstecken lassen, alle Etappen meiner Arbeit mit warmem Interesse verfolgt und schließlich mit großem Einsatz dafür gesorgt, dass mein Manuskript in der vorliegenden Form zum bebilderten Buch werden konnte, dafür gilt ihm mein herzlichster Dank. Wenn Wohlwollen in tätige Unterstützung mündet, so entstehen hieraus neue Kräfte. Die Herstellung dieses Buches haben Förderer, die nicht genannt werden wollen, aus dem Vertrauen in seine Bedeutsamkeit ermöglicht. Ihnen gebührt mein besonderer Dank. Nicht zuletzt gilt mein Dank der Stiftung Welterbe Klosterinsel Reichenau (UNESCO Welterbe) für ihren freundlichen Druckkostenzuschuss.

Gewidmet ist dieses Buch all den Menschen, die es in seiner Entstehung und im jahrelangen Ringen und Harren seines Erscheinens als fertiges Buch begleitet haben, es jedoch nicht mehr lesen können: Vaji Aleemi, Herbert Engel, Annemarie Geiger, Dr. Christine Kalkhof, Prof. Dr. Dieter Kapp, Prof. Michel Mortier, Almut Otto, Freia Scharnick, Prof. Dr. Wilhelm Schlink, Manfred Welzel, Annemarie Welzel sowie allen meinen ungenannten Lesern und Leserinnen, die das Buch nicht mehr in Händen halten werden. – Und schließlich sei es auch meinen treuen Lesern und Leserinnen, die mit großer Geduld auf mein nächstes Buch gewartet haben, gewidmet.